遵义师范学院博士基金（遵师BS[2023] 22号）
贵州省哲学社会科学规划课题
"'多彩贵州'宣传片中多模态语篇意义建构的认知机制研究"（20GZYB20）

基于社会认知的转喻研究

杨毓隽 ◎ 著

四川大学出版社

图书在版编目（CIP）数据

基于社会认知的转喻研究 / 杨毓隽著 . — 成都：四川大学出版社，2024.5
（语言与应用文库）
ISBN 978-7-5690-6916-7

Ⅰ . ①基… Ⅱ . ①杨… Ⅲ . ①社会认知－研究 Ⅳ . ① C912.6-0

中国国家版本馆 CIP 数据核字（2024）第 106719 号

书　　名：	基于社会认知的转喻研究
	Jiyu Shehui Renzhi de Zhuanyu Yanjiu
著　　者：	杨毓隽
丛 书 名：	语言与应用文库

丛书策划：张宏辉　黄蕴婷
选题策划：敬铃凌
责任编辑：敬铃凌
责任校对：于　俊
装帧设计：墨创文化
责任印制：王　炜

出版发行：四川大学出版社有限责任公司
　　地址：成都市一环路南一段 24 号（610065）
　　电话：（028）85408311（发行部）、85400276（总编室）
　　电子邮箱：scupress@vip.163.com
　　网址：https://press.scu.edu.cn
印前制作：四川胜翔数码印务设计有限公司
印刷装订：四川省平轩印务有限公司

成品尺寸：170 mm×240 mm
印　　张：16.25
插　　页：2
字　　数：266 千字

版　　次：2024 年 6 月 第 1 版
印　　次：2024 年 6 月 第 1 次印刷
定　　价：82.00 元

本社图书如有印装质量问题，请联系发行部调换

版权所有 ◆ 侵权必究

扫码获取数字资源

四川大学出版社
微信公众号

序　言

今年 5 月 1 日，我正在澳门科技大学授课，杨毓隽突然来信告诉我，其大作《基于社会认知的转喻研究》即将付梓，并嘱我为之作序。听到这一好信息，我非常高兴，也毫不犹豫欣然应许。最近几年，在我的带领下，我们团队正在努力建构和探索社会认知语言学这一新兴领域，并已取得部分成果，聊且作为对认知语言学事业的补充和发展。作为我的学生，杨毓隽能用社会认知理论去研究转喻，非常有勇气，更是难能可贵，我发自内心为她取得的成就深感自豪。

转喻不仅仅是一种语言现象，更是一种认知方式。20 世纪 80 年代以前，转喻一直被视为一种语言修辞现象。在传统修辞学视域下，转喻是一种名词替换现象，主要功能是指称。例如，亚里士多德（Aristotle）在《诗学》（Poetics）中讨论了隐喻的修辞功能，并区分了四种隐喻，转喻是其中的一种。特力丰（Tryphon）在《修辞格》（De tropis）中明确了转喻的修辞作用，认为转喻得以发生是基于两个事物之间的"某种联系"，体现为转喻的指称功能。就这一观点，中国修辞学家与西方修辞学家的认识基本一致。《马氏文通》最早关注到语言中的替换现象，如以物体代人、以地点代人和以时间代人。陈望道在《修辞学发凡》中将这种语言替换现象定义为"借代"，认为如果事物之间虽不相似但却存在不可分离的关系，就可用一个事物的名称来代替另一事物。但是，转喻的修辞研究存在两个问题。一方面，转喻常被视为隐喻的一种，成为隐喻研究的附属品；另一方面，转喻修辞研究主要关注语言使用的偏离现象，限制了转喻的研究视野，始终未能触及转喻的本质问题，即转喻的生成和理解机制，所以无法解释转喻的普遍性、能产性等特点，没有形成一个相对独立和完善的转喻理论体系。

20世纪50年代，结构语言学家雅各布森（Jakobson 1956）认为语言使用涉及语言选择和组合。根据结构主义语言学的聚合关系和组合关系（paradigmatic relationship and syntagmatic relationship）的基本原则，他将隐喻和转喻视为基于两个相互对立原则基础上的两种不同形态的辞格，隐喻属于语言使用的选择轴，转喻属于语言使用的关系轴，隐喻基于相似性，而转喻则基于邻近性。他认为在帮助语言理解方面，邻近原则和相似原则同样重要。厄尔曼（Ullmann 1962）将转喻的临近关系定义为"意义邻近"。他分别从空间、时间、部分与整体等关系以及修辞角度进行了分析探讨。基于结构语言学的转喻观为转喻研究做出了积极而重要的贡献。首先，通过将转喻从隐喻中分离出来，开启了真正意义上的转喻研究。其次，他们开始深入思考转喻的"邻近性"，即语内意义上的关联性。人们普遍认为，修辞语言的结构分析在系统化方面为修辞研究提供了有益帮助。但是，结构主义语言学家的观点也存在一些局限性。他们将转喻定义为语内意义上的邻近性，理所当然地认为邻近性是语言系统固有的，将转喻意义视为一种静态表征而非动态建构的过程，没有涉及转喻意义生成与构建的机制。

认知语言学的诞生与发展催生和促进了转喻的认知研究。莱考夫和约翰逊（Lakoff & Johnson 1980）在研究隐喻时提及了转喻，认为转喻和隐喻都不仅仅是一种语言现象，更是一种概念现象，是人类认识世界的重要工具。隐喻的主要功能是理解，而转喻的主要功能是指称，即允许使用一个实体来代替另一个实体。尽管莱考夫和约翰逊只用了一个章节来介绍转喻，但他们创造性地提出了概念转喻理论，标志着认知语言学以一种全新的范式开启了转喻研究。经过40多年的发展，转喻认知研究已经成为认知语言学的重要内容以及转喻研究的重要范式，转喻的概念本质已得到普遍认同，概念转喻理论也初步形成。

21世纪初开始，认知语言学出现了"社会转向"，提倡认知语言学应该"走出大脑"，将语言研究置于社会这个更大的认知语境中，将社会维度纳入对语言结构的解释。认知语言学的"社会转向"是认知语言学自身发展的必然趋势，该转向促成了"认知社会语言学"和"社会认知语言学"的诞生，前者是认知语言学与社会语言学的结合，主要关注语言的社会变异等宏观语言问题，后者是认知语言学与社会认知理论的结合，重在研究社会认知如何影响语言知识的表征、语言习得、语言使用（包括产出与加工）、语言演化等（文旭 2019）。前 30 年的转喻认知研究主要是以以验证转喻的认知普遍性为研究目的，研究重点在转喻的概念本质及其认知机制，包括转喻发生的概念域的性质与特征、转喻映射的过程及其特点、始源概念和目标概念之间的关系、转喻突显、转喻的分类以及转喻与隐喻的区别等，力图从概念层面对转喻提供一个清晰的描述，研究具有鲜明的"大脑内的转喻"的特点，缺乏社会维度。

克罗夫特（Croft 2009）认为，语言不仅是一般认知能力的实例，也是社会认知能力的实例，即语言是社会认知的工具和载体。语言是人类社会交往的一个本质特征，对语言的研究还应该关注语言与社会的互动，关注社会心理与语言输出的关系。社会认知强调我们如何表征社会知识，社会认知研究为认知语言学的"社会转向"提供了很好的研究思路（文旭 2019）。基于此，杨毓隽认为，社会认知是人们对社会世界的认识，包括对社会世界中的人、物、事及其之间的关系的认识，转喻作为一种最基本和重要的认知工具，是如何概念化社会世界的？其特征是什么？我们对社会的认识如何影响转喻运作？这样的问题值得我们给予更多的关注。因此，从社会认知视角展开转喻研究是对认知语言学"社会转向"的响应，对转喻理论建设具有积极意义。

在该书中，作者结合概念转喻理论和社会认知理论，从语言现象入手，考察人们在认识个体、群体和关系时转喻的实现方式及其特征，关注转喻的社会认知功能和转喻使用的社会认知理据，探索转喻构建的社会认知过程。通过研究发现，第一，转喻是社会认知的重要概念化工具。在语言使用中，社会认知的转喻实现方式非常丰富，转喻可以通过曲折变化、词汇、短语、语篇等方式来概念化社会中个体、群体以及关系，具有层级特征、语义特征和语境特征。第二，转喻是我们构建与社会世界关系的重要工具，具有认知功能、评价功能、人际功能和身份建构功能，而社会知觉、社会范畴化、态度等则为转喻使用提供了理据。第三，转喻构建的社会认知过程是一个动态的构建过程，受到社会认知制约和调节，依赖于我们对外部世界的共享知识、信仰和态度等因素。

通读全书，我认为该书具有以下主要特色：

第一，观点新颖，创新性强。作者认为转喻是一种社会认知工具，是人们概念化社会世界的重要手段，这一观点很有新意。根据概念转喻理论，作者基于转喻的概念本质考察了在类属程度不同的理想化模型中转喻概念化社会世界的特征。作者发现转喻在概念化个体、群体及其关系时实现方式非常丰富。例如，指称转喻从接触强度最强和有界性最清晰的"身体躯干转喻人"这一原型类型出发，到"属性转喻人"这种边缘类型，都能找到人们认识个体和群体的转喻类型。在基于原型的转喻模型中，位于范畴中心的转喻更具体，而位于范畴边缘的转喻更抽象。在类属程度高的理想化模型中，语法转喻在为语法各个层面提供理据的同时往往带来语义的变化，体现个体之间或群体之间的关系。而言外转喻为间接言语行为提供理据的同时也是人们达成成功交际和维护良好人际关系的有效手段。在语言层面，转喻可以通过曲折变化、词汇、短语、语篇等方式来概念化社会世界。在语义方面，转喻的意义形成与深化是在社会互动过程中完成的，受到所在群体共享的社会表征、人际关系等因素影响，因此转喻意义并非转喻始源概念意义与目标意义的简单映射，其意义通常要丰富得多，往往具有评价意义。另外，当转喻概念化的对象为人和社会性对象时，社会认知具有重要的制约和引导作用。

第二，视角独特，分析深入。该书运用社会认知心理学的相关理论对转喻展开分析，这是一种新的尝试。例如，作者运用菲斯克和泰勒（Fiske & Taylor）等有关社会认知的定义和特征对转喻的社会认知类型进行考察和梳理；运用莫斯科维奇（Moscovici）的社会表征理论、有关态度和刻板印象等的社会认知理论对转喻的评价功能展开分析，发现转喻可以允许人们使用他们对社会世界的共同知识间接地表达观点和态度；运用奥尔波特（Allport）和海德尔（Heider）等有关人际关系的社会认知理论对转喻的人际功能展开了分析，发现转喻可以允许我们通过间接言语行为、委婉表达，以及创建话语团体共享的语类来维护人际关系。运用费斯廷格（Festinger）和奥古斯蒂诺（Augoustinos）等有关社会认同的理论对转喻的身份建构功能展开了分析，发现转喻可以通过将个人归入群体或将群体心理化来实现自我认同，是实现个人身份建构的一种有效机制；运用社会知觉、行为归因、社会范畴化和态度等社会认知理论对转喻的社会认知具身性展开深入分析，发现人们对社会世界的感知经验是转喻认知的重要依据，社会范畴化和态度指导转喻的使用以达到区别自群体和他群体的目的；作者运用社会表征理论分析了转喻构建的社会认知基础——具有社会认知功能的、社会共享的百科知识，认为转喻构建的社会认知过程是一个动态的构建过程，受人们对社会世界的共享知识、信仰和态度等因素的制约和调节。

第三，重点突出，系统全面。作者在第1章中就提出了本书的研究问题：社会认知的转喻实现方式与特征有哪些？转喻有哪些社会认知功能？转喻使用有什么社会认知理据？转喻的社会认知过程是怎样建构的？这三个问题围绕研究对象和主题，层层深入展开分析研究。作者先从语言使用入手，考察梳理了社会认知中转喻使用的类型及特征，再对转喻使用的深层动因展开分析，最后分析了转喻构建与社会认知的互动特征。通过回答三个问题，对社会认知转喻进行了系统的分析。

转喻是人类重要的认知方式之一。认知语言学的发展大大促进了转喻的研究和理论建设，但从文献数量和理论建设的发展来看，转喻研究与隐喻研究相比一直处于次要地位。该书响应认知语言学的"社会转向"，在概念转喻理论基础上，从社会认知视角出发运用社会认知心理学相关理论对转喻展开研究，这一研究成果对转喻研究及其理论建设都具有积极意义，值得充分肯定。作为认知语言学的一个家族成员，社会认知语言学刚刚起步，还有很多值得深入思考和研究的话题，期望杨毓隽在此领域继续深耕，百尺竿头更进一步，为社会认知语言学研究做出更多贡献。

是为序！

文　旭
于西南大学外国语学院
2024年6月10日

前　言

　　20世纪80年代以前，转喻一直被视为一种语言修辞现象。然而，认知语言学的诞生与发展催生和促进了对转喻的认知研究。莱考夫和约翰逊（Lakoff & Johnson 1980）创造性地提出了概念转喻理论，认为转喻不仅是一种语言现象，更是一种概念现象，是人类认识世界的重要工具。概念转喻理论的提出标志着认知语言学以一种全新的范式开启了转喻研究。在近四十年的转喻认知研究中，已经充分证明了转喻的概念本质。人们普遍认可转喻是人类认知事物最本质和最重要的认知方式。

　　21世纪初，认知语言学出现了"社会"转向，将语言的社会属性纳入研究范围，关注认知与社会世界的互动。以往转喻认知研究主要关注转喻在概念层面的运作方式，忽略了转喻与外部世界的互动，这种研究具有明显的"脑内的转喻"特点。随着认知语言学的"社会"转向，转喻认知研究也开始走出"大脑"，关注转喻与社会世界的互动。作为一种重要的认知工具，转喻不仅是一种普遍的认知能力，也是一种社会认知能力。例如，人们经常通过个体突出的外貌特征来代指这个人，实现对"人"的概念化，或通过转喻来实现评价、表达态度和观点，并借此维持与社会的关系。利特莫尔（Littlemore 2015）通过语料库研究转喻的使用时发现，转喻可以用于在语言社区中建构身份或维护人际和群际关系。这是因为通过转喻，人们可以唤起其群体性的共享知识，而这些知识包含了人们对社会世界的认识、评价和态度等。

　　本研究认为，转喻研究应该更多关注转喻与社会世界的互动，探索人们如何通过转喻这一最基本的认知工具实现对社会的概念化，并同时探讨社会认知如何影响转喻的使用。这可以为转喻研究提供另一种视角。我们将回答以下三个问题：

（1）社会认知的转喻实现方式与特征有哪些？

（2）转喻有哪些社会认知功能？转喻使用有什么社会认知理据？

（3）转喻的社会认知过程是怎样建构的？

本书主要采用了内省的研究方法，运用观察、归纳、描写、解释、推理等方法对语言使用展开研究。本书首先通过观察和归纳的方法考察语言使用，并总结了社会认知的转喻实现方式及其特征；然后结合社会认知理论，运用描写与解释相结合的方法分析了转喻的认知功能，并运用溯因推理法分析了转喻使用的社会认知理据；最后从转喻与社会认知的互动角度解释了转喻构建的社会认知过程。通过研究，主要有以下三方面的发现。

第一，转喻是社会认知的重要概念化工具。在语言使用中，社会认知的转喻实现方式非常丰富，转喻可以通过曲折变化、词汇、短语、话语和语篇等方式来概念化社会中个体、群体以及关系。社会认知的转喻实现具有层级特征、语义特征和语境特征。转喻在概念化社会世界时具有概念层级性，即转喻可以在不同类属程度的理想化认知模型上运作以实现概念化。这充分体现了转喻的概念本质，也是转喻实现方式多样化的原因。在语义方面，转喻受群体共享的社会表征、人际和群际关系等因素影响，转喻意义并非转喻始源概念与目标概念的简单映射，其意义要丰富得多，往往具有评价意义。转喻的使用也受到语境的影响，包括文内语境和文外语境。其中，文外语境对转喻认知的影响更为重要。当转喻概念化的对象为人和社会性对象时，社会认知具有重要的制约和引导作用。

第二，转喻不仅是我们认识社会世界的概念工具，同时也是我们构建与社会世界关系的重要工具。在社会认知中，转喻具有认知功能、评价功能、人际功能和身份建构功能。转喻的认知功能意味着它是我们认识社会世界的重要概念工具，可以帮助我们理解简洁的语言形式所承载的复杂意义。转喻的评价功能主要表现为它允许人们使用共享知识，通过转喻的突显性、间接性和简洁性来表达观点和态度。转喻的人际功能主要表现为它允许我们通过间接言语行为、委婉表达，以及创建话语团体共享的语类等来维护人际关系和群际关系。转喻的身份建构功能主要表现为它能够通过将个人归入群体或通过个体对群体的心理化来实现身份建构。

概念转喻的具身基础在于身体、文化和社会的统一，而社会认知为转喻使用提供了理据。通过观察他人的身体特征、面部表情、行为方式等，我们可以更为高效地判断和评价他人，因此社会知觉可以为转喻提供理据。行为归因会对行为产生不同的影响，其中包含的评价成分具有动机的作用，促使人们产生进一步的行动，因此行为归因是我们选择转喻喻体的重要依据。社会范畴化是人们认知自我和他人的基础。在社会范畴化中，人们通常对自己所属群体抱有偏爱，或对其他群体持贬抑态度，这种社会认知方式可以指导转喻的使用，以区别内群体和外群体。态度是行为的决定因素，共享态度是构建心理团体的基础之一，说话人的态度是影响转喻使用的重要因素。

第三，转喻构建的社会认知过程是一个动态的构建过程，受到社会认知制约和调节。在社会认知中，转喻构建依赖于我们对外部世界的共享知识、信仰和态度等因素。人们对社会世界的共享知识是群体成员之间交流与沟通的基础，具有优先识解的地位。由于社会共享知识的认知群体不同以及社会群体内部成员社会认识的差异性，基于百科共享知识的转喻认知基础具有动态性。

转喻关系的构建受到社会认知的调节。在人们认识社会世界时，转喻喻体的选择遵从认知原则和交际原则，但共享知识中有关对社会世界的知识、评价、态度以及我们对社会关系的知觉是喻体选择的主要动因。转喻目标概念的选择与目标概念的知识中心度有关。在社会认知中，由于共享知识具有群体共享性、社会性和行为说明性，因此具有高规约性，在群体中呈现较高的知识中心度，从而被选定为转喻目标概念的可能性较大。社会认知的调节作用主要是因为在社会认知中，人们更关注事物的社会意义而非纯粹的自然属性。一些本不具有中心地位的知识，如某个概念的具体知识或外在知识，通过社会表征而被规约化，也具有了中心地位。

转喻意义的构建涉及社会认知要素的整合。转喻意义具有新创性，概念的整合可以解释涌现意义的产生。在转喻意义的构建中，喻体激活了始源域，心理可及激活了目标域，两者之间发生了基于转喻关系的映射，并最终从不同的心理输入空间进入整合空间。同时，由话语语境激活的多个认知域也参与意义的构建。在这个过程中，共享知识的社会认知要素部分地、有选择地通过不同的心理输入空间整合到整合空间。在整合空间中，所有要素通过压缩最终形成新的意义，即涌现意义。这种涌现意义的整合机制为转喻的评价意义提供了描述。

　　本研究尝试从社会认知的视角讨论转喻与社会世界的互动，具有一定的理论和实践意义。

　　第一，拓展了转喻研究的视野和范围。以往转喻的认知研究更多关注于"脑内"的转喻，而忽视了转喻与外部世界的互动，特别是与社会世界的互动。认知语言学研究者正是认识到以往研究的局限性，从而提出了认知语言学的"社会"转向。但是，目前转喻在这方面的研究还比较有限。本研究将转喻认知研究和社会认知理论相结合，探索转喻与社会世界互动的特征，从一定程度上拓展了转喻研究的视野和范围，是对转喻研究"社会"转向的响应和实践。

　　第二，在概念转喻理论建设方面具有一定的完善和补充作用。四十多年的转喻认知研究忽略转喻的使用以及转喻的功能研究，从"社会"视角对转喻认知进行解释明显不够。本研究关注转喻的使用，即转喻与社会世界的互动，探讨了社会认知的转喻使用方式与特征，分析了转喻的社会认知功能，从社会认知的视角分析了转喻使用的理据和转喻构建的过程，以期为概念转喻理论建设提供有益的补充。

　　第三，在促进对转喻的全面认识、提高人们的转喻能力方面有一定的积极作用。转喻不仅是一般的认知能力，还是一种社会认知能力。提高转喻能力有助于人们认识和理解社会世界，也有助于人们在社会世界中构建身份和与他人建立关系。此外，本书研究成果对翻译和外语教学等也有一定的启示作用。

目 录

第1章 绪 论 1
  1.1 研究背景 3
  1.2 研究对象的界定 6
  1.3 研究问题 8
  1.4 研究方法与语料来源 9
  1.5 研究意义 11
  1.6 全书结构 11

第2章 转喻研究综述 13
  2.1 引言 15
  2.2 修辞学视域下的转喻研究 16
  2.3 结构主义语言学视域下的转喻研究 18
  2.4 认知语言学视域下的转喻研究 19
  2.5 转喻研究的"社会"转向 30
  2.6 小结 41

第3章 理论基础 43
  3.1 引言 45
  3.2 概念转喻理论 45
  3.3 社会认知概念与社会认知理论 68
  3.4 社会认知语言学 80
  3.5 小结 82

第 4 章　社会认知的转喻实现与特征 ······ 83
4.1　引言 ······ 85
4.2　社会认知的转喻实现 ······ 85
4.3　转喻实现的特征 ······ 107
4.4　小结 ······ 116

第 5 章　转喻的社会认知功能与社会认知理据 ······ 119
5.1　引言 ······ 121
5.2　转喻的社会认知功能 ······ 121
5.3　转喻的社会认知理据 ······ 135
5.4　小结 ······ 148

第 6 章　转喻构建的社会认知过程 ······ 151
6.1　引言 ······ 153
6.2　转喻构建的社会认知基础：共享知识 ······ 153
6.3　转喻关系构建：社会认知调节 ······ 160
6.4　转喻意义构建：社会认知要素整合 ······ 174
6.5　小结 ······ 181

第 7 章　结　论 ······ 183
7.1　研究发现与启示 ······ 185
7.2　研究不足与展望 ······ 189

参考文献 ······ 191
附　录 ······ 213
基于"社会认知"的社会认知语言学 ······ 215
转喻标注的参数和标准：《概念转喻：方法、理论与描写问题》评介 ······ 232

第1章

绪 论

1.1 研究背景

转喻（Metonymy）的研究最早可追溯到古希腊时期。从古希腊到20世纪80年代，转喻一直被视为一种语言修辞现象。一方面，转喻常被视为隐喻的一种，成为隐喻研究的附属品；另一方面，转喻的修辞研究主要体现在语言的显性层面，没有深入挖掘转喻现象的生成和理解机制，就无法解释转喻的普遍性和能产性等特点。因此，转喻修辞研究没有形成一个相对独立和完善的理论体系。然而，随着认知语言学的发展，这种情况得到了改观。

认知语言学的诞生与发展催生和促进了转喻的认知研究与发展。莱考夫和约翰逊（Lakoff & Johnson 1980：36）在研究隐喻时提及了转喻，认为转喻和隐喻都不仅仅是一种语言现象，更是一种概念现象，是人类认识世界的重要工具。隐喻的主要功能是理解，而转喻的主要功能是指称，即允许使用一个实体来代替另一个实体。尽管莱考夫和约翰逊只用了一个章节来介绍转喻，但他们创造性地提出了概念转喻理论（Conceptual Metonymy Theory），标志着认知语言学以一种全新的范式开启了转喻研究。

20世纪90年代之前，相较于隐喻认知研究，转喻认知研究未能引起认知语言学家们的足够重视。从文献数量和理论建设的发展来看，认知语言学对转喻的研究与隐喻研究相比一直处于次要地位（文旭 2014）。20世纪90年代以后，随着研究的深入，越来越多的研究者认为转喻可能是比隐喻更基本的认知方式，开始关注转喻的研究。转喻研究也逐渐成为认知语言学研究的重要内容。20世纪90年代末开始，一批有影响的研究成果相继涌现。认知语言学家们从语言和其他表达形式入手，通过研究不断揭示了转喻的概念本质及其重要性，认为转喻之所以普遍存在是因为人们倾向于转喻思维。一方面，人们不可能了解事物的全部知识，转喻允许以一个概念的突出部分为参照点来触发大脑中存储的关于其他概念的知识，从而帮助理解整体概念；另一方面，人们也不可能通过语言表达全部的意义，转喻则允许人们使用简洁的语言来表达复杂的意义。因此，人们不仅通过转喻来理解事物，同时也通过转喻来表达思想（Gibbs 1999）。利特莫尔（Littlemore 2015）认为，转喻是语言、思维和交际中隐藏的捷径。

经过四十多年的发展，转喻认知研究已经成为知语言学的重要内容和转喻研究的重要范式，转喻的概念本质已得到普遍认同，概念转喻理论初步形成。但是，前30年的转喻认知研究主要是以认知语言学的"还原论"取向为主，以验证转喻的认知普遍性为研究目的，研究重点在转喻的概念本质及其认知机制，研究具有鲜明的"大脑内的转喻"的特点。21世纪初开始，认知语言学出现了"社会"转向（Evans & Pource 2009；Geeraerts, Kristiansen & Peirsman 2010；Harder 2010；牛保义 2018；文旭，司卫国 2018），提倡认知语言学应该"走出大脑"，将语言研究置于社会这个更大的认知语境中，将社会维度纳入对语言结构的解释之中。由于对社会维度的侧重有所不同，这一转向有两种不同的研究取向：认知社会语言学（cognitive sociolinguistics）和社会认知语言学（sociocognitive linguistics）。前者将语言视为一种社会现象，主要关注语言变异（Kristiansen & Dirven 2008；Geeraerts, Kristiansen & Peirsman 2010），从社会和文化的宏观视角来解释语言变体，是认知语言学与社会语言学的结合。后者将语言视为一种社会认知能力和社会认知工具（Croft 2009；Pishwa 2009；文旭 2019），主要关注社会认知[①]如何影响知识表征和语言使用。社会认知语言学认为，我们不仅拥有语言的心智表征，我们还使用语言，因此不仅要关注语言知识的心智结构，还应该关注认知、语言、社会三者间的互动关系（Croft 2009；文旭 2019）。社会认知语言学是认知语言学、认知心理学和社会心理学的结合。虽然这两种研究的"社会"取向不尽相同，但其实质都是关注语言、认知和社会之间的互动关系。

[①] 随着20世纪70年代认知科学的发展，社会心理学开始采用认知心理学的理论和技术来研究人类社会信息的加工问题，即个体对社会信息的加工和表征。为了区别于传统的社会心理学研究，社会心理学开始使用"社会认知"一词来命名这类研究。

在此背景下，转喻的认知研究也开始走出"大脑"，关注转喻与社会的互动，探讨转喻思维、语言和社会之间的关系。然而，这方面的研究还比较有限。其中，转喻的认知语用研究主要是将转喻与语境结合起来，探讨转喻和语境的互动（如 Papafragou 1996；Thornburg & Panther 1997；Panther & Thornburg 1998，1999；Ruiz de Mendoza & Hernández 2003；张辉，周平 2002；李勇忠 2004；陈新 2008；江晓红 2009，2010）。但转喻的认知语用研究对语境的界定并不明确，既包含了具体情境的信息，也包含了社会和文化的信息，大多数讨论都停留在现象层面，对转喻语用现象的深层动因关注不多。转喻变体研究主要从宏观层面探讨社会和文化因素对转喻的影响，属于认知社会语言学的研究取向（如 Brdar-Szabó & Brdar 2003，2011；Brdar 2006，2007；Brdar & Brdar-Szabó 2009；Zhang，Speelman & Geerearts 2011；Zhang 2016）。社会认知视角的转喻研究主要探讨转喻在认识自己和他人、维护社会关系、表达态度等方面的机制和作用（Pishwa 2009；Littlemore 2015；Barnden 2018；Porters-Muñoz 2018；Radden 2018；杨毓隽，文旭 2022）。

克罗夫特（Craft 2009）认为，传统上，人们在研究人类的语言行为时总是将社会和心理维度分开。正如社会心理学研究常常忽略语言研究一样，认知语言学也常常忽略语言的社会心理维度（Holtgraves 2014）。为了更好地理解语言，这一缺口必须得到填补。克罗夫特（Croft 2009）认为，语言不仅是一般认知能力的体现，也是社会认知能力的体现。一方面，语言是社会认知的工具和载体，社会认知在很大程度上通过语言来构建（Holtgraves & Kashima 2008；文旭 2019）；另一方面，语言的使用也受到社会认知的影响（Croft 2009；Fogas, Vincze & László 2014；Holtgraves 2014）。因此，语言是人类社会交往的一个本质特征，探讨语言的表征与使用必然要考虑人们对社会的认知（文旭 2019）。

作为一种重要的认知工具，转喻是人类概念化世界的重要手段，因此转喻也是一种社会认知工具。例如：

(1) She is just a **pretty face.**
(2) Businessmen and women rush to work in **Mercedes** and

Jaguars.

从例（1）可以看到，人们常通过个体突出的外貌特征来指称这个人，实现对"人"的概念化。在例（2）中，转喻喻体"Mercedes"和"Jaguars"指称"汽车"，转喻认知操作与"汽车"这个认知域有关，但转喻喻体选择"Mercedes"和"Jaguars"而非其他汽车生产商来转指"汽车"是受"Businessmen and women"这一认知域调节，即人们对某个群体或类别的社会认识。此外，在语言的真实使用中我们发现，这些转喻用法还带来了语义的变化，具有了某种评价意义，是一种态度表达。利特莫尔（Littlemore 2015）通过语料库研究转喻的使用时发现，转喻可以用于在语言社区中建构身份或维护良好的人际关系，这是因为转喻可以唤起人们的群体共享知识，这些知识包含了人们对社会世界的认识、评价和态度等。

因此本研究认为，随着认知语言学研究的"社会"转向，转喻研究应该更多关注转喻的使用和功能，即关注转喻与社会世界的互动，探索人们如何通过转喻这一最基本的认知工具实现对社会的概念化，同时也关注社会认知如何影响转喻的使用。这可以为转喻研究提供另一种视角。

1.2 研究对象的界定

本书的研究对象并非传统语言研究中的修辞转喻，而是将认知语言学概念转喻理论下的转喻使用作为研究对象，它包含了传统的语言转喻，但不限于传统的语言转喻。传统转喻研究主要关注词汇转喻及其指称功能，而概念转喻理论将更多的转喻纳入研究范围中。

正如我们在之前研究背景回顾中所提到的，目前转喻研究主要有两种方法：一是语言学的方法，主要关注转喻在语言中的作用；二是认知的方法，主要关注转喻的概念特性。尽管两者存在一些不一致之处，但通常是相辅相成的。目前有关转喻的大部分研究都是在认知语言学视域下专注于语言和思维之间的关系。根据认知语言学的观点，转喻不只是一种语言现象，更是一种认知工具。它被定义为"在同一个理想化认知模型（Idealized Cognitive Model，简称 ICM）[1] 中两个邻近成分之间的替代关系"[2]（Lakoff 1987：78）或"在同一框架、概念域或理想化认知模型中，一个概念元素或实体（事物、事件、属性）作为载体，为另一个作为目标的概念实体（事物、事件、属性）提供心理通道的认知过程"（Kövecses 2006：99）。

根据认知语言学的定义，我们可以很好地理解语言使用中用"北京"来代替"中国政府"，用"华盛顿"或"白宫"来代替"美国政府"的用法。除此以外，在概念转喻理论下，转喻不仅发生在词汇层面，还可以发生在多个词汇单位构成的词汇串、短语、话语、语篇和语法中。因此，概念转喻可以将一些传统转喻研究没有考虑的语言使用也纳入研究。例如：

(3) The poor dog left **with its tail between its legs**.

(4) He was **able to tell me** that it had merely gone into spasm.

(5) He **hammered** the nail into the wall.

(6) Can you close the door?

上面 4 个句子都不属于传统语言转喻的研究范畴。根据概念转喻理论，例（3）是一个情景转喻（situational metonymy），由"狗夹着尾巴离开"这个情景转喻"狗受罚逃跑"的整个情境。例（4）是一个述谓转喻（predicational metonymy），通过"能够告诉我"这一可能性转喻"他确实告诉了我"这个事实，通过某种情态形式表达的潜在事件（如采取行动的能力、可能性、许可或义务等）转喻现实中发生的事件。例（5）是一个语法转喻（grammatical metonymy），通过"工具"转喻"行为"，实现"hammer"由名词向动词的范畴转换。例（6）是一个言外转喻（illocutionary metonymy），由"询问关门的可能性"行为转喻"请求关

---

[1] 莱考夫（Lakoff 1987）提出了理想化认知模型。理想化认知模型是人们在范畴化和概念化过程中所遵循的原则和认知方式。基于这些原则和方式，人们组织经验和知识，形成一个有组织的概念结构知识域。

[2] 除特殊说明外，全书外文译文均为笔者自译。

门"行为。

转喻在语言中是一个动态的认知过程,而非仅是语言的静态特征。正是基于转喻的概念性特性,我们可以用某事物的一个很好理解的方面来代表该事物的整体,或者代表它的另一个方面,或者代表与它非常密切相关的事物(Gibbs 1994)。转喻是我们用来思考事物和交流思想的工具,因此,它是我们的概念系统和语言系统的属性(Gibbs 1999)。转喻除了用于指称,还具有交际功能,如建立关系、幽默、讽刺和委婉语(Littlemore 2015)。它的关键功能之一是提供对人或事物的微妙评价(Levin & Lindquist 2007)。转喻之所以在语言中盛行是因为在很大程度上它是我们日常思维的一种属性(Langacker 1993),而从语言入手研究转喻是一个相对有用和可靠的办法,因为转喻思维总会在我们的语言中留下痕迹。通过语言研究转喻是有用和必要的,有利于我们探索真实世界中转喻操作的规律,完善概念转喻理论。我们将在第3章对转喻的定义、特征和分类等进行详细说明。

1.3 研究问题

社会认知是人们对社会世界的认识,包括对社会世界中的人、物、事,及其相互关系的认识。转喻作为一种最基本和重要的认知工具是如何概念化社会世界的,其特征是什么?我们对社会的认识如何影响转喻运作?这样的问题值得我们给予更多的关注。本研究基于社会认知视角分析社会互动中的转喻使用,将回答以下问题:

①社会认知的转喻实现方式与特征有哪些?
②转喻有哪些社会认知功能?转喻使用有什么社会认知理据?
③转喻的社会认知过程是怎样建构的?

第一个问题主要关注社会认知如何通过转喻得以实现,即人们如何通过转喻来认识社会中的个体、群体和关系。本书通过考察语言使用总结社会认知的转喻实现方式及其特征。第二个问题主要关注转喻的社会认知功能和转喻使用的社会认知理据。以往转喻功能研究更多关注其指称功能。

社会认知语言学认为一般的认知能力也是社会认知能力，具有社会认知功能。本书通过描写和分析转喻使用探索转喻有哪些社会认知功能。社会认知语言学认为社会认知影响概念化，本书认为人类的具身经验应该包括对社会世界的认识。本书在具身认知的基础上探索人们对社会认知如何为转喻使用提供理据。第三个问题主要关注转喻构建的社会认知过程。本书将从转喻构建的认知基础、转喻关系构建和转喻意义构建的过程探讨转喻构建与社会认知的互动关系。

1.4 研究方法与语料来源

1.4.1 研究方法

本书属于定性研究，主要采用了内省的方法，运用观察、归纳、描写、解释、推理等方法对语言使用展开研究。

尽管杰拉茨（Geeraerts 2006：25）讨论了实证方法在认知语言学研究中的运用，并提出了"实证革命"，掀起了语言实证研究的热潮，但内省法仍然是认知语言学研究采用的主要研究方法。虽然内省法因为不是通过具体实验或统计数据来证明理论的正确性而被认为是一种较为主观的研究方法，但科学的研究离不开内省，内省法是研究人类高级认知活动的重要方法。内省的语言研究是指语言使用者对语言某些方面的一种有意识的关注（Talmy 2007：XII）。束定芳（2013：58）认为，内省法是语言研究的重要方法，凭借对语言的直觉、语感或学术经验，研究者对语言进行分析和解释并最终形成规律性认识。在语言研究中使用内省法有助于观察语言现象和发现语言使用的规律，揭示其内在的认知特征。本研究主要关注转喻与社会世界互动中的表现形式、特征和功能，探究其背后的认知动因和认知运作模式。基于此，本研究主要采用内省法作为科学的思维工具进行理论上的思辨和阐述。具体方法有：

①描写与解释相结合的方法。描写与解释相结合是认知语言学的重要研究方法。认知语言学认为，语言研究不仅要描写语言现象及其特征，更

要分析和解释语言现象背后的认知动因和机制。本研究将对社会认知的转喻实现方式及特征进行描写，在此基础上对其认知理据和认知机制进行充分的解释。

②归纳法。归纳法是指从观察或实验得到的结果出发，通过个别到一般的概括过程，最终形成一般结论的思维方法（穆雷2011：43）。本研究从对转喻使用现象的观察出发，运用已有关于转喻认知研究和社会认知研究的观点和理论对观察到的转喻现象进行描写与分析，归纳总结社会认知的转喻实现方式及其特点。

③溯因推理法。溯因推理法是从已经观察到的结果出发来确定与此事实相关的解释的方法（蒋严2002：19）。本研究从对语言现象的观察、分析和归纳结果出发，运用相关理论对形成结果的原因进行追溯，对转喻使用的功能、认知理据和认知机制进行解释，形成结论。

1.4.2 语料来源

本书主要采取非封闭性语料作为研究语料来源，主要包括：

①来自已有转喻研究文献中使用的语料。这类语料的转喻性已被验证和分析，本书将在此基础上从社会认知视角进行进一步分析。

②来自北京大学语料库（CCL）、北京语言大学语料库（BCC）中的一些语料，这类语料主要来源于真实使用的语言，具有语言使用的本质特点。

③来自各类文学作品。这类语料发生在具体社会语境下，具有较强的社会认知特征。

④来自内省语料。这部分语料已通过本族语者的语感测试，保证其可靠性。

文中语料全部来自上面四个方面。由于语料较多，来源较广，书中没有对每个语料的具体来源都进行标注。

1.5　研究意义

1.5.1　理论意义

本研究主要探索人们如何通过转喻概念化社会世界，即人们如何通过转喻来认识个体、群体和关系，以及人们如何通过转喻维护社会关系。通过语言实例，本研究分析总结社会认知的转喻实现方式、特征及其背后的社会认知动因和机制，以此来探寻转喻在概念化社会世界的过程中社会认知与转喻思维的互动特点。相较于以往的转喻认知研究，本研究强调了转喻与社会世界的互动，以及对转喻使用和转喻功能的重视，从而为概念转喻理论建设提供了有益的补充和扩展。

1.5.2　实践价值

本研究进一步证实转喻不仅是普遍认知能力，也是社会认知能力，是社会认知的重要概念化工具，也是人们表达思想和建构身份的重要工具。分析社会认知的转喻实现方式、转喻的社会认知功能以及转喻建构的社会认知过程，有助于促进人们对转喻更全面地了解，提高人们的转喻使用能力和社会认知能力，促进人际与群际交流。此外，对翻译和外语教学等也有一定的启示作用。

1.6　全书结构

本书共分为 7 章。前 3 章分别是绪论、文献综述和理论基础部分，第 4、5、6 章为论文的主体部分，分别对三个研究问题展开研究，最后一章为结论部分。下面是每一章的主要内容：

第 1 章为绪论。本章主要就本书的研究背景、研究对象的界定、研究问题、研究方法及语料来源、研究意义和全书结构进行说明。

第 2 章为文献综述。本章主要梳理转喻研究从修辞学、结构语言学、认知语言学到"社会"转向的主要研究成果，总结以往转喻研究的贡献及其存在的争议和问题，阐明从社会认知视角开展转喻研究的必要性。

第 3 章为理论基础。本章主要阐述本研究分析的两大理论基础——概念转喻理论和社会认知理论。本章首先概述概念转喻理论关于转喻的定义和特征，分析转喻与隐喻、提喻、层面化和区活跃的关系，介绍概念转喻的主要理论，为转喻分析提供理论基础。接着，本章介绍社会认知的概念和特征，以及社会认知的两个重要理论，为转喻的社会认知分析提供理论基础。

第 4 章为社会认知的转喻实现与特征。本章聚焦第一个研究问题，从语言现象入手，根据转喻的定义和特征，考察人们在认识个体、群体和关系时转喻的实现方式及其特征。

第 5 章为转喻的社会认知功能与社会认知理据。本章聚焦第二个研究问题。以往转喻功能研究主要关注其指称功能，本章将在此基础上进一步探索转喻的社会认知功能。以前关于转喻具身理据的研究主要关注认知主体对物理空间和因果关系的感知，本章将在转喻的具身认知基础上探讨转喻的社会认知理据，即具身基础应包括具身认知的社会性，也就是说，人们对社会世界的感知和认识为转喻提供理据。

第 6 章为转喻构建的社会认知过程。本章聚焦第三个研究问题，探讨转喻构建的社会认知过程。本章主要从转喻构建的认知基础、转喻关系构建、转喻意义构建等方面探讨转喻构建与社会认知的互动特征。

第 7 章为结论。本章对应研究问题总结了本研究的发现和启示，指出研究存在的不足，提出了后续研究的努力方向。

第2章

转喻研究综述

2.1 引言

转喻研究主要经历了从传统修辞学、结构语言学到认知语言学的发展阶段。本章将对转喻研究主要发展历程和主要研究成果进行总结和评述。

在修辞学视域下，转喻一直被视为一种语言修辞现象。修辞学家主要探讨了在词汇层面的语言替代现象，特别是名词的"替代"现象。由于常被视为隐喻的一种，转喻没有形成一个独立的研究范畴，同时非修辞作用的转喻现象没有得到关注。在结构语言学视域下，雅各布森（Jakobson 1956）提出隐喻和转喻实际上是基于相互对立原则的两种不同形态。这一观点将转喻从隐喻中分离出来。厄尔曼（Ullmann 1962）讨论了转喻的一个基本特征——邻近性（contiguity），认为转喻是基于语义邻近，并试图对相邻关系进行分类。修辞学和结构语言学视域下的转喻研究都将转喻视为一种语言现象，主要还是在修辞研究的范式下探讨转喻，研究的广度和深度有限，没有形成完整的转喻理论。尽管如此，修辞学和结构语言学视域下的转喻研究为后来的转喻认知研究提供了宝贵的研究基础和借鉴。

莱考夫和约翰逊（Lakoff & Johnson 1980）认为转喻不只是一种语言现象，更是一种概念现象，是人类概念化世界的重要手段。泰勒（Taylor 1995）更是指出，作为重要的认知方式，转喻可能比隐喻更为基础。经过四十多年的研究，转喻的概念本质已得到普遍认同，概念转喻理论初步形成。随着认知语言学的发展，转喻研究在广度、深度上都有了巨大发展。认知语言学视域下的转喻研究成为转喻研究的主要范式。

早期认知转喻研究主要关注其概念本质，研究明显带有"大脑内的转喻"的特点。随着认知语言学的"社会"转向，转喻研究开始走出"大脑"，探讨转喻与社会之间的关系，主要体现在语用学视角、认知社会语言学视角以及社会认知语言学视角的转喻研究。这些研究为转喻认知研究提供了新的解释视角，是概念转喻理论的发展和完善。

2.2 修辞学视域下的转喻研究

与人们对隐喻的关注相比,转喻本身很少被古人明确讨论。转喻研究源于修辞研究,最早可追溯到古希腊时期。那时的人们对诗性语言表现出浓厚的兴趣,认为诗性语言可以增加表达的魅力。亚里士多德(Aristotle)在其《诗学》(*Poetics*)中对隐喻的赞美奠定了隐喻在修辞语言中的主导地位,他区分了四种隐喻,将转喻视为其中的一种。这一观点在漫长的修辞研究中基本没有改变,直到20世纪50年代(陆俭明2009:45),雅各布森(Jakobson 1956)提出隐喻和转喻实际上是基于相互对立原则的两种不同形态,转喻才从隐喻中走出来,逐渐作为一个独立的研究范畴被对待。

《修辞和解释》(*Rhetorica and Herenium*)将转喻定义为一种修辞手段,它产生于邻近的、联系紧密的事物之间,人们可以通过这种修辞方法更好地理解那些未被命名的事物(Ruiz de Mendoza & Otal Campo 2002:10)。这是有关转喻最早的定义,该定义试图用事物间的邻近关系来解释转喻,这里已经开始涉及语言与指称,以及指称的事物之间的关系,其中涉及转喻的两个重要特征——邻近和替换,成为后来人们用以区分隐喻和转喻的重要标准。公元前1世纪,特力丰(Tryphon)在《修辞格》(*De tropis*)中明确了转喻的修辞作用,认为转喻是指称特定事物的词类,它的字面意义表征另一个与之有某种联系的事物(Arata 2005:57)。该定义明确了转喻的指称功能,而转喻得以发生是基于两个事物之间的"某种联系",但该定义将转喻仅限于词类,局限了转喻研究的范围和对象,对这种指称关系成立的描述也非常模糊。昆提利安(Quintilianus)在《演说术原理》(*Institutio Oratoria*)中列举了12种修辞格,其中包括转喻,但他在转喻的定义中没有明确提及"邻近性"这一重要特征,因此难以将转喻与其他修辞格特别是隐喻区别开来。

国内的转喻研究也是始于修辞研究。作为中国第一部系统的汉语语法著作,《马氏文通》最早关注到语言中的替换现象,如以物体代人、以地点代人和以时间代人，并且这种替换用法不限于词类，还可能发生在句法中。遗憾的是，该书并没有针对这一语言现象进行命名，也未能在修辞和句法方面做出进一步的分析。1932年，陈望道（1979）将这种语言替换现象定义为"借代"，认为如果事物之间虽不相似但却存在不可分离的关系，就可用一个事物的名称来代替另一事物。陈望道对这种语言现象进行了分类，他将借代分为旁借和对代：旁借又可进一步分为四种——事物的属性代事物、事物的位置或归属代事物、书籍的作者代书籍和产品的产地代产品、方式代事物；对代也可以进一步分为四种——部分代表整体或相反、独特代类属或相反、具体代抽象或相反、原因代结果或相反。陈望道认为，借代与隐喻不同，所说事物与所指事物间并不类似，但两者间存在不可分离的关系，使用借代必须要注意历史和文化场合。

尽管存在争议，但陈望道对借代的讨论对转喻的修辞学研究具有重要的影响和启发。在很长一段时间内，将转喻视为一种修辞格是国内转喻研究的主流。史锡尧和杨庆蕙（1980：53）认为，借代是一种将"与某一事物有密切关系的另一事物来代替这一事物"的修辞手法。张弓（1993：122）将借代称为"借代式"或"换名"，是一种"不直接说出事物原名，而把事物换个名字或说法"的修辞方法。张弓详细阐述了借代使用的语境和借代的功能，认为在特定的背景下借代可以表达情感。黄伯荣与廖序东（2002：248）将"不直接说某人或某事物的名称，借同它密切相关的名称去代替"的修辞方法称为借代。李庆荣（2002：225）认为，借代是"不用事物本来的名称，而用和它有密切关系的其他事物的名称来代替"的修辞方法。刘亚猛（2004）将"metonymy"翻译为换喻，也将它视为一种修辞格。胡曙中（2004）把"metonymy"翻译为转喻。谭学纯与朱玲（2008）在提及"借代型成语"的修辞化特征时将借代看作一种修辞手段。蔡晖（2009）认为转喻是通过与该事物密切联系的另一事物来表达意义的一种修辞手段，可以增强语言的形象性。由此可以看出，早期国内转喻研究的主流是将转喻视为一种修辞格，转喻修辞研究者试图从"替代"和"两者间的某种关系"两个方面来定义转喻。但受限于修辞观研究视野的限制，他们无法对"替代"和"两者间的某种关系"这两个方面进行进一步的、更明确的描述。

总的来说，转喻最早被视为一种修辞现象。传统的修辞转喻研究主要将转喻视为一种基于现实世界中人或事物之间邻近关系的名词替换现象，主要功能是指称，其目的是语言的修饰效果。就这一观点，中国修辞学家与西方修辞学家的认识基本是一致的。但是，在修辞学视域下，转喻的定义和解释虽然涉及了转喻的具身性，但是将转喻视为一种语言使用的偏离现象，特别是局限于名词的替换，大大限制了转喻的研究视野，始终未能触及转喻的本质问题，未能深入挖掘转喻的生成和理解机制，所以无法解释转喻的普遍性、能产性等特点。

2.3 结构主义语言学视域下的转喻研究

在西方修辞学史上，转喻一直被视为隐喻的下属范畴来讨论，这一观点一直持续到20世纪50年代。雅各布森（Jakobson 1956）把辞格从四种缩减为两种——隐喻与转喻，并认为隐喻和转喻实际上是基于两个相互对立原则基础上的两种不同形态，即隐喻基于相似性，转喻基于邻近性。雅各布森的观点是在结构主义语言学的聚合关系和组合关系（paradigmatic and syntagmatic relationship）的基本原则基础上发展起来的，涉及语言符号的排列方式。雅各布森认为语言使用涉及语言选择和组合，转喻属于语言使用的关系轴，隐喻属于语言使用的选择轴。他认为在帮助语言理解方面，邻近原则和相似原则同样重要。但是，雅各布森对用来描述转喻的术语"邻近性"未能进行清晰的说明，在语言学家和其他转喻研究者中引起了很大的混淆。厄尔曼（Ullmann 1962）将转喻的临近关系定义为"意义邻近"。他基于对语义变化以及语义变化动机的思考，建议用语言意义或语义特征的接近来解释转喻的变化，认为语义的变化是基于相似性联想和邻近性联想。为了说明转喻的意义邻近性以及词义变化中转喻的作用，他分别从空间、时间、部分与整体等关系以及修辞角度进行了分析探讨（Al-Sharafi 2004）。根据这一方法，厄尔曼指出修辞转喻或转喻多义涉及词汇项的语义性质。但是，厄尔曼对转喻的定义不能够有效解释两个词之间的意义（语义特征）是如何相互联系构成邻近关系的。

纽恩伯格（Nunberg 1995）把转喻看作语言现象，把辞格看作概念问题，认为转喻的实质是"意义转移"，即转喻是可以用同一个语言表达来指称不同的事物的语言机制。他认为，只有两个事物之间具有显著对应关系，转喻才能成为可能。纽恩伯格将转喻区分为"偶然性转喻"（occurent metonymy）和"系统性多义词"（systemetic polysemy），认为词汇变化具有一些普遍模式，如"概念研碎"（conceptual grinding）和"词汇许可"（lexical licenses），认为人们主要依赖于词汇的"习惯用法"来解释"对应关系"的可接受性以及指称转喻的运作机制，把意义转移视为一种语言过程。

基于结构语言学的转喻观为转喻研究做出了积极和重要的贡献。首先，将转喻从隐喻中分离出来，开启了真正意义上的转喻研究。其次，他们开始深入地思考转喻的"邻近性"，即语内意义上的关联性。人们普遍认为，修辞语言的结构分析在系统化方面为修辞研究提供了有益的帮助。但是，结构主义语言学家的观点也存在一些局限。他们将转喻定义为语内意义上的邻近性，理所当然地认为邻近性是语言系统固有的，忽略了语外世界对转喻的作用。此外，虽然纽恩伯格（Nunberg 1995）提出转喻可能是一个概念问题，是一种有对应关系的概念域间的意义转移，但其研究主要集中在对一词多义普遍模式的解释，将转喻认知研究排除在外，忽略了偶然性转喻的解释，也没能很好地说明概念间究竟是怎样的对应关系。他将转喻意义视为一种静态表征而非动态建构的过程，没有涉及转喻意义生成与构建的认知机制。因此，仅用语言学的方法来解释转喻是不够的。

2.4 认知语言学视域下的转喻研究

始于 20 世纪 70 年代末的认知语言学，其诞生与发展催生和促进了转喻的认知研究与发展。莱考夫和约翰逊（Lakoff & Johnson 1980）在这一领域做出了重要贡献，他们创造性地提出了概念转喻理论，将转喻视为一种概念现象，更是人类认识世界的重要工具，而非仅仅是一种语言现象。概念转喻理论的提出标志着认知语言学以一种全新范式开启了转喻的研究。

20世纪90年代以前,转喻研究在认知语言学中地位相对较低,通常只是在隐喻研究中顺便提及转喻(如 Lakoff & Johnson 1980;Lakoff 1987;Lakoff & Turner 1989)。莱考夫和约翰逊(Lakoff & Johnson 1980:37)认为,转喻和隐喻一样,是塑造我们的思维和观念、影响我们感知现实的方式。隐喻的主要功能是理解,而转喻的主要功能则是指称。转喻思维允许我们使用一个事物来代表(stand for)另一个相关的事物,如用"the crown"代表"the monarch"。他们认为转喻与隐喻一样不是随意的而是有理据的,语言中的转喻现象实质上是概念层面上相关概念的替代。换句话说,我们之所以可以用"the crown"这个词代表"the monarch",是因为在概念层面上,"皇冠"(THE CROWN)这个概念与"君主"(THE MONARCH)这个概念有着紧密的关系,甚至就是其中的一部分。这是转喻研究第一次从认知角度和概念层面上来解释转喻。文旭(2014)认为,从文献数量和理论建设的发展来看,转喻研究在认知领域相对于隐喻研究一直处于次要地位。

20世纪90年代以后,越来越多的研究者认为转喻与隐喻一样都是人类重要的认知工具,甚至可能是比隐喻更基本的认知方式(Taylor 1995)。他们对转喻的概念本质及其认知机制进行了深入研究,对转喻的概念本质和认知机制的各个方面展开了深入的分析讨论。这些方面包括转喻发生的概念域的性质与特征、转喻映射的过程及其特点、始源概念和目标概念之间的关系、转喻突显、转喻的分类以及转喻与隐喻的区别等,力图为概念转喻提供一个准确清晰的定义。20世纪90年代末开始,一批有影响的研究成果相继涌现(如 Croft 1993;Langacker 1993,1999;Kövecses & Radden 1998;Panther & Radden 1999;Barcelona 2000;Dirven & Pörings 2002;Ruiz de Mendoza & Otal Campo 2002;Ruiz de Mendoza & Peña Cervel 2002;Panther & Thornburg 2003)。

国内认知转喻研究始于20世纪90年代末。第一个从认知语言学角度研究转喻的是沈家煊。沈家煊(1999:4)认为转喻是一般的思维和行为方式,而不只是一种语言现象,不能仅将其视为一种修辞手段。从21世纪初开始,认知转喻研究在国内认知语言学界迅速发展起来,对转喻的本质进行了较全面和深入的阐释和讨论（如董成如 2004；束定芳 2004，2011；张辉，孙明智 2005；文旭，叶狂 2006；陈香兰 2009；张辉，卢卫中 2010；程琪龙 2010，2011；李文浩，齐沪扬 2012；黄曙光 2014；卢军羽 2015；马辰庭 2016；魏在江 2016；周红英 2019）。这些研究为理解转喻的认知机制和语言意义的建构提供了重要的理论和实证基础。

四十年来，转喻认知研究的主要任务就是要回答"什么是概念转喻？"这一问题，研究的主要内容几乎都是围绕转喻的概念本质及其认知机制来展开的，研究的主要目的在于证明转喻的认知普遍性及其规律。

2.4.1 转喻的概念本质

转喻在本质上是概念的，转喻之所以产生在于它赖以依存的概念系统，即转喻认知操作只有在概念系统中才得以实现。莱考夫（Lakoff 1987）提出的理想化认知模型（简称 ICM）将转喻视为其中一种认知方式，即转喻是人们组织经验、概念化世界的认知方式之一。人们在认识事物时不可能掌握其全部知识，而是根据自身的经验和需要选取其中某些方面来建构对该事物的认识，这样的概念化手段就是转喻。

在莱考夫提出 ICM 这一概念之后，很多认知语言学家对概念系统的性质与特点进行了研究，提出了不同的术语，如概念域（conceptual domain）、认知域（cognitive domian）、框架（frames）等。兰厄克（Langacker 1987：163）将认知域界定为语义结构，一个概念可以假设为几个不同的认知域组成，这些认知域的结合称为矩阵域。兰厄克的矩阵域观与莱考夫的 ICM 理论的不同之处在于，莱考夫从认知方式上来描述概念域，而兰厄克从构成形式上来描述概念域。这样的描述方式更为直观具体，有助于解释隐喻和转喻。但关于矩阵域内各认知域之间的关系以及矩阵域的中心与边界，兰厄克没有进行清晰的说明。

克罗夫特（Croft 1993：177）在兰厄克的基础上引入了域矩阵（domain matrix）这一概念，以此构建了一个更为动态的转喻观。克罗夫特（Croft 1993）认为，一个概念可能属于几个不同的认知域，这些认知域构成了一个域矩阵，为转喻的实现提供了基础。在这种理论框架下，转喻通过域突显来实现。从域矩阵的角度来看，克罗夫特认为转喻可以通过一个域矩阵中不同认知域之间的映射得以实现,因此跨域转喻是可能的。这与莱考夫和特纳(Lakoff & Turner 1989)的转喻单域映射观存在明显差异。

菲尔莫(Fillmore 1992)、科赫(Koch 1999)使用框架(frames)来描述概念域。科赫(Koch 1999)认为,转喻中的始源概念和目标概念属于一个更大的概念网络,即框架。他们认为框架是概念知识整体,框架内并非每个成分都具有邻近关系,而是通过突显具有邻近关系的成分来展现框架的原型性特征。但科赫对框架成分之间邻近性的描述也很模糊,框架在这种描述下表现出静态和非偶然的特点,不能很好地解释概念邻近的动态性和偶然性。

潘瑟和索恩伯格(Panther & Thornburg 1999)将认知域视为场境(scenario),认为场境由多个部分组成,转喻场境中的任何一部分都可以激活或指向其相应的整个场境。他们认为,转喻为人们迅速理解间接言语行为提供了理据。但潘瑟和索恩伯格的讨论没有考虑到社会因素对转喻的影响,如社会权力、人际关系或群际关系。费耶茨(Feyaerts 1999: 318)认为,语义或概念结构以及域(矩阵)是"基于经验的,在很大程度上是因人而异的"。他进一步表示,"在域(矩阵)间划一个清晰可见的的边界是语言学家们的一厢情愿"。德尔文(Dirven 2002)认为,在认知主体的识解下,转喻涉及的不同认知域进入同一矩阵域,但它们并非客观上属于同一矩阵域。巴塞罗那(Barcelona 2011)提出了功能域(functional domain)的概念,认为始源概念和目标概念可能分属不同的概念域,但它们可能通过语用功能产生联系,因此它们属于同一功能域。

利特莫尔(Littlemore 2015)认为,使用ICM来解释转喻更为合适。因为ICM强调了我们头脑中百科全书式的、灵活的知识网络,包含了人们所拥有的文化知识,并不局限于现实世界。也就是说,ICM是一种理想化模型,而不一定是真实的,其中包含了人们对特定概念的主观看法,并且可以是高度特殊的。ICM具有高度的示意性和灵活性,可以是静态的或动态的,或者两者兼而有之。

国内研究者也对转喻本质展开了探讨。董成如(2004)认为转喻受相互制约的信息制约,但又能协调这些信息来实现转喻。张辉和孙明智

(2005)认为转喻作为自然推理图式在言语行为中起着重要作用,概念整合为转喻的理解和解释提供了理据。文旭和叶狂(2006)讨论了转喻的分类及其认知理据,指出语言本质上是转喻的。陈香兰和申屠菁(2008)认为转喻映射可能是在矩阵域中的跨认知域操作,受认知背景、语境和语用因素影响,是一个推理过程。马辰庭(2016)认为转喻始源概念百科描述的中心度是制约转喻实现的重要参数。百科网提供了转喻运作的认知背景,而相邻节点间的激活过程可表征为转喻。徐盛桓(2016)运用心智哲学中的他心感知来解读身体—情感转喻,强调对他人行为—情感的识别是社会交往的前提,通过大脑镜像神经系统,观察者可在内心仿拟重建他心,从而实现对转喻的解读。周娜娜(2016)使用维特根斯坦的语言家族概念来解释转喻结构的编码和解码,认为交际中的触发语(转喻突显)与语言家族中的其他概念存在认知相似性。魏在江(2016)根据体验哲学指出,转喻具有体验性,是一种自动的、无意识的思维模式,转喻推理使得大部分抽象推理成为可能。王红孝(2017)从心智哲学的视角探讨了转喻机制,认为主体性是转喻的基本保证,主要体现在意象性上,转喻概念化具有多维性,是本体与喻体之间的约等关系。

通过以上研究可看出研究者们对转喻发生的概念系统在认识上的变化。他们在 ICM 或域矩阵的基础上越来越倾向于将概念系统描述为一种更具动态性和生成性的概念结构。概念系统是一个动态和生成的系统,其中包含多个概念域,一个概念可能与多个概念域有关系,它们之间的关系在本质上是偶然的,这种偶然性很可能因为认知主体和认知环境的变化而变化。这种动态生成的观点对转喻的产生更具解释力,有助于我们更好地理解和解释转喻现象。

2.4.2 转喻的概念映射特征

既然转喻在本质上是概念的,那么认知语言学家对"转喻在概念层面是如何运作的?"这个问题就特别关注。他们对转喻的认知机制进行了深入的探索,主要涉及转喻的映射观、突显观、参照点和心理可及观。

莱考夫和特纳(Lakoff & Turner 1989)参照隐喻的定义,将转喻定义为发生在同一认知域中的概念映射(conceptual mapping),该定义无论是有关认知域的数量还是映射的观点在后续研究中都受到了质疑。兰厄克（Langacker 1987）认为转喻映射发生在矩阵域中，突出了始源概念（参照点）—目标概念的心理过程，这与莱考夫的映射观是不一样的。兰厄克（Langacker 1993）将转喻视为参照点现象，即人们通过一个实体建立与另一个实体的联系，是一种参照点—目标的认知操作过程。兰厄克（Langacker 1999）进一步发展了自己的理论，重申转喻是一种参照点现象。转喻词语所指定的实体在概念系统中充当参照点，为理解目标概念提供心理可及，帮助理解目标概念，并同时把听话人的注意力引导到目标上。克罗夫特（Croft 1993）认为一个概念通过域突显来完成转喻，转喻的跨域映射是有可能的，但应发生在同一个域矩阵中，实际运作是次域与主域之间的相互突显，而不是相互映射。克罗夫特的观点与莱考夫的单域映射观明显不同。拉登和科夫斯（Radden & Kövecses 1999：21）将转喻定义为一个认知过程，是在同一个理想化认知模型中一个概念实体（vehicle）向另一概念实体（target）提供心理可及的认知过程。根据这一定义，张辉和孙明智（2005：4）认为转喻过程涉及三个方面：一是 ICM 是转喻的基础，二是始源域和目标域之间的可及关系，三是 ICM 中有一些概念实体是突显的。这个定义包含了对转喻操作的概念系统（ICM）和转喻运作过程的特点突显和心理可及（highlighting & mental access）的描述，得到了学界的普遍认可。鲁伊斯·德·门多萨（Ruiz de Mendoza 2000）认为转喻是一个意义详述的过程，包括一个认知矩阵域的拓展或缩减。根据他们的观点，转喻是在域和次域间的单一映射（陈香兰，申屠菁 2008；陈香兰 2009）。巴塞罗那（Barcelona 2002）综合了转喻的映射观和突显观，认为转喻是在认知域中一个认知次域即始源域向另一个认知次域即目标域的映射，并在心理上激活目标域，但转喻映射不同于隐喻的系统性映射，是一种不对称映射。巴塞罗那（Barcelona 2011：52）进一步指出，转喻是发生在同一功能域中始源域向目标域的非对称（asymmetric）单一映射，这一映射特点与隐喻的对称（symmetric）系统性映射截然不同。巴塞罗那（Barcelona 2011）和布达尔－绍博和布达尔（Brdar-Szabó & Brdar 2011）都认为，隐喻映射具有单向性（unidirectionality）（始源域与目标域不可同时互相映射）和不可逆性

(irreversibility)的特点,而转喻映射则具有单向性和可逆性(reversibility)的特点。卢军羽(2015)运用图形-背景的可逆性来解释转喻的可逆性。

转喻的单域观也受到了很多的质疑与批评(如 Feyaerts 1999; Riemer 2001; Haser 2005; Peirsman & Geeraerts 2006; Panther & Thornburg 2007;程琪龙 2010,2011)。事实上,我们很容易找出单域观的反例。潘瑟和索恩伯格(Panther & Thornburg 2007:40)指出目前的研究还没有给出满意的阐释来说明什么构成了一个域或域矩阵。鲁伊斯·德·门多萨和奥托·坎波(Ruiz de Mendoza & Otal Campo 2002)认为,克罗夫特(Croft 1993)提出的"域突显"现象也会发生在隐喻中。费耶茨(Feyaerts 1999:319)认为,"我们不能将那些发生在同一域矩阵内的隐喻排除在外"。程琪龙(2010,2011)也认为转喻过程涉及数量不同的域,其中涉及概念域的整合。据此,发生在不同概念域间的转喻操作也可看作是发生在一个更大的域矩阵中。雷默(Riemer 2001)认为,如果没有一个理论和实践的标准,给概念域或域矩阵下一个清晰的定义是很难的,因此不能仅以映射过程中涉及的概念域来区分隐喻和转喻。

尽管仍然使用"映射"来描述转喻运作,但人们就转喻运作的特点已基本达成一些共识:用"单一概念域"来解释转喻的认知操作是一种相对简单和静态的观点。由于转喻使用的对象、具体环境、使用者与环境的关系等因素,转喻操作所依赖的概念系统具有动态性的特点,原本两个不同的认知域在认知主体的识解下可以同属于一个更大认知域;转喻映射不同于隐喻的系统性映射,它是一种从转喻源到转喻目标的不对称映射,其中还涉及激活、联想、推理、整合、转喻链或隐转喻链等认知操作;转喻操作的概念间关系具有偶然性,这与转喻使用的环境和社会文化因素密切相关。

2.4.3 转喻的概念邻近关系

无论是传统修辞学还是认知语言学,都普遍认同转喻基于邻近性的观点,但他们关于邻近性的观点并不完全一致。传统修辞观认为邻近关系发生在语言之间。雅各布森(Jakobson 1956)认为邻近性存在于语言符号之间。厄尔曼（Ullmann 1962：218）认为邻近关系是指两个词之间的意义邻近，转喻是基于三种邻近性——空间邻近性、时间邻近性和因果邻近性。而认知语言学则认为邻近性应是概念层面上的邻近，而不仅是语言结构内部或事物之间的邻近。概念的邻近性是转喻的重要特征和转喻发生的重要基础。

莱考夫和约翰逊（Lakoff & Johnson 1980：40）从认知的体验性出发，认为概念间的邻近是人们对空间和因果逻辑关系的体验所促成的。莱考夫（Lakoff 1987：78）进一步探索了邻近性，认为当两个概念均为同一个ICM的构成成分且可替代时，这两个概念就是邻近的。他强调了邻近关系的概念属性，即邻近关系不仅可以解释空间关系，也可以解释因果关系和事件ICM中的部分和整体关系。科夫斯和拉登（Kövecses & Radden 1998）也认为，部分-整体转喻之所以具有使用优势是因为具体物体往往是一个外部界限分明、内部可以划分出不同成分的格式塔整体。他们认为我们对空间的感知经验决定了空间邻近的原型地位，而概念的邻近基于这个原型，因此空间邻近性关系成为转喻的原型。

沃伦（Warren 1999）尝试将空间邻近性深入概念层面，将邻近性分为合成（composition）、因果（causation）、领属（possession）、方位（location）和表征（representation）等几种，其中每种邻近性都包含多个下位范畴。赛托（Seto 1999）也主要是从空间邻近性来理解邻近关系，提出了概念域距离的观点，认为转喻邻近性可根据概念距离分为部分与整体关系、容纳被容纳关系和毗邻（不接触）关系，而邻近程度随着概念域之间距离的增大而减小。布兰克（Blank 1999）从"共时"和"历时"这两种基本的概念化方式出发，以框架理论和场境理论为基础，将转喻的邻近性概括为同现性（co-presence）和连续性（succession）。

克罗夫特和克鲁斯（Croft & Cruse 2004：217）认为转喻涉及的两个概念域之间存在内在关联和外在关联。所谓内在关联，指的是概念域之间存在部分和整体、个体和范畴、实体和特征以及反义词等关系，这种内在关联存在于概念或者语言内部，可以用语义学中的语义场来解释；所谓外在关联，指的是交际语境等外在因素。克罗夫特和克鲁斯（Croft & Cruse 2004）尝试从概念、语内和语外之间的关系来解释邻近性，这为我们解释邻近性提供了一个重要的视角。

德尔文（Dirven 2002：92）从概念域内部概念距离的大小来讨论概念的邻近性，认为概念之间存在不同的概念距离。尽管德尔文（Dirven 2002）对概念距离的分析具有一定的主观性，但"不同转喻的始源域与目标域之间存在不同的概念距离"的观点为邻近性研究提供了另一个研究视角——原型范畴的视角。尽管科夫斯和拉登（Kövecses & Radden 1998）没有用"概念距离"来解释邻近性，但他们认为邻近性应该具有原型性。他们认为邻近性可以基于空间这一基本领域，与其他领域形成不同程度的邻近性联系。皮尔斯曼和杰拉茨（Peirsman & Geeraerts 2006）从这个视角出发对基于原型的转喻邻近性进行了深入的分析。

皮尔斯曼和杰拉茨（Peirsman & Geeraerts 2006）在原型范畴的视角下专门探讨了转喻涉及的不同邻近性。他们把邻近性看成一个原型范畴，以空间域和物质域中的邻近性为原型，探讨邻近性在其他经验域中的扩展。他们认为，空间和物质是人类认知和经验的基本域，其中部分和整体是概念化的两个基本范畴，因此空间域和物质域中的部分和整体关系为原型邻近关系。在此基础上，邻近性沿着有界性这个维度向其他域扩展，即空间中的物质从存在清晰界限的有界向无界扩展，概念邻近性可分为四类：部分与整体、容器与容积、接触、毗邻。基于原型的邻近性分析为解释其他较为抽象或复杂的经验域的邻近性提供了借鉴。

周红英（2019）认为转喻是基于社会文化内涵的概念化，因此，应该要从认知社会语言学的视角对邻近性进行探讨。对邻近性的探讨既要关注体验性认知原则，也要关注语言交际原则和策略。

认知语言学把对邻近性的研究从物质空间、语言内部转移到人的认知领域，探讨主要基于体验性。但是，从体验的认知普遍性来阐释邻近性并不能涵盖复杂丰富的转喻现象。潘瑟和索恩伯格（Panther & Thornburg 2003，2007）认为，转喻是基于概念的邻近性，但这种邻近性在概念上并不是必然的，概念的邻近性具有偶然性（contingency）与可取消性（defeasibility）。这种概念邻近的偶然性与可取消性体现出概念间关系的动态性，与认知主体和认知环境有密切关系。因此，对邻近性的探讨既要关注认知原则，也要关注社会原则，要联系认知主体所处的社会与文化和具体情境,从特定的社会与文化背景和具体的交际情境来认识转喻的邻近关系(周红英 2019)。

2.4.4 转喻的概念突显

很多认知语言学家认为,与隐喻是概念域间的系统/对应映射不同,转喻实质上是一种概念突显(Croft 1993;Langacker 1993,1999)。不少学者认为转喻的突显可以被视为一种映射(Ruiz de Mendoza 2000;Barcelona 2000)。但是,由于转喻深植于我们的身体经验,并且依赖于外部环境,因此在转喻的使用中,概念突显体现出很强的灵活性。它既与认知主体的主观识解有关,又与外部世界的紧密联系有关。以往关于转喻突显的讨论主要集中于认知主体的感知识解方面。

莱考夫和约翰逊(Lakoff & Johnson 1980:37)认为转喻是基于认知突显。大多数关于突显原则的研究都是基于人类的感知经验,即感知显著度。例如,易于感知和易于辨认的部分往往具有感知显著性,可以代替整体或其他部分,而具有完型感知的整体可以代替部分。克罗夫特(Croft 1993)认为,一个概念转喻另一个概念的基础是两个概念实体在认知突显度上的不平衡。他还指出,一般情形下有生命的比无生命的显著,整体比部分显著,容器比内容显著,具体的比抽象的显著,近的比远的显著。

兰厄克(Langacker 1993)认为,认知上突显的实体可充当转喻的认知参照点。他提出了一些认知突显的原则,如有生命的比无生命的显著,整体比部分显著,具体的比抽象的显著,可见的比不可见的显著。拉登和科夫斯(Radden & Kövecses 1999)从认知原则和交际原则等方面提出了21条认知突显原则。例如,有生命的比无生命的突显,主观的比客观的突显,具体的比抽象的突显,即时的比非即时的突显,量大的比量小的突显,有界的比无界的突显,典型的比非典型的突显。特别值得注意的是,他们除了基于身体感知经验,还将文化偏好与突显选择结合起来,对转喻的认知突显原则进行了较为全面的探讨。例如,他们提出了"刻板的比非刻板的突显"的原则。沈家煊(1999)也认为事物的突显遵循一些基本的认知规律。李文浩和齐沪扬(2012)认为,突显是转喻的动因,激活是转喻的机制。黄曙光（2014）认为，话题性和后续话语中的回指代词可以作为确定是始源域内的源义概念突显还是目标域内的目标义突显的理据。他指出，代词回指的先行语就是概念突显所在。

这些对转喻突显的研究主要是基于我们的身体经验，是一种身体感知突显，对转喻加工具有一定的解释力。但是转喻突显中存在很多违反以上原则的例子，或遵循了这个原则却违反了另一个原则的情况。李文浩和齐沪扬（2012：24）认为，突显原则数量过多且相互之间存在冲突，会导致转喻中出现顾此失彼的现象。认知语言学对转喻突显的关注不够，主要是从感知突显的视角去解释。突显是以感知经验为基础的，但是，突显还受社会和文化以及语言交际的环境影响。正如杰拉茨和皮尔斯曼（Geeraerts & Peirsman 2014：205）所指出的，认知语言学中意义的经验观至少应该包含两个主要方面：第一，"人类是具身的生物"，"人类的身体属性影响我们对世界的体验"；第二，"人类有文化和社会的认同，我们的语言可能会揭示这个认同"。换言之，概念转喻的具身基础是身体、文化和社会的统一。因此，对转喻突显的研究应该从多角度去考察。

认知语言学家们对转喻的概念本质及其认知机制的描述和分析既有交叉又有不同，对概念转喻理论建设具有重要意义。但认知语言学重视转喻的特性，相对忽视语境、文化、社会世界等对转喻认知过程的影响，研究者们在很多方面还存在诸多分歧。比如，转喻的邻近性特征还有待进一步深入探索；转喻与隐喻的界限总是互相交叉，并非泾渭分明，还需通过对事物的进一步认识，不断分化转喻和隐喻的中间地带；转喻联想与推理在话语和语篇中的作用还有不断拓展的空间；高层语法转喻研究还不够系统。不同的语言存在其特殊的结构，不同的语言使用者和社会文化环境对转喻在线意义建构具有重要的影响，因此有必要深入剖析转喻生成和理解的认知机制。

在四十多年的认知转喻研究中，无论是国外还是国内，研究的主流都是以转喻的认知普遍性为研究假设和研究目的，认知转喻研究在这一方面无疑取得了重大成绩。但研究忽略了转喻与社会世界的互动，尽管认知语用和言语行为转喻研究中也涉及社会、文化和语境，但这些研究的数量和深度还非常有限。近十年，认知语言学倡导语言研究走出大脑，转喻研究也逐渐开始关注转喻与社会的联系。

2.5 转喻研究的"社会"转向

近几十年来,认知语言学家在解释语言的本质及其功能方面取得了革命性的发现。然而,研究结果关注的是知识表征和知识管理所需的过程,并着重强调人类感知的影响。尽管认知语言学基于使用(usage-based)(Evan & Green 2006;文旭 2001,2002,2014),社会因素并没有被认为是语言属性及其使用的解释因素(Pishwa 2009)。奇尔顿(Chilton 2009)认为认知语言学"假定社会意义存在于人们的头脑中",但并没有进行深入的研究。

21世纪初开始,认知语言学出现了"社会"转向,提倡认知语言学应该"走出大脑"(Evans & Pourcel 2009;Harder 2010;苏晓军,2009;牛保义 2018;文旭,司卫国 2018),将语言研究置于社会这个更大的认知语境中,将语言的社会维度纳入对语言结构的解释之中。由于对社会维度的侧重有所不同,这一转向产生了两种不同的研究取向:认知社会语言学和社会认知语言学。前者将语言视为一种社会现象,主要关注语言变异(Kristiansen & Dirven 2008;Geeraerts, Kristiansen & Peirsman 2010),从社会和文化的宏观视角来解释语言变体,是认知语言学与社会语言学的结合。后者将语言视为一种社会认知能力和社会认知工具(Semin 2000;Croft 2009;Pishwa 2009;文旭 2019),主要关注社会认知如何影响语言知识表征和语言使用。社会认知语言学主张,我们不仅拥有语言的心智表征,我们还使用语言,因此不仅要关注语言知识的心智结构,还应该关注语言的使用,考察认知、语言、社会三者间的互动关系(Croft 2009;文旭 2019)。社会认知语言学是认知语言学、认知心理学和社会心理学的结合。虽然这两种研究的"社会"取向不尽相同,但其实质都是关注语言、认知和社会之间的互动关系。

2.5.1 认知语用学视域下的转喻研究

最早关注转喻与外部环境关系的是基于语用学视角的转喻研究。语用学家和转喻研究者认为，用一个实体的名称去指称另一个实体言语是交际中一种常见的语用现象，即语言表达式的转喻用法。语用学领域对转喻的研究主要聚焦于指称转喻，特别是非规约性指称转喻的界定与理解。

在进行会话含义分析时，语用学家提出了转喻话语的理解问题，如："**The ham sandwich** is getting restless."这句话违背了格莱斯合作原则（Cooperative Principle）中的质量原则（quality maxim）。但是，当运用格莱斯会话含义理论（Implicature Theory）来推导话语的含义时，我们往往很难确定转喻信息所指究竟属于"明确义"还是"隐含义"。

最早对转喻使用现象进行深入研究的是纽恩伯格和弗科尼亚。纽恩伯格（Nunberg 1978）认为转喻是一种"延指"（deferred reference），即用一个表达式来指称一个有关联的实体，而不是其规约的指称实体。他认为转喻是某个特定的有着共同信念体系的群体内部使用的语言。例如，饭店侍应生用"the ham sandwich"来指称"点了火腿三明治的顾客"，这种用法只有在侍应生所共有的信念体系下才能成立，在特定语境中对交际非常有帮助。

弗科尼亚（Fauconnier 1985，1994）认为转喻实现受"认同原则"（identification principle）和可及性原则（access principle）制约。转喻是在心理、文化和语用的基础上建立联系。在他看来，如果两个事物通过语用因素相关联，即 b=f (a)，说话人可通过描述 a 成功指称 b。弗科尼亚认为，社会文化因素是限制转喻实现的重要原因。例如，

(1) I love **Picasso**.
(2) I love **Marry**.

受知识规约程度的影响，在例（1）和例（2）中，我们可以用"I

love **Picasso.**"来表示喜欢毕加索①的绘画作品,却不能用"I love **Marry.**"来表示对 Marry 绘画作品的喜爱。因为从社会规约程度上来说,Picasso 因其绘画作品而享誉世界,毕加索与其绘画作品之间的转喻关系很容易被识解,而用 Marry 转喻她的绘画作品,可能只在有限的语言社团能被理解,但在更大地范围中这个转喻关系则很难建立。弗科尼亚认为,认同原则可以帮助解释一些看似不可能的转喻。

雷卡纳蒂(Recanati 1995)基于可及性推理模式,指出转喻指称对语言和非语言语境高度敏感,听话人可通过语境扩展来激活相关联想,从而识别转喻意义。然而,由于缺乏语用原则的制约,该模式的应用范围有限,因而没能得到广泛推广和应用。

近二十年,越来越多的认知语言学家将语用维度纳入转喻研究中。一些认知语言学家和语用学家逐渐认识到,转喻是一种涉及跨语义-语用界面的现象,转喻研究逐渐呈现语用和认知融合的趋势。

吉布斯(Gibbs 1994)在研究指称转喻时提出理解转喻的两条原则:意义选择(sense selection)和意义创建(sense creation)。吉布斯认为,听话人在理解转喻时,通过在大脑中选择潜在的可及意义来进行理解。听话人在选择意义时若无法立刻在大脑中搜寻到与即时话语中的词语相匹配的意义,就会创造一个合适语境来加速对话语意义的理解。吉布斯(Gibbs 1999)还指出,转喻是人们实施言语行为和传达会话含义的重要认知机制,如人们可以在言语交际中通过转喻进行语用推理来实现意义理解。

帕帕弗拉古(Papafragou 1996)认为新颖转喻是语言的解释性用法之一,并运用关联理论分析了新颖转喻的产生与理解机制。根据关联理论,当一个命题形式被用来表征另一个命题形式时,人们便是在解释性地使用该话语,而转喻归属于语言的解释性用法。例如,

(3) **The piano** is in a bad mood.

---

① 巴勃罗·毕加索(Pablo Picasso,1881 年 10 月 25 日—1973 年 4 月 8 日),西班牙画家、雕塑家,现代艺术创始人,西方现代派绘画主要代表,是当代西方最有创造性和影响力的艺术家。

帕帕弗拉古认为，例（3）中的"the piano"并非按照字面意义指称一个具体的事物，而是以适当的方式指称另一人或物，涉及新创指称。

索恩伯格和潘瑟（Thornburg & Panther 1997）将言语行为研究从语用研究层面发展至认知研究层面。虽然间接言语行为不属于传统转喻研究的范围，但对间接言语行为的理解涉及转喻思维［如第1章例（6）］。潘瑟和索恩伯格（Panther & Thornburg 1998，1999）将认知域视为由多个部分组成的场境，通过转喻，场境中的任何一部分都可以激活或指向其相应的整个场境。他们认为，转喻可以帮助听话人迅速地从一个言语行为推断出另一个言语行为，进而理解说话人的意图。潘瑟和索恩伯格（Panther & Thornburg 2003）主张结合认知和语用来研究转喻推理。

鲁伊斯·德·门多萨和埃尔南德斯（Ruiz de Mendoza & Hernández 2003）尝试将语用学研究的方法和认知语言学研究的方法相结合，运用关联理论来讨论转喻认知。他们认为，语用关联帮助听话人建立转喻关系，但人们的转喻认知能力决定了言语交际的效果。

我国学者也探讨了转喻与语用推理、转喻与言语行为、转喻与关联理论等问题。张辉和周平（2002）认为事态场境与其组成部分之间的转喻关系是语用推理的概念图式。李勇忠（2005）从转喻的概念本质出发，分析了转喻与言语行为、转喻与认知距离的关系，并指出了转喻的语用学意义。张辉和周平（2002）认为隐喻和转喻是自然的推理图式，而隐喻和转喻中两个认知域之间的概念映射受关联认知原则和交际原则的制约，即在特定语境下，关联认知原则和交际原则决定了概念的激活。陈新仁（2008）认为不是所有的转喻指称都具有修辞性，如指称类别的转喻因受交际效率的制约而不具备修辞性，而特定指称转喻则是在说话人主观选择下发生的，其目的往往是修饰语言。陈新仁认为转喻修辞效力的高低与话语处理的频率有关，是动态变化的。江晓红（2009，2010）从认知语用学视角研究了词汇转喻的识别条件、理解原则和语用效果。江晓红（2011）结合关联推理和认知联想探讨了转喻理解的联想推理模式。樊玲和周流溪（2015）详细考察了认知语用推理中的转喻，并指出转喻理解需要依托语用推理中涉及的各个要素，并以转喻为桥梁来实现动态语境中意义的整合。邓亮和姜灿中（2018）认为一个言语行为场景中的任何成分均有可能转指整个场景，一个场景成分与核心的概念距离越近，越容易激发相关的转喻推理，而边缘场景成分需要多个语言的或非语言的场景成分的"叠加"才能实现转喻推理。他们认为言语行为转喻可以弥补关联推理的不足。

语用视角下的转喻研究最早关注转喻与语境的互动关系，探讨了语境对转喻加工的作用，以及转喻在言语行为中的推理作用等。但是，语用转喻研究并没有对语境进行明确的区分，虽然也涉及社会与文化的因素，但主要讨论的还是具体语境下话语的即时产出和理解，研究主要在现象层面进行探讨，对社会与文化对转喻的深层次影响还未有触及。皮什瓦（Pishwa 2009）认为，社会和互动问题，特别是主体间性/交互主观性问题，在大部分情况下是从语用学的角度来处理的，并没有将它们与其他语境因素区分开来，也就是说，社会和其他类型的信息没有区别。

2.5.2 认知社会语言学视域下的转喻研究

杰拉茨（Geeraerts 2006：5）认为，语言的具身性也应包括语言使用者的社会与文化经验。因为语言是一种使用行为，它总是发生在社会群体或个人的互动过程中，因此，语言的具身经验来自我们的身体与自然、社会、文化的互动。近些年，认知语言学家将语言视为一种社会现象，主要关注语言变异（Kristiansen & Dirven 2008；Geeraerts，Kristiansen & Peirsman 2010）。他们从社会和文化的宏观视角来解释语言变体，将认知语言学与社会语言学相结合，大多是在研究隐喻变体时涉及转喻（Zhang 2016）。

通过对隐喻的跨语言研究，认知语言学家们不仅发现了更多具有普遍性的认知规律，同时也注意到认知与语言的文化特征（如 Kövecses 2003，2005；Maalej & Yu 2011）。很多研究者认为，转喻通常与身体经验和因果关系有直接联系（Lakoff & Johnson 1980：39）。一些认知语言学家认为，隐喻更多地涉及文化内涵，而转喻往往表现出更强的具身性（Maalej & Yu 2011：14）。事实上，从概念层面到语言层面，文化对转喻的影响正如它对隐喻的影响一样重要。"文化模型是一个语言社区对某一领域的智慧的表征，它既是我们众多隐喻和转喻的综合体现和来源，也是每个个体隐喻和转喻的综合体现和来源"(Niemeier 2008：350)。

近些年，一些研究者开始关注某些转喻类型在不同语言中的差异。潘瑟和索恩伯格(Panther & Thornburg 1999)通过对比分析英语和匈牙利语，考察转喻类型"潜在性代实际性"在不同语言中的使用情况。他们发现，在英语中，"潜在性代实际性"这一转喻类型被系统地使用，而匈牙利语中则几乎没有或很少使用。他们认为造成这一差异的原因在于英语中潜在性与实际性之间具有强联系，而匈牙利语中这一关系很弱甚至不存在。布达尔—绍博和布达尔对跨语言的媒体语篇进行了一系列的研究(Brdar-Szabó & Brdar 2003，2011；Brdar 2006，2007；Brdar & Brdar-Szabó 2009)。他们通过基于语料库的研究，分析了英语、德语、克罗地亚语和匈牙利语中的转喻使用情况。他们发现，即使是"首都代政府"这种最普遍和常用的转喻类型也存在明显的跨语言差异。在媒体语篇中，英语和德语对"首都代政府"转喻的使用比克罗地亚语和匈牙利语更普遍和自由，而克罗地亚语和匈牙利语在对"首都代政府"转喻的使用上则呈现不均匀的分布特点。通过对数据的进一步分析他们发现，这一差别主要是由于概念、语法和语篇—语用限制造成的。巴塞罗那(Barcelona 2000)研究了英语、法语、德语、意大利语和西班牙语中转喻在专有名词作为普通名词进行分类时的作用。例如，地点专有名词"Washington"可能指的是与此地有关的人，人称专有名词"Shakespeare"可能指的是"有写作才能的人"。巴塞罗那讨论了两种情况：名称作为典范(paragon)和名称作为部分限定。他认为，将名称作为典范是以两个转喻"特征属性代个体"和"成员/次范畴代范畴"构成的转喻链为理据，名称作为部分限定是以"整体代部分"这一转喻引发的。尽管这种现象在以上五种语言当中都出现了，但是存在一些差异。巴塞罗那(Barcelona 2000：26)认为，这种差异是由语言系统的特征决定的，英语和德语在这一用法上没有法语、意大利语和西班牙语那么多的限制。张、斯皮尔曼和杰拉茨(Zhang, Speelman & Geerearts 2011)和张(Zhang 2016)考察了特定转喻在不同方言中的使用情况。他们考察了大陆和台湾地区在新闻语篇中对"首都代政府"的转喻和非转喻使用。通过定量分析他们发现，两种方言在"首都代政府"转喻使用上存在显著不同，这种差异是概念、语法、语篇和方言等因素复杂互动的结果。

2.5.3 社会认知语言学视域下的转喻研究

关于转喻变体的研究，大多数是从宏观的视角来考察文化和社会因素对转喻使用的影响，强调认知的文化性和社会性。但是，克罗夫特（Croft 2009）指出，语言不仅是一般认知能力的实例，也是社会认知能力的实例，即语言是社会认知的工具和载体。社会认知在很大程度上是通过语言来构建的（Holtgraves & Kashima 2008；文旭 2019），与此同时，语言使用也受社会认知的影响（Croft 2009；Fogas, Vincze & László 2014；Holtgraves 2014）。因此，语言是人类社会交往的一个本质特征（文旭 2019），对语言的研究还应该关注语言与社会的互动，关注社会心理与语言输出的关系。哈德（Harder 2010：3）认为，需要将语言和概念化研究置于"社会"这一更大的语境中来。文旭（2019）认为，社会认知强调我们如何表征社会知识，社会认知研究为认知语言学的"社会"转向提供了很好的研究思路。因此，将认知语言学与有关社会认知的理论和方法结合起来研究语言，能够更好地解释人类是如何概念化社会世界的。

语言在人际行为和社会关系中扮演着重要的角色，语言使用涉及社会加工，社会心理对语言使用的影响是非常广泛的，对社会的认知过程在很大程度上决定了我们如何使用和理解语言。语言反映了其产生和使用的社会文化环境，语言变化反映并构成了我们的社会。一个人的语言变体是个人身份的重要组成部分，反映了他的文化、民族以及性别等社会身份。

同时，我们通过语言塑造与社会世界的关系，特别是人际关系，如语言能促成刻板印象的形成（Allport 1954）。社会心理学研究发现，语言能将我们的注意引向某些社会世界的特征，并帮助我们对社会世界进行社会范畴分类（Maass, Suitner & Arcuri 2013）。有关群体的刻板印象不仅反映了不同群体在习惯、信仰、社会地位等方面的差别，而且可以由语言建构、保持和调节，因为我们不仅通过对真实的观察了解社会世界，还通过别人的语言来了解社会世界。因此，语言是人际与群际印象形成和人际与群际关系创建的重要工具，其方法多种多样，从非常直接的贬损性语言到一些非常隐晦而不易察觉却极具效果的语言策略（如语言抽象、词序、代词使用、主动语态与被动语态、性别标记等）。

转喻是人们认识社会世界重要的概念化工具。艾伦（Allen 1983）在研究民族歧视用语（ethnophaulism）时发现，人们常用身体特征、人格特征、饮食习惯、人名、群体名等给一个群体贴上贬义标签。例如用"nigger"来称呼非裔黑人；用"傻白甜"来称呼年轻单纯的姑娘，在某些文化语境下"傻白甜"带有贬义，意指故意装作天真或装傻充愣。针对少数群体的贬损语言主要是对目标群体或群体成员的一种指称现象，其实质是对目标群体或个人的概念化，与刻板印象密切相关，体现了说话人的偏见和态度，同时实现了说话人的某些社会认知功能。事实上，指称和命名行为与转喻有着密切关系，即总是通过目标群体或群体内成员的某一特征来形成对整个群体或个人的刻板印象。但是，目前关于这方面的转喻相关研究开展得较少，值得进一步深入探讨。

社会心理学家在研究群际关系时发现人们常常使用隐喻。例如，在谈论移民时，人们常会使用"自然灾害"隐喻、"战争"隐喻或"疾病"隐喻等。在谈论社会群体时，这些隐喻要么蕴含了刻板印象特征，要么暗含了行为，要么反映了态度。吉布斯（Gibbs 2006）认为，隐喻表达具有更加具体和生动的特点，其原因在于隐喻是基于我们的身体经验和对世界的知识。隐喻的诸多特征使它广泛地出现在群际话语中，实现了语言的诸多社会功能（Maass，Suitner & Arcuri 2013）。在群际关系中，隐喻通过对外群体的非人化（dehumanization），使自己对目标群体的不公平和贬低合理化。

巴塔尔（Bar-Tal 1989）认为，隐喻主要通过三种方式实现非人化：将外群体或外群体成员视为低于人类的生物，如动物；将外群体或外群体成员视为超人生物，主要指怪物或魔鬼之类；将外群体或外群体成员视为没有生命的自动装置，如机器或机器人。隐喻的另一个功能是可以将听话人的注意力引向目标范畴的某一特定特征，使得这一特征突显。听话人总是将始源概念和目标概念的相似之处进行匹配，最大化它们的共同之处。例如，将德国人隐喻为装甲车，唤起了德国人军国主义的刻板印象，而有关德国人的其他特质则被忽略。他认为，隐喻将注意力引向某一特征，其他特征就被隐藏了起来，而群际冲突很多时候正是利用了隐喻的这一功能。他通过研究发现，隐喻会影响人们的判断和决定。当分别使用野兽（动物隐喻）和病毒（疾病隐喻）来描述犯罪行为时，人们对这两种描述的反应是不一样的，会提出不同的干预措施。对于将犯罪隐喻为病毒的情况，人们更倾向于采取预防为主的措施。

最早在国内提出社会认知语言学研究的人是文旭。文旭（2019）认为语言不但是认知的产物，也是一种认知工具，还是认知的组成部分。人类认知除了具有具身性，还具有工具性和社会性。文旭对社会认知语言学的内涵进行了阐释，对社会认知语言学的研究内容进行了界定，为国内社会认知语言学研究搭建了研究框架。陆小鹿（2015）认为，语言变体往往会用来传达特定的社会形象或地位。人们会根据具体的社会环境选择相应的语言变体，成功的社会交往需要对自我和他人的正确理解，选择与身份相符的语言才能成功地建构自己的身份。

王馥芳（2019）探讨了社会认知语言学视角下的话语构建问题，提出两个具有内在对抗性的底层社会认知模型："强区分"和"弱区分"模型。她认为，基于"强区分"模型构建的话语体系具有潜在的社会破坏性，而基于"弱区分"模型构建的话语体系则具有潜在的社会有益性，并探讨了"有益性话语"体系的构建问题。刘瑾和段红（2019）认为情感记忆和价值观体系是影响情感话语识解的核心。通过社会对待、社会期望和社会学习过程，社会文化因素得以在认知结构中固化；当话语与认知结构互动时，通过同理心和社会归因形成两条语言认知路径，产生他心和我心的情感识解。在此基础上，她们尝试构建了社会认知语言模型，从情感认知和社会外部到个体内部两个层面解释了社会文化差异如何造成了话语识解差异。姜灿中和匡芳涛（2019）认为，构式语法研究对构式的使用未给予足够的重视。他们通过对构式变化和构式偏见两类使用现象的动因分析，认为构式使用受社会认知因素的驱动。社会范畴化引起内群体－外群体偏见，促使特定构式的使用频率甚至构式的形式/意义发生变化；态度通过影响社会范畴化诱发内群体－外群体偏见，尤其是评价性内群体偏见，导致特定社会认知主体对特定构式的选择偏好，造成构式偏见。杨毓隽和文旭（2022）在介绍转喻标注的参数和标准时认为，转喻具有评价、表达态度、维护群际关系和身份建构的功能，其使用受社会语境的制约，社会语境包括即时语境、文化语境和社会认知语境。

以上研究证明，语言在社会认知中有着重要的作用，其中概念隐喻是其重要机制。概念隐喻对于形成群体和个人刻板印象、态度、评价以及决策制定等都产生着重要的影响。但是以上研究存在一个重要的问题：它们没有对比喻性语言进行严格的区分。事实上，这些研究不仅涉及隐喻，还涉及转喻。认知语言学认为，隐喻和转喻都是人类的重要认知工具，转喻在概念上的操作特征也具有非人化和引导注意力等作用，例如，

(4) The best part of working at night is that the **suits** have gone home.

(5) But the brothers needed **muscle**, which is where Frankie Fraser came in.

例(4)涉及"衣服代穿衣服的人"转喻。说话人通过会计人员或经理们穿的西装来指称他们，成功地将他们描绘成某种缺乏个性、冷漠、传统或有某种权势的人（Littlemore 2015：5）。例(5)中，说话人通过"muscle"转喻"强壮的人"。根据语境，Frankie Fraser 是伦敦著名的帮派成员和罪犯，"肌肉"将听话人的注意力引向暴力。这里涉及转喻链，即"物体代行为"（肌肉代它将被用来做什么）和"实际行为代潜在行为"（实际的殴打代表潜在的威胁殴打）。转喻在这里产生了去人格化（depersonalising）的效果，传达对被谈论的人微妙的、负面的评价（Littlemore 2015：8）。

(6) In September 1939, German **armored vehicles** entered Poland. Soon, **smoke** filled the entire sky of Europe.

例(6)通过转喻用"armored vehicles（装甲车）"指代"德国军队"，用"smoke（硝烟）"指代"武力打击"。转喻突显了德国军队使用武力挑起战争、入侵他国的事实，揭示了纳粹德国军国主义的本质，表达了说话人对纳粹德国的评价和态度。范·迪克（van Dijk 1984）在对语篇

进行批评话语分析时发现，语篇可以实现社会认知功能。范·迪克认为，无论是大众传媒、官方文件，还是日常对话，都能反映语言使用者的态度、偏见和意识形态等。

近几年，一些认知语言学研究者开始意识到转喻与社会认知的重要关系（Pishwa 2009；Littlemore 2015），但成果非常有限。利特莫尔（Littlemore 2015）认为，应将转喻研究放到真实语言使用中去检验。她在语料库研究的基础上对已有转喻理论进行了检验和反思。她认为转喻不仅具有指称功能，还具有言外、评价、关系建立、社区建立以及人身建构等功能，并对这些功能在类型、关系以及机制等方面的特征进行了深入的分析。

布兰科-卡里昂、巴塞罗那和潘纳因（Blanco-Carrión, Barcelona, & Pannain 2018）从语料库建设角度出发，探讨了转喻概念本质与特征，其中涉及转喻与语境的互动以及转喻的评价意义等。巴恩登（Barnden 2018）讨论了转喻中的范畴对比现象、通过范畴对比实现态度评价的两种用法——去人格化与去角色化（de-roling）。比尔维亚茨内克（Bierwiaczonek 2018）讨论了转喻的突显功能如何可以实现构式的新的或更强的言外意义。潘纳因（Pannain 2018）讨论了转喻在描绘特定人群时做出价值判断的关键作用，并考察了标量概念作为转喻源来表达消极的价值判断。波尔特斯-穆尼奥斯（Porters-Muñoz 2018）讨论了转喻在话语社区创建中的作用。拉登（Radden 2018）在讨论意义在线加工中的转喻机制时指出，通过概念整合可以实现态度评价。

江晓红（2020）以《人民日报》《光明日报》《南方日报》为语料来源，考察了汉语新闻中"首都代政府"转喻的使用情况。研究发现，与英语新闻语篇中普遍使用"首都代政府"转喻不同，中国新闻语篇几乎不使用这样的转喻，而更多使用"国家代政府"。她发现不管是谈及自己国家的政府，还是其他友好的、关系紧张的或霸权国家的政府，中国新闻语篇几乎不使用"首都代政府"转喻，而英语新闻语篇中多数是在提及他国政府或事务的情形下使用这一转喻用法，涉及批评态度。她认为，中国媒体大多选择"国家代政府"转喻是因为"民族统一"是中国文化和价值观的重要内容，通过这种转喻用法可以体现"国家"和政府之间的密切关系，增强民族团结和国家统一的意识；而西方媒体出于表明"报道客观性"的立场使用"首都代政府"转喻，这样可以表明新闻记者对所报道的新闻事件和相关政府的心理距离，即采取"离情"策略，拉大心理距离。巴塞罗那（Barcelona 2018）认为转喻在这一方面的研究还有很大的空间，很可能就转喻进行极具洞察力的研究。

概念转喻理论是认知语言学的重要理论。以往的转喻研究主要关注转喻的概念本质和认知机制，但在转喻理论的很多观点上还存在分歧，其研究具有局限性，还不能完全回答这些问题。近年来，转喻研究的"社会"转向意味着关注转喻与社会世界的互动，注重转喻的使用和变化。从社会认知的视角研究转喻为转喻理论研究提供了另一个新的视角，有助于我们更深入地理解转喻现象及其在社会认知中的作用。

2.6 小结

本章主要回顾和梳理了转喻的研究历程，包括从修辞学、结构语言学、认知语言学关于转喻的研究，以及随着认知语言学的"社会"转向带来的"社会"转向的转喻研究。

通过回顾转喻修辞研究我们可以看到，转喻长期被视为一种修辞格，被认为是隐喻的一种，这种转喻的修辞观大大局限了转喻研究的范围和深度。20世纪50年代，结构语言学家将转喻从隐喻中分离出来，作为一个独立的研究范畴展开研究。他们对修辞语言的结构分析在系统化方面为修辞研究提供了有益的帮助，也为后来的转喻研究提供了重要的参考。但是，结构语言学仅从语内意义的邻近性上来定义转喻，同样无法解释转喻意义生成的机制。

20世纪80年代，认知语言学将转喻定义为一种认知工具，认为转喻在本质上是概念的，与概念隐喻一样是人们认识世界的概念化工具；进而提出了概念转喻理论，开启了认知范式下的转喻研究，对转喻的概念本质、概念特征、认知机制、转喻与隐喻的关系等问题展开了深入的研究，初步建立了概念转喻理论。概念转喻理论的建立具有重要意义，转喻的概念本质已经得到普遍的认同，转喻的认知机制不仅能解释修辞转喻而且也能解释非修辞转喻，不仅能解释语言转喻而且也能解释非语言转喻。但是，这一时期的转喻认知研究主要关注"脑内"的转喻（即转喻的概念本质及其特征与机制），而对转喻使用（即转喻与外部世界的互动）则关注不足，对转喻使用中转喻的特征以及遵循的原则解释不够。

近二十年，随着认知语言学的"社会"转向，转喻研究开始关注转喻与外部世界的互动关系。在认知语用学视域下，研究者们探讨了语境对转喻的制约作用，以及转喻的语用推理作用。在认知社会语言学的视角下，研究者们探讨了转喻在不同时期和不同语言社区中的变体，及其背后的文化和社会根源。在社会认知语言学的视角下，研究者们探讨了社会认知对转喻概念化的影响，以及转喻作为社会认知工具的作用。

第3章

理论基础

3.1　引言

经过四十多年的认知转喻研究，概念转喻理论日趋成熟。"转喻本质上是概念的，是人类最基本和重要的概念化工具之一"的观点已经得到普遍认同。认知语言学家们提出了许多有解释力的转喻理论，对于揭示人们如何通过转喻认识世界具有很强的解释力。本书基于社会认知视角，主要关注转喻与社会世界的互动关系，即人们对社会世界的转喻概念化以及社会认知对转喻概念化的影响，因此研究将主要以概念转喻和社会认知理论作为转喻研究的理论基础。

首先，本章介绍概念转喻理论对转喻的定义，以及转喻与隐喻、层面化和区活跃等现象的关系，旨在为本书的研究对象提供一个清晰的认识。随后，将介绍概念转喻的主要理论，为即将展开的研究奠定理论基础。其次，本章将对社会认知的概念、特点，以及重要的社会认知理论进行介绍和说明。本研究力求从社会认知的视角来解释转喻，为概念转喻研究提供一种新的视角，为概念转喻理论中存在分歧的观点提供一种新的解释。此部分将为即将展开的研究提供理论上的支持。最后，本章对社会认知语言学的发展、内涵、研究原则和研究内容等进行介绍。

3.2　概念转喻理论

20世纪80年代以来，以莱考夫和约翰逊（Lakoff & Johnson 1980）著名的《我们赖以生存的隐喻》（*Metaphors We Live By*）为标志，认知语言学将转喻视为一种认知现象，而不是传统修辞学中的修辞格来研究。在此研究范式下，研究者们对转喻展开了不同于以往的深入和系统的研究。通过四十多年的研究，尽管研究者们在很多具体问题上还存在分歧，但他们普遍认同转喻的概念本质以及作为认知工具的重要性。本研究对转喻的分析正是基于概念转喻理论。

3.2.1 转喻的定义与特征

自概念转喻理论提出后，转喻的概念本质已得到普遍认同。从认知语言学的角度来看，转喻的"核心要素"有四个无争议的性质：①它具有基本的概念性；②它有经验基础；③它可能是某些认知模型的基础；④它涉及经验和概念上邻近的成分（Barcelona 2011：8）。认知语言学家普遍承认这些性质，并形成了概念转喻理论的核心。然而，转喻的其他性质在认知语言学中还存在分歧，尤其是在其定义方面，研究者们给出了不尽一致的观点，他们主要从概念域的特征、映射的特征、概念间的邻近关系等方面来定义转喻。

莱考夫和约翰逊（Lakoff & Johnson 1980：37）认为，转喻思维允许我们使用一个事物来代表另一个相关的事物。莱考夫（Lakoff 1987：78）进一步将转喻定义为一个给定的ICM中两个邻近成分之间的替代关系。莱考夫和特纳（Lakoff & Turner 1989）将这种替代关系描写为发生在同一个认知域中的概念映射（见图3.1）。但是，转喻是如何映射的，是否与隐喻映射一样？莱考夫等并没有就此进行具体的描述。很多研究者对于"转喻是否一定发生在同一个ICM中"和"转喻是否是一种映射"提出了不同的观点。

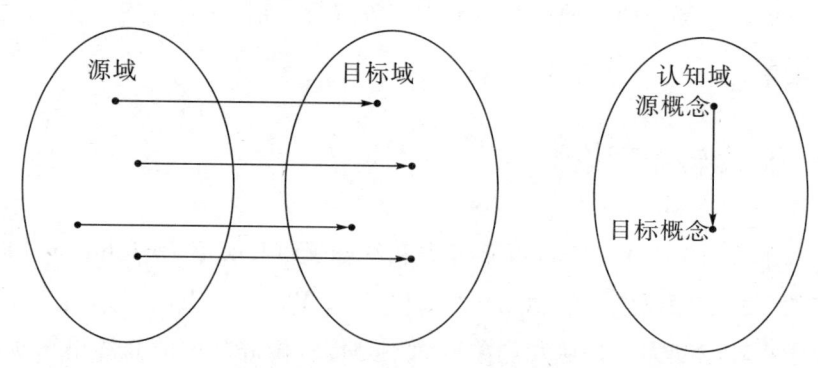

图3.1 隐喻映射与转喻映射模式

兰厄克（Langacker 1999：199）认为，转喻"通常由转喻表达所指明的实体充当参照点,并为期望(即所指实体)提供心理通道,建立与目标实体的联系,同时把听话人的注意力引导到目标上,是一种通过认知参照点激活目标的认知操作过程,此过程发生在同一域矩阵中"(见图3.2)。图中 C 代表概念化主体(conceptualizer),R 代表参照点(reference point),T 代表目标(target),D 代表概念域(domain)。然而,很多研究者认为兰厄克的定义使得转喻的范围过于宽泛。

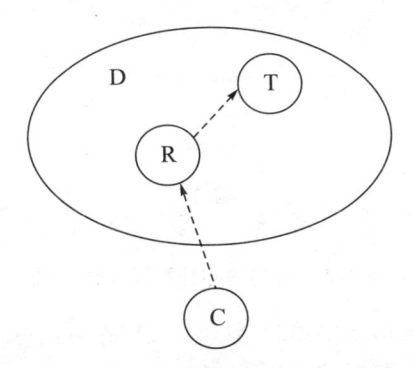

图 3.2　转喻的参照点运作模式

拉登和科夫斯(Radden & Kövecses 1999:21)对始源概念(source)与喻体(vehicle)进行了区分。作为一种认知过程,转喻经由喻体(通常是语言,但也可以是其他形式)激活始源概念,并借助始源概念通过复杂的心理和神经过程来理解目标概念。他们将转喻描述为"一种认知过程,其中一个概念成分或实体(事物、事件、属性),即喻体,在同一框架、概念域或理想化认知模型(ICM)内为另一个概念实体(事物、事件、属性),即目标概念(target),提供心理通道"(见图3.3)。

尽管兰厄克与拉登和科夫斯的转喻运作模式不完全一样,但他们都认为转喻不是一种类似于隐喻的映射过程,而是借助始源概念通过复杂的心理和神经过程来理解目标概念,这与莱考夫的转喻映射观是不一样的。但是他们对于始源概念—目标概念的运作过程也没有给出具体的描述。很多学者在这方面做了尝试。鲁伊斯·德·门多萨(Ruiz de Mendoza 2000)认为转喻是一个意义详述的过程,这一过程涉及认知域的缩减(即始源域包含目标域,target in source)或认知域的扩展(即目标域包含始源域,source in target)。根据他们的观点,转喻是建立在域和次域的关系上的单一映射，由此构成了转喻的两大类型："整体代部分"和"部分代整体"。关于鲁伊斯·德·门多萨的转喻理论，我们将在下一部分详细说明。

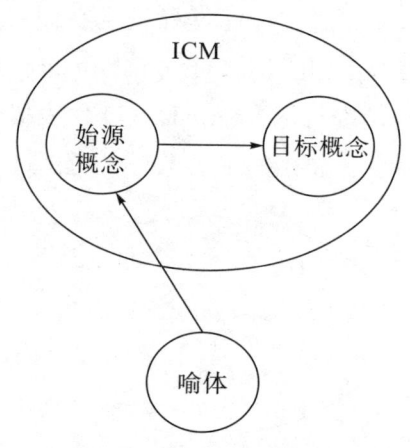

图 3.3　转喻的心理可及运作模式

巴塞罗那（Barcelona 2002）认为，转喻是认知域中一个认知次域（始源域）向另一个认知次域（目标域）的映射，并在心理上激活目标域。但不同于隐喻的系统性映射，转喻映射是一种不对称映射。巴塞罗那（Barcelona 2011：52）进一步指出，转喻是发生在同一功能域[①]中始源域向目标域的非对称的单一映射，这一映射特点与隐喻对称的系统性映射截然不同。巴塞罗那（Barcelona 2011）和布达尔－绍博和布达尔（Brdar-Szabó & Brdar 2011）都认为，隐喻映射具有单向性和不可逆性的特点，而转喻映射则具有单向性和可逆性的特点。所谓非对称性，他们认为，隐喻中的始源概念和目标概念至少共享一部分抽象的意象图式结构，因此隐喻映射是对称的。而转喻并不像隐喻那样通过对等的系统匹配将始源概念结构投射到目标概念结构上，而是始源概念激活目标概念，注意力从始源概念转移到目标概念。从这个意义上说，转喻可以看作是一种不对称映射。所谓单一性指转喻通常是基于单一的对应关系，而不是隐喻中的一组对应关系（Ruiz de Mendoza & Peña Cervel 2002）。所谓可逆性，是指两

[①] 巴塞罗那（Barcelona 2011：52）将转喻的"域"限定为"功能域"。他认为于两个不同的概念域由一个语用功能联系起来，属于同一个功能领域。如在"The piano is a real genius"中，"钢琴"和"钢琴演奏者"属于不同的概念域，但它们由乐器—演奏者这一语用功能联系起来，同属于"音乐会或管弦乐队的框架"。

个概念中的任何一个都可能转喻另一个（Radden & Kövecses 1999：22），比如"原因代结果"和"结果代原因"，但始源概念和目标概念不能同时映射，所以转喻映射和隐喻映射都是单向的，即始源概念和目标概念不会同时映射到对方身上（Barcelona 2011：15）。这些研究都对转喻映射的特征在微观层面进行了细致的描述，使我们对转喻映射有了更清晰的认识。这些特征也成为区别转喻和隐喻的重要方面，我们在下节讨论转喻和隐喻的区别时还会提到。

从认知语言学家们关于转喻的定义中可以看出一个重要的思想，即转喻利用了特定知识网络中两个项目之间存在的关系。认知语言学的早期研究将这些知识网络称为"框架"（如 Fillmore，1982），是对生活中典型情况及其典型要素的静态或动态表征，是通过归纳概括我们的日常经验形成的。布兰克（Blank 1999：173）区分了"静态框架"和"动态场景"。以"产品制造者代产品"转喻为例，在"a fifty-year-old **Steinway** that has been reconditioned"中，因为不涉及时间成分，属于"静态框架"；而在"The **kettle** boiled and bubbled."中，因为涉及一系列动作，则涉及"动态场景"。但是在现实中，静态知识和动态知识之间永远不可能真正存在明确的区别。例如在"**The buses** are on strike."中，"buses"涉及"静态框架"，"be on strike"则涉及"动态场景"。因此，"静态框架"和"动态场景"的划分多少有人为的因素。莱考夫（Lakoff 1987）提出的"理想化认知模型"（ICM）强调了我们头脑中百科全书式的、灵活的知识网络。理想化的认知模型包含了人们所拥有的文化知识，而且并不局限于"现实世界"。也就是说，它们也包含了人们对一个特定概念的主观看法，并且由于是从特定经历中抽象出来的，它们很可能是非常特殊的。它们是高度示图示化和灵活的，可以是静态的或动态的或两者兼而有之；它们是"理想化的"，但不一定是"真实的"[①]。莱考夫（Lakoff 1987）、拉登和科

[①] 莱考夫（Lakoff 1987）列举了五种 ICM 类型：命题 ICMs（propositional）、意象图式 ICMs（image schema）、隐喻 ICMs（metaphor）、转喻 ICMs（metonymy）和符号 ICMs（symbolic）。利特莫尔（Littlemore 2015）认为将隐喻和转喻列入其中不太恰当，因为隐喻和转喻最好被视为可操作的或"动态的"认知过程，而不是不可操作的认知模型。鲁伊斯·德·门多萨（Ruiz de Mendoza Ibáñez 1998）也阐述了这一观点。利特莫尔（Littlemore 2015）在讨论转喻时采纳了 ICM 的观点，但主要是命题 ICM。

夫斯（Radden & Kövecses 1999）都采用了 ICM 来定义转喻。在此之后，很多认知语言学家对概念系统的性质与特点进行了研究，提出了不同的术语。

兰厄克（Langacker 1987：163）将认知域界定为语义结构，一个概念可以假设为几个不同的认知域组成，这些认知域的结合称为矩阵域。克罗夫特（Croft 1993：177）使用了域矩阵这一概念，认为转喻的跨域映射是有可能的，但应发生在同一个域矩阵中。科赫（Koch 1999）认为，转喻中的始源概念和目标概念属于一个更大的概念网络，即框架。他认为框架是概念知识整体，框架内并非每一个成分都具有邻近的关系。他们关于概念域的描述主要注重其结构，认为概念域是一个类似于网络的结构，其中包含了很多概念次域，是一种静态的描述。潘瑟和索恩伯格（Panther & Thornburg 1999）解释间接言语行为时将认知域视为场境，其中包含组成场境的各个组成部分，通过部分场境转喻来解释人们为什么能迅速理解各种间接言语行为。费耶茨（Feyaerts 1999：318）指出，语义（概念结构或域矩阵）是"基于经验的，在很大程度上是因人而异的"，"在域（矩阵）间划一个清晰可见的边界是语言学家们的一厢情愿"。德尔文（Dirven 2002）强调，转喻涉及的两个域并非客观意义上的域矩阵，它们在认知主体的识解下进入了同一个矩阵域中。巴塞罗那（Barcelona 2011）提出了功能域的概念，认为始源概念和目标概念可能分属不同的概念域，但它们可能通过语用功能产生联系，因此它们属于同一功能域。

由此可以看出，学者们对转喻运作的概念系统的描述越来越倾向于一种灵活的、动态的和生成的态度，这符合转喻是人类最基本的一种认知工具的特征。正是基于人们对概念域的讨论，最初定义转喻的单域观也受到严峻讨战，很多研究者已不再纠结于转喻是否为同一概念域中的映射，因为常规上不同的两个概念域可能因某种原因而在一个更大的概念域中产生邻近的关系。

在讨论转喻的定义时，除了上面两个重要的方面，概念间的关系也被认为是描述转喻的重要特征。认知语言学家们普遍认同隐喻基于概念间的相似性，转喻基于概念间的邻近性。但就"概念间是如何邻近的"这一问题，认知语言学家们经历了从物理空间到概念空间，从静态关系到动态关系的认识过程。由于认知的具身性，他们认为概念间的邻近首先是基于物理空间的邻近，认为我们对空间的感知经验决定了空间邻近的原型地位，而概念的邻近是基于这个原型，因此空间邻近性关系成为转喻的原型（Kövecses & Radden 1998；Dirven 2002；Peirsman & Geeraerts 2006）。皮尔斯曼和杰拉茨（Peirsman & Geeraerts 2006）沿着三个维度（概念域、接触强度和有界性）探讨转喻的邻近性。他们把邻近概念看成一个原型范畴，空间域和物质域中的部分和整体邻近为原型，概念的邻近在接触强度［部分/整体（part-whole）、包容（containment）、接触（contact）、毗邻（adjacency）］这个维度上扩展。

但是，基于域和原型的讨论使概念间的邻近关系呈现一种静态和必然的特点。潘瑟和索恩伯格（Panther & Thornburg 2003，2007）认为转喻源与目标之间的邻近关系具有偶然性和可消解性，即邻近性在概念上不是必然的，始源概念在给定的语境中是可还原的。例如，在"The **ham sandwich** has asked for the bill."中，在餐厅这个认知域中，火腿三明治转指点餐的顾客，他们之间的邻近关系是偶然的，因为从概念上讲，火腿三明治不一定始终属于顾客，顾客也不一定总是点火腿三明治。转喻关系是建立在偶然的概念邻近性基础上的，因而在原则上是可撤销的，因为顾客一旦离开餐厅这个认知域，他与火腿三明治之间的概念关系就不存在了，除非顾客与火腿三明治之间已经形成一种比较规约的关系，如顾客总是在这家店点这道菜。这种概念邻近的偶然性与可消解性体现出概念间关系的动态性，这与认知主体、认知环境，以及社会文化有密切关系。

3.2.2 转喻与几个相关概念

在讨论了认知语言学关于转喻的定义之后，我们已经大致了解了转喻的边界范围。但在实际研究中，转喻常与几个相关现象混淆起来。接下来，我们将讨论转喻和隐喻（metaphor）、提喻（synecdoche）、层面化（facetization）和区活跃（zone activation）之间的关系。

3.2.2.1 转喻与隐喻

自从概念转喻理论提出后，认知语言学家们试图将转喻与隐喻明确地区分开。他们尝试从以下几个方面来区分转喻和隐喻。

基于认知操作发生的概念域的不同来区分转喻和隐喻。研究者们认为隐喻是发生在两个不同的概念域之间的映射，转喻是发生在同一个概念域内的映射。正如我们在上一节讨论的，尽管语言学家们对概念域进行了各种描述，但这些描述仍然模糊不清。雷默（Riemer 2001）认为，如果没有一个理论和实践的标准，给概念域或域矩阵下一个清晰的定义是很难的。潘瑟和索恩伯格（Panther & Thornburg 2007：40）认为"目前的研究还没有给出满意的阐释来说明什么构成了一个域或域矩阵"。例如在"愤怒是热度"（ANGER IS HEAT）隐喻中，"身体温度"作为愤怒的典型生理反应是"愤怒"这一概念域的一部分，即隐喻的始源域包含在了目标域中。在"He is a **fox.**"中，隐喻的始源域和目标域都属于同一个上位域。费耶茨（Feyaerts 1999：319）指出，"我们不能将那些发生在同一域矩阵内的隐喻排除在外"。同时我们也不难发现，发生在不同概念域间的转喻操作也可看作是发生在一个更大的域矩阵中。克罗夫特（Croft 1993）认为转喻的跨域映射应发生在同一个域矩阵中。因此，如果以映射过程中涉及的概念域来区分隐喻和转喻，就不可避免地使转喻与隐喻的界定陷入困境。

基于映射特征的不同来区分隐喻和转喻。最初，研究者们认为隐喻是两个不同概念域间的系统性映射，转喻是同一概念域中不同成分的映射。正如我们在上一节关于转喻的定义中讨论的，转喻映射不同于隐喻映射。莱考夫和特纳（Lakoff & Turner 1989）将转喻描写为同一个认知域中的概念映射，至于转喻映射是如何映射的，与隐喻映射有何不同，他们并没有具体说明。兰厄克（Langacker 1987，1993，1999）认为转喻认知操作不是一种映射，而是发生在矩阵域中始源概念（参照点）激活目标概念的心理过程，转喻词语指定的实体激活始源概念作为一个参照点为目标概念提供心理可及。拉登和科夫斯（Radden & Kövecses 1999：21）对转喻的定义也有类似描述，他们的定义得到了学界的普遍认可。克罗夫特（Croft 1993）认为转喻是域与次域之间的相互突显而不是相互映射。鲁伊斯·德·门多萨和奥托·坎波（Ruiz de Mendoza & Otal Campo 2002）认为，"域突显"现象也会发生在隐喻中。鲁伊斯·德·门多萨（Ruiz de

Mendoza 2000）认为转喻是一个域拓展或域缩减的过程。根据他的观点，转喻总是建立在域和次域的关系上的单一映射。巴塞罗那（Barcelona 2002）采用"映射"这个词来描述转喻运作，但转喻不同于隐喻的系统性映射，而是一种非对称映射，隐喻映射具有单向性和不可逆性的特点，而转喻映射则具有单向性和可逆性的特点。由此可以看出，转喻的映射特征明显不同于隐喻。

基于邻近性与相似性准则来区分隐喻与转喻。研究者们认为隐喻是基于概念间的相似性，转喻是基于概念间的邻近性。这种方法似乎比基于域的方法要可靠些。但正如我们在上一节讨论的，转喻基于概念的邻近性，但这种邻近性在概念上并不是必然的，概念的邻近性具有偶然性与可取消性（Panther & Thornburg 2003，2007）。因此，概念上的邻近也不是转喻的必要和充分的定义（Peirsman & Geeraerts 2006：329）。一种语言表达有时可以根据语境、背景知识或理解人的选择被识别为隐喻、转喻或两者的结合（Barcelona 2011：43）。

在实践中，没有一个单一的标准能明确区分所有的隐喻和转喻。因此，在使用上述标准来区分隐喻和转喻时必须谨慎。事实上，许多学者已经认识到隐喻和转喻可能位于一个连续体上，它们之间没有明确的界限（Goossens 1990；Geeraerts 2002；Deignan 2005；Benczes 2006；Barnden 2010）。

古森斯（Goossens 1990）提出了"隐转喻"（metaphtonymy）这一术语，用以解释常规表达中隐喻和转喻相互作用，提出了隐喻和转喻相互作用的两种方式：基于转喻的隐喻、隐喻中的转喻或转喻中的隐喻。前者是指起源于转喻的隐喻现象，后者涉及两者同时和平行的互动。例如：

(1) "Oh dear," she **giggled**, "I'd quite forgotten."

(2) He is a **fox**.

例（1）中，动词"giggle"可以作隐喻性的理解，即"to say as if giggling"。而这一隐喻理解是基于转喻的，即以"giggle"这一行为代替"said and giggled"这一同时进行的行为。"愤怒是热度"隐喻也是基于

"热度代愤怒引起的身体反应"这一转喻。在例（2）中，隐喻的正确理解不是"他是一只狐狸"，而是"他像狐狸一样狡猾"。这一隐喻理解是基于"物体属性代物体"转喻，即"狐狸转喻狐狸狡猾的特性"。但是在"catch someone's ear"这一表达中，"引起某人的注意"是通过隐喻和转喻同时实现的，是同时和平行的隐转喻类型。这一表达方式中，"catch"引起的狩猎场景必须通过隐喻来重新解释；同时，在隐喻中"catch"的宾语"ear"则通过转喻来理解，即"耳朵转指听的行为"。由此可见，在语义理解中转喻和隐喻总是以不同的方式同时起着重要作用。德尔文（Dirven 2002）认为转喻和隐喻最好被视为处于一个沿着从语言到隐喻的连续统，而转喻处于中间。关于隐喻和转喻之间的本质区别从来没有达成共识。在本书中，我们并不刻意回避此问题，但更关注转喻在其中的作用，必要时也会对两者进行讨论。

3.2.2.2 转喻与提喻

在传统修辞学中，提喻（synecdoche）指的是部分－整体关系，包括两个次类："部分－整体"提喻（如"身体部位代身体"）和"种－属"提喻（如"面包代食物"）。莱考夫和约翰逊（Lakoff & Johnson 1980）将提喻纳入转喻。但是，学者们注意到了"部分－整体"关系和"种－属"关系之间的区别（Cruse 1991；Seto 1999）。赛托（Seto 1999）认为将"分体"关系（partonomy relationship，如手和身体的关系）和"分类"关系（taxonomy relationship，如面包和食物的关系）区分清楚非常重要。他认为前者产生转喻，但是后者产生提喻，是两种不同的关系，提喻不应该纳入转喻中。他认为应将二者区别开来，原因在于"分体"关系是基于我们对真实世界中邻近关系的感知，而"分类"关系是基于我们头脑中范畴层级的概念。然而要区分真实世界中的邻近和头脑中的邻近是非常困难的。我们有关真实世界的所有信息都是通过反映我们世界观的思维模式过滤而来并反映在我们的语言中。这就是为什么当我们考察真实世界的语料中"部分和整体"关系的实例时，转喻和提喻之间的区别变得非常模糊。在皮尔斯曼和杰拉茨（Peirsman & Geeraerts 2006）基于原型的转喻模型中，空间"部分－整体"关系位于邻近范畴的核心，在转喻范畴中属于原型范畴。认知语言学家们对于将部分-整体提喻归入转喻几乎没有异议。

认知语言学家对"种-属"关系以及"种-属"提喻和转喻之间的模糊界限进行了广泛讨论（Radden & Kövecses 1999；Barcelona 2000，2004；Peirsman & Geeraerts 2006），如"典范/成员和范畴"的关系（Radden & Kövecess 1999；Barcelona 2004）和"个体和集合"的关系（Peirsman & Geeraerts 2006）。拉登和科夫斯（Radden & Kövecses 1999）将"种-属"关系（如"典范/成员和范畴"关系）视为一种在"范畴和成员"ICM 中运作的转喻。巴塞罗那（Barcelona 2000，2004）认为，使用典范名称（一个类别中众所周知的个体成员）作为该类别的现象是由转喻驱动的。在基于原型的转喻模型中，皮尔斯曼和杰拉茨（Peirsman & Geeraerts 2006）将"个体和集合"关系视为转喻，只是与"部分和整体"关系中的空间转喻不同，它在基于原型的模型中处于边缘位置。

本书认为提喻应该包括在转喻的范畴内，空间域中的"部分-整体"提喻在基于原型的转喻模型中处于原型位置，而"种-属"提喻是基于原型的转喻模型中的一个非典型类型（Peirsman & Geeraerts 2006）。

3.2.2.3 转喻与层面化、区活跃

另一个被广泛讨论的问题是转喻与层面化（facetization）和区活跃（zone activation）现象之间的关系。

一个实体的感质结构被称作层面（facet）。同一个概念可用来表达具有不同概念特征的不同层面。层面化是由实体的整体-部分结构和特定语境共同作用而产生意义的过程，是概念内部某个层面的突显。例如：

(3) 这家医院较为先进，态度也好。

在例（3）中，概念"医院"发生了两次层面化。第一个层面化通过"医院"这一整体概念转指概念内部"医院设施条件"层面。第二个层面化通过"医院"转指概念内部"工作人员"层面。由于同一个概念的不同层面互不矛盾，可以允许轭式搭配，即同一个概念的不同层面可以出现在

同一个句子结构中,不会产生语义冲突(吴莉,2013:18)。判断转喻的主要标准是看是否发生指称转移(Lakoff & Johnson 1980,Langacker 1993),以上两次层面化通过域缩减认知操作突显了"医院"概念的两个不同的层面,都发生了指称转移,应属于转喻的一种。杰拉茨和皮尔斯曼(Geeraerts & Peirsman 2011)认为,层面化和转喻的语用功能和推理过程都发生了从始源概念到目标概念的指称转移,因此层面化是一种转喻,但属于一种非原型转喻。

兰厄克(Langacker 1984:177)将区活跃定义为"射体或界标中直接参与一种既定关系的部分",目前学术界普遍认可这一观点。兰厄克将转喻定义为参照点－激活过程的观点常被认为使得转喻的范围过于不受约束(Paradis 2004:246)。兰厄克关于区活跃的观点也受到一些学者的质疑。例如:

(4) 狗咬猫。
(5) 孩子看电视。

根据兰厄克(Langacker 1984)、拉登和科夫斯(Radden & Kövecses 1999)对转喻的定义,上面例句中的"狗""猫""孩子"实际指的是"狗的牙齿""猫身体被咬的部分""孩子的眼睛"。因为"狗""猫""孩子"并没有直接参与"咬"和"看"的动作,而是由实体的某一部位直接参与,因此分别激活了狗的牙齿、猫身体被咬的部分、孩子的眼睛,属于整体－部分转喻。但是,根据选择限制原则,"咬"和"看"的动作应由有生命和意志力的实体发出,"咬"和"看"的行为是由狗和人控制和发出的,而非狗的牙齿和人的眼睛,因此实体(狗、猫、孩子)与实际所指实体(狗的牙齿、猫身体被咬的部分、孩子的眼睛)之间没有发生指称转移,所以上述例句不属于转喻,而是典型区活跃现象(吴莉 2013:19)。

杰拉茨和皮尔斯曼(Geeraerts & Peirsman 2011)研究了这三种现象之间的关系,指出层面化是转喻的一个次类,而区活跃是一种完全不同的现象。例如:

(6) a. Your **dog** bit my **cat**.
    b. The**kettle** is boiling.
    c. This**book** is boring.

在例（6a）中，名词"dog"没有发生指称转移。因为"咬"这一动词需要一个有意愿的主语，即主语为有生命的物质，如果从"狗"到它的活跃区"狗的牙齿"发生了指称转移就违反了"咬"的选择限制，因此（6a）属于区活跃现象，而非转喻或层面化（Zhang 2016：18）。在例（6b）中，"沸腾"需要液体作为其主体，"水壶"违反了"沸腾"的选择限制，从容器（水壶）到其中内容物（水）的指称转移是必要的，这是一个典型的转喻。在例（6c）中，实体"书"具有多个层面。根据选择限制原则，语境中的"boring"使得"书的内容"这一层面得以突显，"书"转指"书的内容"，发生了指称转移，这是一个层面化现象。根据杰拉茨和皮尔斯曼的观点，层面化与转喻具有相同的指称和语用功能，都涉及相似的语义和语用过程，没有理由将（6c）中的层面化排除在转喻之外。总的来说，杰拉茨和皮尔斯曼的方法有助于我们区别转喻、层面化和区活跃间的关系，即层面化是转喻的一个非原型范畴，而区活跃不属于转喻。

通过以上对转喻的定义以及转喻与隐喻、提喻、层面化和区活跃等现象的比较，我们对转喻的定义与范围有了一个较为清晰的认识。由于本书关注转喻与社会的互动，为了将更多的语言表达纳入讨论中，本书秉持概念转喻理论对转喻的定义，将指称转喻以外的其他转喻表达也包括进来。

3.2.3 转喻的分类

概念转喻理论自提出后，认知语言学家们先后提出了很多理论，如兰厄克（Langacker 1987，1993）的转喻模型、潘瑟和索恩伯格（Panther & Thornburg 1999）基于言外行为的转喻模型、沃伦（Warren 1999）关于指称转喻和命题转喻的讨论、拉登和科夫斯（Radden & Kövecses 1999）基于域和层级的转喻模型、鲁伊斯·德·门多萨和迪亚兹·维拉斯科（Ruiz de Mendoza & Díez Velasco 2002）基于始源域与目标域包含关系的转喻模型、皮尔斯曼和杰拉茨（Peirsman & Geeraerts 2006）基于原型的转喻模型等。这些理论模型从不同的视角对转喻进行了分类。下面我们将主要介绍潘瑟和索恩伯格（Panther & Thornburg 1999）、拉登和科夫斯（Radden & Kövecses 1999）、鲁伊斯·德·门多萨和迪亚兹·维拉斯科（Ruiz de Mendoza & Díez Velasco 2002）和皮尔斯曼和杰拉茨（Peirsman & Geeraerts 2006）的转喻理论。

3.2.3.1 潘瑟和索恩伯格的转喻分类

沃伦（Warren 1999）区分了指称转喻和命题转喻（propositional metonymy）。指称转喻表示一个实体和另一个实体之间的关系，而命题转喻则表示一个命题和另一命题之间的关系。她认为这两种类型中，指称转喻是最典型的，而命题转喻的概念则过于宽泛，她将研究范围缩小到指称转喻。从后续研究我们不难看出，沃伦的转喻模型限制了转喻研究。

潘瑟和索恩伯格（Panther & Thornburg 1999）从语用功能的角度出发，提出了比沃伦更细致的区分。他们将转喻分为命题转喻和言外转喻两大类型，并进一步将命题转喻分为指称转喻和述谓转喻。其中指称转喻是传统转喻的研究内容，强调转喻的指称功能，如用"白宫"指称"美国政府"。这里的指称转喻在很大程度上与沃伦提出的指称转喻是一致的，因为它们都涉及实体之间的关系。述谓转喻关注的是事件之间的转喻关系，是一种较高层级的转喻关系。例如在"He was **able to tell me** that it had merely gone into spasm."中，"能够告诉我"转喻"他确实告诉了我"这个事实。这类转喻通过情态形式所表达的潜在事件（如采取行动的能力、可能性、许可或义务等）转喻现实中发生的事件。这样的转喻在拉登和科夫斯（Radden & Kövecses 1999）的转喻分类框架中被归类为"潜在代实际"转喻。潘瑟和索恩伯格（Panther & Thornburg 2003）认为，一个潜在的事件能转喻实际发生的事件是因为事件被概念化为一个ICM，实现ICM的情态已成为ICM的一部分。

潘瑟和索恩伯格（Panther & Thornburg 1999）提出了言外转喻理论。他们提出，言外转喻是用一种言语行为转喻另一种言语行为或用言语行为特征转喻言语行为本身（Panther & Thornburg 2007）。言外转喻是一种更高层级的转喻关系。言外转喻依赖基于情景（scenerio-based）的概念域，即说话者和听话者对"典型情景"的识解。索恩伯格和潘瑟（Thornburg & Panther 1999：207）认为，一个言语行为是一个言语场景，言语场景由若干组成部分构成，包含情景的不同阶段：前段（行为的条件和动机等）、核心（行为）、结果（行为的即时影响）、后段（行为的后续影响），每个部分都可转喻地代表整个场景或言语行为。例如"你有五块钱吗？"这一言语行为的典型情景包括：前段（说话者需要钱、听话者有钱）、核心（听话者借钱给说话者）、结果（说话者得到钱）、后段（听话者帮助了说话者，说话者用钱支付了一些费用）。言外之意是通过"用听话人有钱的可能性"（前段）转喻"请求听话人借钱"（核心）。说话人使用一个先决条件（听话人持有五英镑纸币）来转喻他向听话人借钱的请求。言外行为的理解涉及语用推理。言语行为明确义与隐含义在很大程度上依靠转喻完成推理，即语用推理是由转喻原则引导（张辉，卢卫中 2010）。

潘瑟和索恩伯格的言外转喻理论对转喻研究做出了两个关键贡献。一是他们对言外转喻的关注表明转喻并不局限在指称转喻一类，也涉及转喻在语法中的作用，标志着转喻研究超出词汇范围，从更广的角度拓展了转喻研究的范围。二是他们的理论显示了典型的转喻关系（如因果关系、生产者关系等）如何在我们的经验中作为自然推理图示运作来帮助我们快速获得我们听到的话语的真实含义。但潘瑟和索恩伯格的理论并不能涵盖转喻的所有类型，如"The poor dog left with its tail between its legs.",这不是一个言语行为，但它仍是由"狗夹着尾巴离开"转喻"狗受罚逃跑"整个情景（张辉，卢卫中 2010：13）。潘瑟和索恩伯格的转喻模型没有涵盖此类情况。

3.2.3.2 拉登和科夫斯的转喻分类

拉登和科夫斯（Radden & Kövecses 1999）提出了两种转喻分类模型，分别是基于 ICM 类型和基于 ICM 层级的模型。这两种模型为概念转喻研究奠定了重要基础。

3.2.3.2.1 拉登和科夫斯基于 ICM 类型的转喻分类

拉登和科夫斯（Radden & Kövecses 1999）根据 ICM 的类型将转喻分为

两大类型："整体和部分"转喻和"部分和部分"转喻，每一类中都包含很多 ICM 类型，这些 ICM 又支持产生了一系列的转喻次类（见图 3.4）。

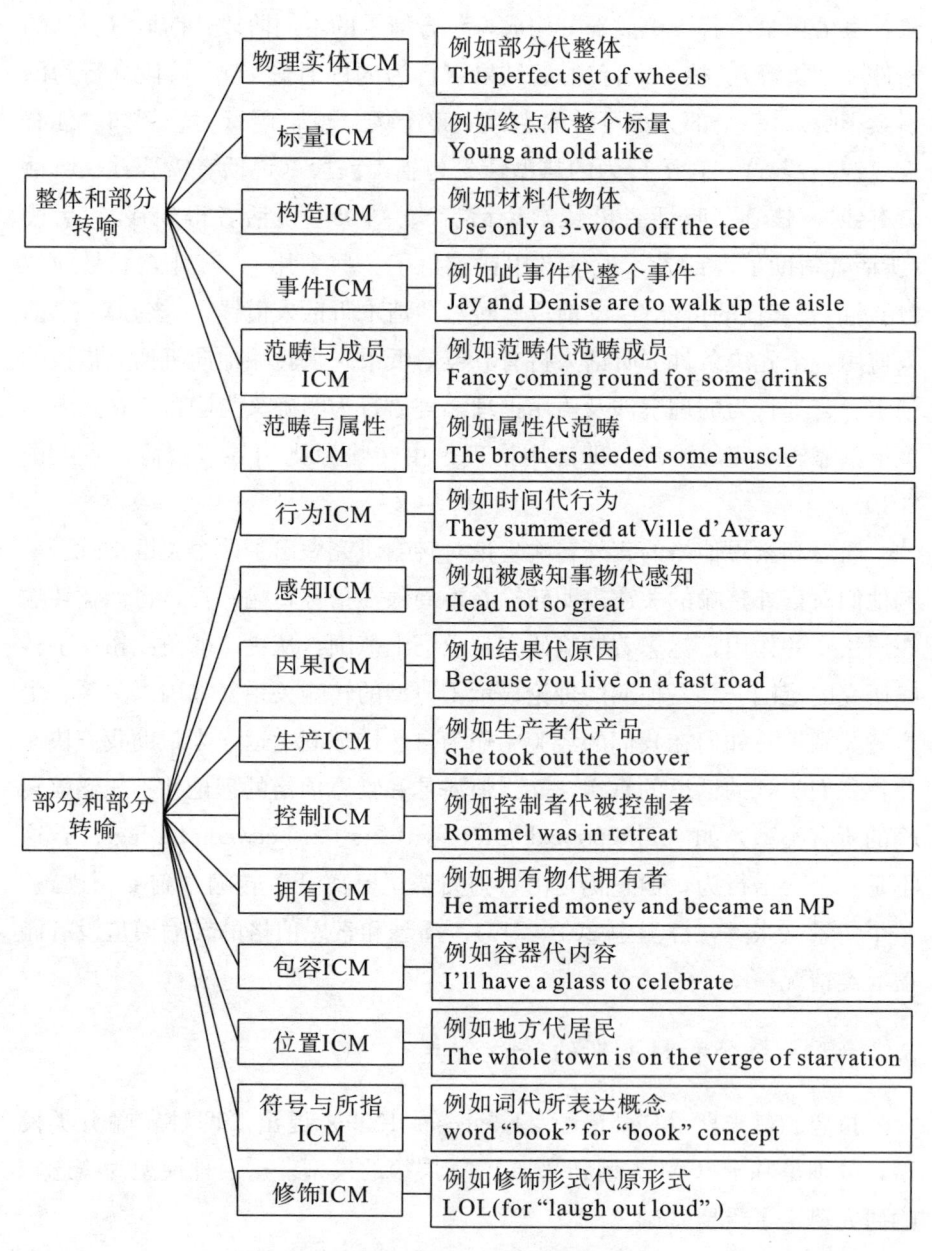

```
                    ┌─ 物理实体ICM ──── 例如部分代整体
                    │                  The perfect set of wheels
                    │
                    ├─ 标量ICM ──────── 例如终点代整个标量
                    │                  Young and old alike
         整体和部分  │
         转喻      ─┤─ 构造ICM ──────── 例如材料代物体
                    │                  Use only a 3-wood off the tee
                    │
                    ├─ 事件ICM ──────── 例如此事件代整个事件
                    │                  Jay and Denise are to walk up the aisle
                    │
                    ├─ 范畴与成员ICM ── 例如范畴代范畴成员
                    │                  Fancy coming round for some drinks
                    │
                    └─ 范畴与属性ICM ── 例如属性代范畴
                                       The brothers needed some muscle

                    ┌─ 行为ICM ──────── 例如时间代行为
                    │                  They summered at Ville d'Avray
                    │
                    ├─ 感知ICM ──────── 例如被感知事物代感知
                    │                  Head not so great
                    │
                    ├─ 因果ICM ──────── 例如结果代原因
                    │                  Because you live on a fast road
                    │
                    ├─ 生产ICM ──────── 例如生产者代产品
                    │                  She took out the hoover
         部分和部分  │
         转喻      ─┤─ 控制ICM ──────── 例如控制者代被控制者
                    │                  Rommel was in retreat
                    │
                    ├─ 拥有ICM ──────── 例如拥有物代拥有者
                    │                  He married money and became an MP
                    │
                    ├─ 包容ICM ──────── 例如容器代内容
                    │                  I'll have a glass to celebrate
                    │
                    ├─ 位置ICM ──────── 例如地方代居民
                    │                  The whole town is on the verge of starvation
                    │
                    ├─ 符号与所指ICM ── 例如词代所表达概念
                    │                  word "book" for "book" concept
                    │
                    └─ 修饰ICM ──────── 例如修饰形式代原形式
                                       LOL(for "laugh out loud")
```

图 3.4 基于 ICM 类型的转喻类型

"整体和部分"转喻涉及"部分代整体"转喻（如"head"转指

"body")和"整体代部分"转喻(如"America"转指"美国")两种类型。拉登和科夫斯在"整体和部分"转喻这个范畴中确认了6种ICM：物理实体ICM（Physical entities ICM，如实体的一部分代整个实体，反之亦然）、标量ICM（Scales ICM，如标量终点代整个标量）、构造ICM（Constitution ICM，如制造物体的材料代物体本身）、事件ICM（Events ICM，如事件的一部分代整个事件）、范畴与成员ICM（Category and Member ICM，如范畴成员代整个范畴）、范畴与属性ICM（Category and Properties ICM，如范畴属性代整个范畴）。拉登和科夫斯根据此模型产生了21种转喻次类型。

"部分和部分"转喻范畴通常是指在同一个ICM中，某概念被用以指代与其有关的概念。例如，我们可以说"Marry married money"，这里"money"是属于配偶所拥有的东西，而非他（她）本身的一部分。因此，这个范畴只涉及"部分代部分"转喻这一种类型[①]。在这个范畴中，拉登和科夫斯确认了10种ICM，产生了43种转喻次类型：行为ICM（Action ICM，如行为当中的参与物或行为的方式来指代行为本身）、感知ICM（Perception ICM，如真实实体来指代实体的情感或身体经验）、因果关系ICM（Causation ICM，如一个特定的原因用来指代它的效果，或者相反）、生产ICM（Production ICM，如产品生产者来指代产品本身）、控制ICM（Control ICM，如一个实体或一群人的控制者来指代这个实体或群体本身）、拥有ICM（Possession ICM，如物体来指代拥有该物体的人）、包容ICM（Containment ICM，如容器指代所装内容，反之亦然）、处所ICM（Location ICM，如处所来指代在那里发生的特定事件）、符号与所指ICM（Sign and Reference ICM，如一个词来指代它所表达的概念）、形式修饰ICM（Modification of form ICM，如一个词的修饰形式来指代这个词本身）。

拉登和科夫斯（Radden & Kövecses 1999）基于ICM的转喻分类涵

---

① 鲁伊斯·德·门多萨和迪亚兹·维拉斯科（Ruiz de Mendoz & Díez Velasco 2002）对拉登和科夫斯（Radden & Kövecses 1999）的转喻分类提出了质疑。他们认为，转喻始源域始终是转喻目标域的一部分，因此只存在"部分和整体"这一种转喻关系。对此观点我们将在后面详细说明。

盖了大多数我们能识别的转喻，应用广泛。但是对非词汇层面的转喻操作，该分类模型却没有涉及。拉登和科夫斯（Radden & Kövecses 1999）基于 ICM 的层级特征提出了基于层级性的转喻分类。

3.2.3.2.2 拉登和科夫斯基于 ICM 层级的转喻分类

拉登和科夫斯（Radden & Kövecses 1999）根据转喻操作发生的 ICM 的抽象程度将转喻分为低层转喻（low-level metonymy）和高层转喻（high-level metonymy），它们分别都可再分为命题转喻和情境转喻（见图 3.5）。

```
                    ┌─ 高层命题转喻
         ┌─ 高层转喻 ┤
         │          └─ 高层情景转喻
  转喻 ───┤
         │          ┌─ 低层命题转喻
         └─ 低层转喻 ┤
                    └─ 低层情景转喻
```

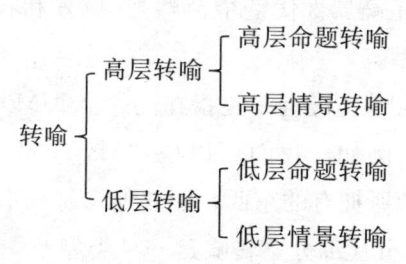

图 3.5　基于 ICM 层级的转喻类型

根据 ICM 的抽象程度，拉登和科夫斯（Radden & Kövecses 1999）将 ICM 分为非类属 ICM（non-generic ICM）和类属 ICM（generic ICM）。非类属 ICM 指的是基于经验的常规化表征，包含了 ICM 的详细成分、特征和它们之间的关系。而类属 ICM 指的是从众多非类属 ICM 中抽象出来的、高度图示化的概念结构。

低层转喻指发生在非类属 ICM 中的转喻，包括低层命题转喻和低层情境转喻。低层命题转喻与潘瑟和索恩伯格（Panther & Thornburg 1999）所说的指称转喻一致，它指的是在认知域中一个概念替代另一个概念，是一种间接指称。指称转喻是人们最容易观察到和研究最多的一种转喻，通常发生在词汇层面。例如，在 "All **hands** are on the deck." 中，"hands" 指称 "水手"。低层情景转喻指在非类属情景 ICM 中，使用某一具体情境中高度突显的部分来替代整个情景。如前文提到的 "The poor dog **left with its tail between its legs.**" 中，使用狗的尾巴被夹在两腿之间来暗示整个可怜的情景。

高层转喻指发生在类属 ICM 中的转喻。正是类属 ICM 的高度抽象性和图示化的特征使得转喻能在高于词汇的语法层面和话语层面上运作。高层转喻可分为高层命题转喻和高层情境转喻。高层命题转喻就是语法转喻，语法转喻就是具有语法后果的转喻，是在语法结构中体现的概念转喻，它展现了人类普遍的转喻思维方式。从广义的层面来看，转喻在语言的各个层面都有体现，包括词素、词、短语和句子等，涉及语法的各个层面，如构词、格、体、时态、从句结构等。从狭义的层面来看，语法转喻主要指句法结构中所体现的概念转喻，对句法成分的分布或句法结构的形成产生影响。例如，"He **hammered** the nail into the wall."，通过"工具代行为"转喻实现"hammer"由名词向动词的范畴转换。潘瑟和索恩伯格（Panther & Thornburg 1999）提出的言外转喻和述谓转喻符合高层情景转喻的特征。例如，在"Can you close the door?"中，"关门的可能性"转喻"请求关门"这个行为。

由于转喻的概念本质特征，要想概括最多的转喻类型，区分高层转喻和低层转喻非常必要。

3.2.3.3 鲁伊斯·德·门多萨和迪亚兹·维拉斯科的转喻分类

鲁伊斯·德·门多萨和迪亚兹·维拉斯科（Ruiz de Mendoza & Díez Velasco 2002）倾向于关注转喻表达与其指称之间的关系。他们认为转喻的所有实例都可以被描述为以下两种情况之一："目标在源中"转喻（target-in-source metonymy），即目标域是始源域的一部分，涉及域的扩展；或"源在目标中"转喻（source-in-target metonymy），即始源域是目标域的一部分，涉及域的缩减（见图3.6）。

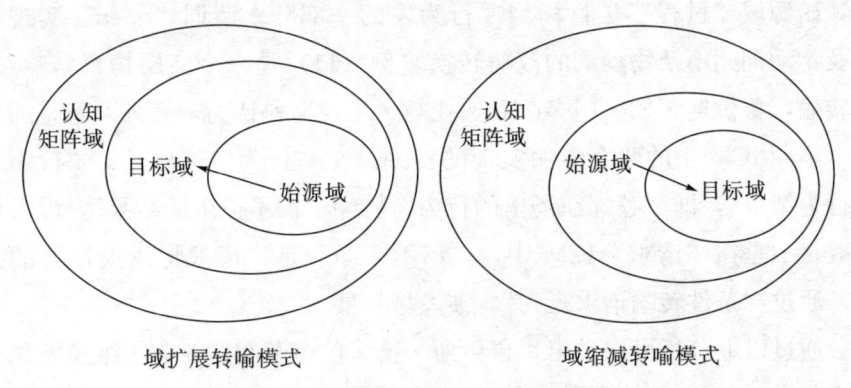

图 3.6 转喻域扩展和域缩减模式

根据鲁伊斯·德·门多萨和迪亚兹·维拉斯科（Ruiz de Mendoza & Díez Velasco 2002）的转喻分类，既可以解释低层转喻，也可以解释高层转喻。例如：

（7）All **hands** on deck

（8）The great contribution that the **pill** has made to personal choice

（9）他们听到这个消息不由得鼓起掌来。

（10）The door opened.

（11）What's the fly doing in my soup?

上面例句中，例（7）和（8）属于低层命题转喻/指称转喻。例（7）是"目标在源中"转喻，涉及域扩展，即"手"转喻"水手"，转喻始源域"手"是转喻目标域"水手"的一部分。例（8）是"源在目标中"转喻，涉及域缩减，即"药"转喻"避孕药"，转喻目标域"避孕药"是转喻始源域"药"的一部分。例（9）属于低层情景转喻，转喻始源域"鼓掌"是目标域"某人因为某事而高兴"的结果，由这一部分情景转喻整个情景，涉及域扩展。

例（10）和（11）属于高层转喻，例（10）是一个高层命题转喻/语法转喻，鲁伊斯·德·门多萨和迪亚兹·维拉斯科（Ruiz de Mendoza & Díez Velasco 2002）认为，通过致使构式的构式义和"过程代行为"转喻，始源域"过程"是目标域"行为"的一部分，谓词"open"实现了从及物动词到不及物动词的范畴转换。例（11）是一个高层情景转喻/言外转喻，鲁伊斯·德·门多萨和迪亚兹·维拉斯科认为，言外之意是通过两个不同 ICM 中的两个转喻实现的：一是在"行为"ICM 中，"行为转喻行为结果"，即"苍蝇在汤里的行为"转喻"汤不卫生的结果"，涉及域缩减；二是在"请求"ICM 中，"汤不干净"是"请求将汤换掉"的条件，通过"条件转喻请求行为"，涉及域扩展。

通过以上分析可以看出，鲁伊斯·德·门多萨和迪亚兹·维拉斯科的转喻分类与拉登和科夫斯的转喻分类有着显著的不同。拉登和科夫斯

(Radden & Kövecses 1999)区分了"部分与整体"和"部分与部分"两大范畴,其中"部分与整体"范畴中包含"部分转喻整体"和"整体转喻部分"两种关系,"部分与部分"范畴中只有"部分转喻部分"一种关系。与拉登和科夫斯基于域类型的分类方法不同,鲁伊斯·德·门多萨和迪亚兹·维拉斯科(Ruiz de Mendoza & Díez Velasco 2002)则从转喻始源域与目标域之间的关系出发,发现两者之间是一种包含关系,因此他们认为,转喻只发生在整体和部分之间,通过域扩展(始源域在目标域中)或域缩减(目标域在始源域中)实现"部分转喻整体"或"整体转喻部分"。

鲁伊斯·德·门多萨和迪亚兹·维拉斯科的转喻分类是一个很有用的转喻分析工具,尤其适用于研究转喻在特定话语社区的语类和语域中的作用。在话语社区中,人们可以通过转喻运作的域扩展或域缩减来维护与群体成员的关系。例如,为了拉近与喜欢足球的男性群体的关系,说话者可以通过"看过梅西在世界杯上的所有比赛"来转喻"我是一个喜欢足球运动的人",这是一个域扩展的操作。此外,该模型也有助于解释涉及转喻的回指照应(anaphoric reference)和语篇衔接(textual cohesion)。

3.2.3.4 皮尔斯曼和杰拉茨基于原型的转喻分类

皮尔斯曼和杰拉茨(Peirsman & Geeraerts 2006)的转喻分类与之前的分类有很大不同。他们将转喻视为一种放射状的范畴,即由范畴的原型成员和非原型成员组成。皮尔斯曼和杰拉茨强调了喻体与其所指之间邻近关系的重要性,他们将其作为识别转喻的一个重要维度。以空间域和物质域,以及空间域和物质域的部分-整体邻近关系为原型和核心,转喻沿着三个维度(即接触强度、认知域和有界性)扩展,构成一种放射状的转喻范畴。在认知域这个维度,他们认为空间和物质域是人类经验和认知中的基本域,以此开始向时间域和其他经验域中扩展;在有界性这个维度,他们认为空间中邻近物质从有界限向无界扩展;在接触强度这个维度,他们认为实体的部分-整体关系接触强度最大,以此开始向包容(containment)、接触(contact)、毗邻(adjacency)扩展(见图3.7)。图3.7中,横向直线箭头代表认知域由有界向无界扩展,纵向直线箭头代表接触强度由强到弱扩展。

	空间和物质域	时间域	行为事件过程域	总成和堆拢域
部分-整体	空间部分与整体	时间部分与整体	次事件与复杂事件	核心因素与机构特征与实体
包容	容器与被容纳物体	时间容器与被容纳物体	行为与参与者	个体与集合
接触	方位与所在物	先前与后果	原因与结果	
毗邻	实体与毗邻实体		参与者与参与者	

图 3.7 基于原型的转喻邻近模型

根据此模型，皮尔斯曼和杰拉茨（Peirsman & Geeraerts 2006：276—277）总结了 23 种转喻类型：

空间部分与整体（SPATIAL PART & WHOLE）

时间部分与整体（TEMPORAL PART & WHOLE）

方位与所在（LOCATION & LOCATED）

先前与后果（ANTECEDENT & CONSEQUENT）

次事件与复杂事件（SUBEVENT & COMPLEX EVENT）

特征与实体（CHARACTERISTIC & ENTITY）

生产者与产品（PRODUCER & PRODUCT）

控制者与被控制者（CONTROLLER & CONTROLLED）

容器与被容纳物（CONTAINER & CONTAINED）

物质与物体（MATERIAL & OBJECT）

原因与结果（CAUSE & EFFECT）

方位与产品（LOCATION & PRODUCT）

拥有者与所拥有物（PROSSESSOR & PROSSESSED）

行动与参与者（ACTION & PARTICIPANT）

参与者与参与者（PARTICIPANT & PARTICIPANT）
一件衣物与人（A PIECE OF CLOTHING & PERSON）
一件衣物与身体部分（A PIECE OF CLOTHING & BODY）
单个实体与总体（SINGLE ENTITY & COLLECTION）
时间与实体（TIME & ENTITY）
物体与数量（OBJECT & QUANTITY）
核心因素与体制（CENTRAL FACTOR & INSTITUTION）
潜在与实际（POTENTIAL & ACTUAL）
上位词与下位词（HYPONYM & HYPERNYM）。

根据皮尔斯曼和杰拉茨，空间和物质域是讨论概念邻近性的原型与核心，随着接触强度和有界性由强减弱，可以总结出6种转喻类型：空间部分与整体、方位与所在、容器与被容纳物、物质与客体、一件衣物与人、一件衣物与身体部分。讨论时间域中的概念邻近性是通过将空间域及空间域中的概念邻近关系隐喻化的方式得以实现，即将时间隐喻为空间实体，时间域中的邻近关系对应空间域中的邻近关系，由此得到3种转喻类型：时间部分与整体、先前与后果、时间与实体。行为、事件和过程域是空间域与时间域的结合，既有参与实体，又有行为过程，产生的转喻类型较多，由此得到9种转喻类型：次事件与复杂事件、生产者与产品、控制者与被控制者、原因与结果、方位与产品、拥有者与所拥有物、行动与参与者、参与者与参与者、潜在与实际等。总成和堆拢域包含几种情况，一是由具有不同功能的部分构成有结构的总体，如人体由头、驱赶、四肢等构成；二是由大约同等的成员构成的集合，如一个班级由40个学生组成；三是种类关系，既一个种类包含下位的多个种类，如车辆这个种类包含卡车、轿车等，由此得到5种转喻类型：特征与实体、单个实体与总体、物体与数量、核心因素与体制、上位词与下位词。

皮尔斯曼和杰拉茨认为，位于范畴中心的转喻更具体，而位于范畴边缘的转喻则更抽象。尽管皮尔斯曼和杰拉茨（Peirsman & Geeraerts 2006）的分类比较混乱，有些类型具体，有些类型抽象，但他们提出的基于原型的放射模型为阐释和理解这些类型提供了一个很好的路径，特别是对较为抽象或复杂的经验域中的词汇转喻表达做了分类和解释。

在分析真实使用的转喻时，该分类也存在在一些问题，如有时很难辨别某个转喻属于哪一类别。例如，在"have a **roof** over my head"这一表达中，"房顶"转指"整个房子"，在物质域中"房顶"是"房子"的一部分，它们之间存在高度的邻近性，属于该模型中的原型转喻。但在实际使用中，该句子可能还有另一层含义，"有足够的钱来满足一个人的基本需求"，此时，喻体与所指对象之间的邻近性就没有那么强了。因此，在实际语境中，喻体可能有多个所指，因此确定喻体与其所指之间的确切邻近程度变得困难。而且，有时要弄清哪些是喻体的真正所指对于我们来说也很困难，因为它们通常是模糊和不明确的。尽管如此，皮尔斯曼和杰拉茨（Peirsman & Geeraerts 2006）的转喻分类对我们研究转喻十分有用，特别是在研究实际语境中转喻的不同含义时尤为有用。

从潘瑟和索恩伯格（Panther & Thornburg 1999）、拉登和科夫斯（Radden & Kövecses 1999）、鲁伊斯·德·门多萨和迪亚兹·维拉斯科（Ruiz de Mendoza & Díez Velasco 2002）和皮尔斯曼和杰拉茨（Peirsman & Geeraerts 2006）的转喻分类中我们可以看出，他们从不同的视角讨论转喻的分类。这些分类模型有一些重叠之处，也有一些不同但互为补充的部分。我们将根据研究的需要参考这些分类模型。此外，关于转喻的理论模型还有很多，我们在此不再详述，在下面的章节中如有涉及，再做介绍。

3.3 社会认知概念与社会认知理论

如何认识自己、他人以及所处的社会世界是人类长期思考的一个哲学问题和心理学问题。20世纪70年代，随着认知科学的发展，一些社会心理学家开始采用认知心理学的理论和方法来研究人类社会信息的加工，这种研究体现出个体取向，即个体对社会信息的心理表征。为了区别于传统的社会心理学研究，社会心理学开始使用"社会认知"一词来命名这类研究。21世纪以来，以欧洲社会心理学家为代表的社会认知研究者认为，社会认知的内容其实是源于人们的社会生活以及人类的互动与沟通。他们认为，人类思想、经验与互动中的社会性、集体性、共享性、交互影响性及其符号性等特质在社会认知研究中不应该被忽略。因此，社会认知的研究出现了"社会"转向，即研究既关注认知主体对社会世界的认知表征，也关注认知主体与社会世界的关系和互动。从这个角度来看，认知、人、社会世界构成了人类社会认知的动态交互系统，共同塑造了人类的社会认知。

3.3.1 社会认知概念

尽管第一本关于社会认知研究的专著（Fiske & Taylor 1984）问世距今已经有三十几年，但是对于什么是社会认知，学术界仍然难有一致的意见。

菲斯克和泰勒（Fiske & Taylor 1984：6）认为，"社会认知是一种对别人和对自己的思考，社会认知的目的是了解人如何认知自己和他人，它和态度、人的知觉、刻板印象、小团体等研究相关"。维尔和斯鲁尔（Wyer & Srull 1984）认为，社会认知是指个人对他人或自己的心理与行为的感知与判断过程。谢尔曼、贾德和帕克（Sherman, Judd & Park 1989：282）认为，社会认知是一种理解社会心理的途径和方法。

从社会认知研究由"个体转向社会"的发展历程可以看出，将认知心理学的研究方法和理论用于社会心理的研究大大推进了社会心理学的发展，使人们对人类认识社会世界的描述更加精确。但是，人不同于物，人脑不能简单类比为电脑。菲斯克和泰勒指出，当我们评论社会认知的研究时，越来越清楚地看到"对物知觉"和"对人知觉"之间的类比。这种类比的证据是：在一般意义上描述人类思维的原理也应该适用于对人的认识。社会认知的许多理论是在认知的基本原理的基础上建立起来的。然而，相对于认知心理学主要关注无生命物体和抽象概念的信息加工，社会心理学更多地关注人和社会的信息加工。在我们借用物体知觉的原理来研究对人的知觉时，必须考虑对物体的认知和对人的认知之间的基本差异。因此，我们不仅要了解人类如何加工和表征社会信息，还应该了解动机和情感怎样影响认知；我们不仅关心个体对社会世界的认识，还要关注个体与团体、个体与社会世界的关系和互动，只有将对个体的认识归入团体和社会世界的背景中,才能更完整地研究和解释社会认知。

社会认知关注所考察社会现象的认知基础,主要涉及态度、信念、偏见、内隐人格理论等认知结构,以及态度变化、印象形成、归因、决策等认知加工方面。人们总是基于所处的社会环境,通过评价、推理、归因等来编码、解释和加工信息,最后在记忆中表征这些信息。信息加工模型是理解社会现象的一种手段。尽管信息加工原则在社会领域和非社会领域都适用,但社会认知不是认知心理学在社会心理学的简单应用,而是理解和解释社会信息的一种途径或方法。

国内对社会认知的认识主要侧重于社会信息的加工过程。高觉敷(1991:173)认为,"社会认知是人对各种社会刺激的综合加工过程,是人的社会动机系统和社会情绪系统形成变化的基础,它包括社会知觉、归因评价和社会态度形成三个主要方面"。时蓉华(1998:257)认为,"社会认知是个人对他人的心理状态、行为动机和意向作出推测和判断的过程"。郑全全(2008:1)认为,"社会认知是指我们理解、储存、回忆有关他人社会行为信息的方式"。钟毅平(2012:3)认为,"社会认知主要包括社会知觉、社会印象和社会判断三个方面"。其中,社会知觉是指认知主体的感觉器官对社会刺激的直接和整体反应,具有直接性、整体性、选择性、恒常性的特点。在社会知觉的基础上,认知主体通过印象和社会判断形成更深入的认识。至20世纪90年代末,国内研究者与国外研究者主要从社会认知的研究对象、研究内容和研究主题等方面来定义社会认知。对于社会认知较为一致的观点是,社会认知以社会世界中的人、物事件为认知对象,探索社会信息的加工过程,其目的是揭示社会信息加工的机制。

随着社会认知研究的发展,研究者们对社会认知的概念不断丰富。莫斯科维茨(Moskowitz 2005:5)认为,"社会认知是个人对他人的心理状态、行为动机和意向做出推测和判断的过程"。任何人都需要了解周围事物,需要去理解所观察到的人的行为,以及环境带来的变化和发生变化的原因。了解他人是人类最普遍和重要的活动之一。我们通过观察他人的仪容,给他人贴上标签,推测他们喜欢什么、将会做什么,并且将这些信息记住以便更好地理解。心理学家援引了三种基本需要来解释社会认知:归属和爱的需要，自尊的需要，认识的需要（理解他人行为的含义，以便我们能做出恰当的反应）。奥古斯蒂诺、沃克和多纳休（Augoustinos, Walker & Donaghue 2006：1）认为，"社会认知是社会心理学的一个领域，较狭义的解释就是人们如何理解社会以及自己在其中的位置"。他们明确指出，社会认知研究应该协调和整合"认知"与"社会"、"个体"与"团体"，这样才能更全面地、完整地解释对社会世界的认识。从这些定义可以看出，社会认知研究逐渐认识到了以往研究中个体主义和认知主义的局限性，认为社会认知研究不仅要关注社会信息的加工和表征，更应该关注人们的动机和情感对认知的影响，以及认知个体与群体之间的关系及其互动对认知的影响。

根据社会认知对象和认知过程的特点，以及认知语言学关于概念化的观点，我们认为，社会认知不是简单的信息加工过程，而对社会的概念化是一个构建意义的过程，其中认知主体的情感、目标、信仰和价值观等都对理解产生重要影响（彭凯平 2010）。孔达（Kunda 1999）认为，社会认知并不是一般意义上的纯认知活动，而是包括动机、目标、情感、自我等在内的更广泛意义上的"大认知"。例如，归因是人们认识社会世界的一种主要方式，人们总是倾向于寻找身边发生的社会事件的原因，并据此来调整自己的行为。不同的人对于同一事件的理解和反应可能完全不同，同一个人因不同的时间、环境、动机和情感等原因对同样的事件也会产生不同的理解。同时，作为社会认知主体的人往往不是一个"完美"的认知者，在社会认知中总会产生各种认知偏差，如不恰当的联想或期望、情感、文化等非认知因素。另外，由于人的认知资源的有限性，在社会认知的过程中，人们是认知的"吝啬者"，在大多数情况下，人们对于社会事件的加工都是根据经验的法则自动化、无意识进行的，这也是导致社会认知偏差的重要因素。

菲斯克和泰勒（Fiske & Taylor 1991：18）指出了"对物知觉"和"对人知觉"之间的类比与差别。他们认为，社会认知在借用物体知觉的原理开展研究时，必须考虑到对物体认知和对人认知之间的基本差异。他们列出了人和物之间的一些重要差异和社会认知的特征：

①人为达到自己的目的而有意识地影响环境。

②人是相互知觉的,当你对他人形成印象时,他人也对你形成印象。

③社会认知包含自我认知,因为他人对个体的评价和印象会影响个体对自己的认知。

④当一个社会刺激作为认知的对象时,它就可能有改变。例如,如果一个人担心别人怎样看待自己,他就会相应调节自己的外表和行为,而物体显然不能这样。

⑤个人特征即使不易观察对人的认知也十分重要,而物体不可观察的特征则相对不那么重要。例如,一个人和一只茶杯都是脆弱的,但"茶杯是脆弱的"这种特征相对"人是脆弱的"这种特征更容易被推论出来,且重要性要小。

⑥人比物更加随时间和环境而变化,这可能使得认知迅速地过时或不可靠。

⑦一个人对人认知的精确性比对物认知的精确性更难检验。例如,心理学家们很难一致判断一个人是否性格外向、敏感或诚实,但判断一只茶杯是否保温、脆弱或漏水却相对容易得多。

⑧人是复杂的,因此在研究人的认知时往往需要简化,但这样就不可避免地消除了认知对象的特性,造成认知失真,而对物的简化则较少失真。

⑨由于人类的复杂性(如,人具有内隐的个性特征和意图,人以一种与物品无法比较的方式影响着我们),社会认知自然就包括了社会解释(如,解释"一个人为什么脆弱"比解释"一只茶杯为什么脆弱"更重要)。

与对物认知相比,有研究者认为社会认知具有如下特征:"相较于自然认知,社会认知不仅涉及信息加工,更涉及个体的人格特殊性,如个体的情感、态度等;相较于对自然认知容易形成一致认识,社会认知往往采用多种参照系来形成认识;社会认知是一种相互作用的反馈性认知,自然认知则不是这种相互认知;社会认知的对象缺乏稳定性;社会认知中知与行的关系比自然认知中知与行的关系更为复杂"(方俊明 1992:338)。

根据社会认知的定义和研究者们对社会认知的性质和特征的概括,我们可以看出社会认知具有以下的性质与特征:

①社会认知过程主要包括社会知觉、印象形成和社会判断三个阶段。社会知觉是指人们在社会生活中形成的知觉反应。社会知觉的形成不仅受知觉对象的物理特性的影响,而且也受它的社会属性的影响,是社会生活环境下的主体反应,带有明显的社会性。例如,对人的知觉不仅受外表特征的影响,还受到其社会角色等非自然属性的影响,甚至后者影响程度更大。因此,社会知觉的内容不同于一般知觉。人们在社会知觉的基础上,进一步形成社会印象。社会印象以社会知觉为基础形成一个关于社会、他人、自己的"像",即社会像、他人像和自我像,但这些"像"比社会知觉更具抽象性和概括性,具有间接性、综合性、稳定性等基本特点。社会印象在本质上是对社会知觉的反映。社会判断是在社会知觉和社会印象的基础上对认知客体的评价和推论,是在社会知觉和社会印象的基础上进行的综合分析,具有预见性和超标准化趋势等特点(钟毅平 2012:7)。

②社会认知包含认知主体对社会信息的概念化过程和表征社会世界的概念结构,因此社会认知既是认知过程也是认知结果。

③社会认知的结果是对社会世界的概念化,即认知主体赋予社会世界的意义,是对社会世界的理解。它为人类的行为提供依据和解释。

④人能够利用过去的经验并使用一定的策略来加工信息,是认知活动的积极参与者。社会认知是一个复杂的社会信息加工的过程,个体过去的经验、情绪状态、思维方式等都对认知加工起着重要作用,同时认知客体本身的特点也会影响认知结果。

⑤社会认知具有很强的情境依赖性。认知的结果整体大于各个部分之和,这是一个非常普遍的事实。很多社会认知学家越来越强调刺激的情境依赖性,认为刺激并不是每时每刻都影响着我们的行为,关键在于我们对它的感知,即我们心理上如何建构和表征这些刺激将影响和决定我们的行为。而个体对刺激的反应则依赖于其所处的环境,同样的刺激呈现在不同的环境中,个体会有不同的理解和评价。在复杂世界中,对社会情境的敏感性对于适应性行为至关重要。欧洲著名的社会心理学家泰弗尔(Tajfel 1981)说过,人最伟大的适应优势是他们有能力根据对情境的知觉和理解去调整自己的行为(Bless,Fiedler & Strack 2004:7)。因此,忽视人类行为的情境依赖性就等于是把人类行为简化为一成不变的生物反应。事实

上，人类个体行为已经远远超出了生物反应。

3.3.2 社会认知理论

社会心理学家提出了很多社会认知理论，这些理论涵盖了社会认知研究的主要议题，如自我、群体、态度等。这些理论模型的提出主要是在社会认同和社会表征这两个宏观理论框架下展开的。

3.3.2.1 社会认同理论

认同（identity）涉及我/我们是谁、我/我们在哪里的反思性理解（周晓虹 2008），是人们一生中面临最核心的问题之一。认同可区别为个人认同（personal identity）与社会认同（social identity）。个人认同指那些我们看待自己的某些特质及特征，这些特征是往往是非常个人的。例如，"我很无趣"。

在认同研究的基础上，泰弗尔等人在研究群体行为时提出了社会认同理论（Social Identity Theory，简称 SIT），主要用来解释群体内部的偏好和群际之间的歧视和冲突现象[①]。泰弗尔（1981）认为社会认同是个体自我概念的一部分，衍生于个人对所属社会群体的相关知识，以及身为该群体一员的价值认定与情感。例如，"我是中国人"就是一种社会认同。

我们的社会认同通常依附或来自我们的所属群体（称为隶属团体 membership groups）。但是，我们也可以认同我们不属于的团体（称为参照团体 reference groups），或是认同某些特定的个人。社会认同总是依附于某个社会参照对象，通常是某个社会团体。如果你的心理状态会随着某个社会对象的命运涨跌起伏，那么你就是认同了这个参照对象。社会认同不是个人认同，也并非只是个人认同的某个方面。严格来说，所谓的"个

---

① 泰弗尔等人在 1971 年的最小分类实验（minimal categorization experiment）研究最终导致了社会认同理论的产生。在泰弗尔的最小群体实验中，最小群体是最简化群体，缺乏所有可称为群体的特征，从某种意义上来说，根本就没有"群体"的存在，因此也不存在群体内和群体间的相互作用，群体间也没有真正的竞争。但是，研究结果表明，被试的行为表现出好像真的有群体存在，这既不能从个人或个体间行为方面进行解释，也不能从现实冲突方面进行解释，只能从群体间行为方面加以解释。这时，社会认同理论应运而生。可以说，它的产生就是为了解释微群体现象。

人"认同根本就是虚构的,因为所有的认同以及所有形式的自我建构必然是社会的。即便看来似乎与社会无关的自我描述,也必然巧妙地仰赖某些特定的社会结构。纯粹的个人认同是虚构的,而个人与社会之间的区别也是虚构的,即社会永远在现于个人之内。

社会认同的核心原则是:范畴化、认同和社会比较,即个体在进行社会范畴化的过程中对自己所在的群体产生一致心理,即"认同",并通过与其他群体的社会比较产生对所在群体的积极评价。

在日常生活中,为了理解人或物,或者为理解社会环境和物理环境,人们会对它们进行分类,把它们纳入不同的范畴或类别,即范畴化。社会范畴化(social categorization)是指认定某个人隶属于某个特定社会群体的过程。社会被划分为许多社会范畴,对任何个人而言,他可能是某些范畴的成员,该范畴被称为他的内群体,或者说是他的隶属群体,有些范畴则是他外群体。大部分的社会范畴(不是全部)彼此之间存在真实的地位与权力关系。范畴化行为具有明显的认知影响(McGaty 2002),当某个客体被分类后,同一社会范畴成员间的相似性会被想象得比实际上大得多,不同社会范畴成员间的差异性也会被想象得比实际差异来得大。换句话说,不同范畴间的差异与同一范畴内的相似度都被强化放大了,这被称为强化效应(accentuation effect)[1]。强化效应已经在各种物质刺激的实验中得到了验证(Doise 1978;McGaty 2002)。根据社会认同理论,社会生活中人们感知的范畴基本都是社会建构的,我们每个人都属于某些范畴,而不属于另一些范畴。这种心理上的分类会产生相应的后果,即内群体偏好和外群体歧视。根据社会范畴化,社会认同与个人认同并非不同的认同形式,只是各自代表为不同形式的自我归类。自我归类可以表现在三个层次上:上层(superordinate level)(如,以人性的部分来定义自我)、中层(intermediate level)(如,用特定的团体成员来定义自我)和下层(subordinate level)(如,用团体和个人的概念来定义自我),这三个层次并没有上下优劣之别(Rosch 1978)。

---

[1] 1963年,泰弗尔和维克斯在实验中让受试者看八条长度不一的线条,并请他们估计长度,当其中四条最短的线条都以字母A代表,其他四条最长的线条都用以字母B代表时,受试者就会高估A线条与B线条之间的差异。

"认同"（identity）是社会认同理论的中心议题。最基本的一个类别是自我（self）与他人（other）的区分，以及更社会性的我们与他们的区分。自我和他人的区分是早期社会化的必要组成部分。符号互动论者认为，这一区分产生于社会交往，其结果是主体自我和客体自我的分离（Mead 1934）。一个人的社会认同是通过对许多不同社会范畴的认同来建构的。这些认同并非总是明确和不变的，相反，一个人会根据特定社会环境挑选适合该情境的某些认同（Ellemers, Spears & Doosje 2002）。例如，一位女性对自己的认同可能是"一个性格温柔的人""一名教师""一名母亲"，在不同的社会情境中突显的是不同的认同。

社会比较的概念（social comparison）是由美国社会心理学家利昂·费斯廷格（Leon Festinger）在1954年提出的，主要涉及人们如何评价个人的品质。费斯廷格（Festinger 1954）认为，人们倾向于依照某一"客观标准"来评价自我和自己的品质。当这一客观标准不存在时，人们会进行社会比较，人们通过社会比较获得意义，而非以纯粹客观的标准作为评价标准。社会比较的基本观点是：人人都自觉或不自觉地想要了解自己，而一个人只有在社会的脉络中进行比较才能真正认识到自己的价值和能力，做出正确的评价。费斯廷格将社会比较分为能力比较和观念比较，比较能力是为了自我提高，比较观念是为了获得社会认同。社会认同理论主张，人们具有追求正向社会认同的动机，同样也有获得正向自尊的动机（Hogg 2000）。仅仅身为某个社会范畴的成员大多数时候并不能提升或降低社会认同，隶属于某个社会范畴只有在与其他社会范畴产生比较时才会有价值，内群体和外群体比较时产生的比较价值才会影响范畴成员的社会认同。人们会正向地评价隶属群体以增强社会认同，并且透过比较内外群体来确认隶属群体的优越性。社会认同理论的社会比较与费斯廷格的社会比较最大的不同在于，费斯廷格强调的是个体层面的比较，而社会认同理论讨论的是群体层面的社会比较，通过内外群体比较形成和稳定社会认同（Augoustinos, Walke & Donaghue 2006：31—33）。奥古斯蒂诺、沃克和多纳休（Augoustinos, Walker, & Donaghue 2006）认为，群体行为与群体间社会比较（intergroup social comparison）的关联性远大于个体间比较的关联性。

社会认同理论主张社会由很多社会范畴组成，每个人都属于一些范畴而不属于其他范畴。通过群体水平的社会比较，群体成员认同得到评价，由此塑造和规定了社会认同。社会认同理论为我们理解个人认同与社会认同之间的关联，以及人际与团体间行为的关联提供了一个系统性的框架。

3.3.2.2　社会表征理论

社会表征理论（Social Representations Theory，简称 SRT）最早由法国社会心理学家莫斯科维奇（Moscovici）于 20 世纪 60 年代提出。后经瓦格纳（Wagner）等人的研究逐步完善，目前成为欧洲社会心理学的主要潮流之一。莫斯科维奇将"社会表征"定义为：

> 社会表征……涉及日常生活思维的内容，也是信念的累积，就像呼吸一样，时刻自动地凝聚我们的宗教信仰、政治理念，和我们所创造的关系。这些社会表征帮助我们将人与物归类，并通过比较和解释各种行为现象，将它们具化为社会环境的一部分。虽然社会表征通常隐匿在大众的内省之中，但在"世界中"却经常可以找到它们的踪迹，我们因而可以逐一识别并深入研究。（Moscovici 1988：214）

莫斯科维奇（Moscovici 1988）认为，社会表征是集体成员在交往中创造和发展的、全体成员所共有的观点、思想、形象和知识，是一种集体建构且共享的知识，用来理解特定的主题。该理论强调文化和意识形态等集体概念，并试图将个人放在社会、文化和集体环境中，达到理解个人心理功能的目的，因此该理论必然是文化性的。表征通过个人和群体的社会交往和交流得以产生，因此也是社会性的。社会表征构建了我们对社会的理解，塑造了我们的信念、态度和观点，使人们得以定位自己与社会对象之间的关系。通过社会表征，社会群体建立它们的认同并将自己与社会其他群体加以区分。不像社会心理学中的其他理论以个人为基础，社会表征理论的前提假设是：人首先是社会人，其自身的存在和身份根植于集体。因而，它试图理解社会化过程是如何冲击和影响个人和群体的社会心理功能的。但是，社会表征理论并不把个人与社会并列或分离，而认为二者是辩证的关系：个人既是社会的产品，又积极地改造社会（Moscovici 2001）。社会表征塑造我们的信念、态度和意见，也是我们建构社会现实的过程。

社会表征具有三大特征（管健，乐国安 2007：1）。①群体共享性和群体差异性。社会表征被同一群体内的所有成员共同拥有，是群体成员之间交流与沟通的基础，"社会共享"是其重要特征。但是群体中存在相互竞争的子群体，导致群体内各子群体在社会表征一致程度上存在差异。莫斯科维奇（Moscovici 2000）将社会表征划分为三个层次：被整个群体一致接受的"支配性"（hegemonic）社会表征、子群体间持有不同观点的"无约束性"（emancipated）社会表征、群体间存在冲突的"争端性"（polemical）社会表征。②社会性和行为说明性。作为一种经验性和常识性的知识体系，社会表征根植于人们的社会互动过程，具有社会性。同时，社会表征可以对社会群体成员的行为、思想和感知施加一种近乎强制性的影响力，即所谓的"行为说明性"。③相对稳定性和长期动态性。作为一种共享知识体系，社会表征一旦产生就具有超越成员个体而独立存在于社会的特性，在一定时期内具有相对的稳定性。随着社会群体成员经验日益丰富以及成员间社会互动日益加深，人们会对原本持有的社会表征与实际感受之间的差异产生疑问，进而对现有社会表征做出修正甚至是重新导向。

在概念化社会世界时，社会表征常常为转喻提供重要的依据。涉及转喻的成功交际需要说话者之间大量的共享知识，涉及他们的世界观和主观期望。例如：

(12) What those boys need is a good **handbagging.**

玛格丽特·撒切尔在1979至1990年担任英国首相，她是一位非常强硬的领袖，令她的追随者既尊重又恐惧。她在参加内阁会议或议会讨论时总是手拿手提包，即使在她暂时离开将手提包放在桌子上时，其他人仍然感觉到她的存在。于是，这个手提包就成了玛格丽特·撒切尔的存在和她强大个性的转喻。玛格丽特·撒切尔拿着手提包的形象后来成为她政治形象的代表，代表她的政治和经济观点、精明节俭的家庭主妇形象，以及她对欧盟的消极态度。所有这些内涵都是转喻思维的结果。回到语言上，"handbag"可以转喻玛格丽特·撒切尔的以上形象，因为她和"铁腕、专横的女人"有着紧密的关联；而"handbagging"则转指从一个女人那里得到严厉训斥，带有强烈的负面和讽刺的色彩。同时，这也意味着，尽管转喻是一种有效的认知和交际手段，但如果转喻所依赖的共享知识和期望不完全匹配，就可能引起严重的误解（Littlemore 2015：8）。

定锚（anchoring）与具化（objectifying）是产生社会表征的两个主要过程。定锚是指通过和既存的、文化上已经被接受的范畴相比较，对陌生客体或社会刺激进行分类和命名的过程（Moscovici 2000）。在分类时，我们通过与原型比较来判定陌生刺激与原型的关系，进而产生一种观点。通过比较，我们发现陌生刺激与原型是否相似。如果二者相似，陌生客体就会获得原型的特征；如果二者不一致，我们就将修正该物体或社会刺激以符合原型的特征。因此，分类与命名总是包括了与原型的对比。例如，台湾地区媒体将蔡英文称为"空心蔡"，就是通过定锚机制将"蔡英文"这一客体与已有的、文化上已被接受的"空心菜"范畴进行比较和命名，突显蔡英文在政治上只会喊口号而缺乏实际主张和政策的特质。[①] 钟毅平（2012：29）将定锚看成是"整合原有知识与意义并将其变成新系统的一种过程，是对不熟悉的事物命名或赋予特性，并以熟悉的名词来解释和定义，使其可以被解释和沟通的一种过程"。莫斯科维奇（Moscovici 2000）强调，给某物命名的过程具有重要意义，只有命了名和赋予了意义，这一物体才能得以表征，才能被纳入一个社会的"概念矩阵"中，进而可以被认识和理解，还能被评价（积极的或消极的、正常的或异常的）。因此，命名还与社会态度有关。锚定过程也是一种规约化和世俗化的过程，让人们以熟悉的事物为图式来了解新奇陌生的事物，以化解人们无法应对新奇概念所产生的不安和紧张。

具化是定锚的延续。具化是一个将不熟悉的、抽象的概念和图式转化

---

① 该例子中的"空心蔡"用法既涉及转喻也涉及隐喻。其中，用"蔡英文在政治上只会喊口号，缺乏实际主张和政策"的特征来概念化"蔡英文"这个人涉及转喻操作，用"空心菜"这个概念来概念化"蔡英文"这个人涉及隐喻操作。

为具体的、客观且符合常识的实体的过程（Moscovici 2000）。具化使得模糊和抽象的观念变得具体。具化是通过对某一抽象概念或人物的象征特质进行提炼，进而借助意象塑造出一个新的概念（Moscovici 1984：38）。例如，"他为她心动"中的"心动"是"某人爱上某人"这个抽象概念的身体反映，人们往往用它来表征这个抽象概念。这就是一个具化的过程，是通过部分转喻整体的转喻机制实现的。定锚和具化是社会表征形成的重要环节。"通过定锚这一环节，不熟悉的对象因被放入社会实体中而具有意义，再通过具化将抽象的概念、态度和关系转化，由具体意象取代原本不熟悉的事物"（钟毅平 2012：31）。

社会表征理论关注社会知识的建构，其研究是基于社会学、心理学和人类学的交叉视角，对以二元论、实证主义和个体主义为基础的传统社会心理学提出了挑战，引起了人们的极大兴趣，已经在全球社会心理学研究中产生了重要影响（管健 2009）。

3.4　社会认知语言学

21世纪初，认知语言学出现了"社会"转向。托马塞洛（Tomasello 1999）认为，认知语言学研究应该包括社会维度。他认为，作为认知语言学研究核心的"意义"不是纯粹的个人心智表征，而是具有社会共享性，因为语言源于人类交往，包括个体自身、外部世界和人类彼此的互动和理解。哈德（Harder 2010）提出了"社会中的意义"，主张在研究语言和意义时应该考虑到"社会语境"，包括交互主观性和社会认知中的各种非智力因素在内。认知语言学的"社会"转向强调认知不是一个自治的领域，认知语言学包括对社会中各种认知过程的研究（文旭 2019）。

在认知语言学的"社会"转向背景下，出现了两种不同的研究取向：认知社会语言学和社会认知语言学。杰拉茨（Geeraerts 2003）认为认知语言学研究应当包括社会语言学视角，关注语言变异以及这些变异背后的社会文化因素。认知社会语言学将语言视为一种社会现象，主要关注语言变异，从社会和文化的宏观视角来解释语言变体，是认知语言学与社会语言学的结合（Kristiansen & Dirven 2008；Geeraerts，Kristiansen & Peirsman 2010）。社会认知语言学将语言视为一种社会认知能力和社会认知工具，主要关注社会认知如何影响语言知识表征和语言使用（Croft 2009；文旭 2019）。

克罗夫特（Croft 2009）提出了"迈向社会认知语言学"的观点。他认为传统认知语言学由于过多关注大脑内部而正处于研究视野过窄的危险境地，主张认知语言学应该走出大脑，将语言的社会属性纳入研究范围，关注认知与社会世界的互动，结合语用学、社会语言学、社会心理学等理论和研究成果来开展研究。克罗夫特（Croft 2009）分析讨论了认知语言学的基本原则——大脑中的语法结构和加工是普遍认知能力的实例，语法是符号化的，语义具有百科知识性，意义即概念化/识解，同时分析了这些原则的不足之处。

在此基础上，克罗夫特（Croft 2009）提出了社会认知语言学的四个原则：①大脑里的语法结构和加工不仅是一般认知能力的实例，而且还是一般社会认知能力的实例；②语法是由形式、意义和社会三部分组成的，即语法是形式意义配对体，它是社会共享的；③意义既是百科的，又是社会共享的，即话语理解依赖我们对外部世界的共享知识、信仰和态度等；④意义识解是一种交际识解，其特征表现为一个特定的意义可以有两种可能的识解，某一个特定场景具有优先识解权。

国内最早响应社会认知语言学研究倡议并开展相关研究的研究者是文旭。文旭（2019）提出了"基于'社会认知'的社会认知语言学"。他认为真正的社会认知语言学研究应该是认知语言学与社会认知理论相结合的研究，应该把个体认知、社会认知（包括对自我和他人的认知）、社会认知过程等与语言的认知研究结合起来。他对社会认知语言学的内涵、研究原则和研究内容等进行了阐释。文旭（2019：300）认为，社会认知语言学的研究思想是基于"语言是社会构成的协作工具，是人认知客观世界、社会甚至人自身的重要途径，反过来人的认知结果，即概念系统最终映射到语言中"。

文旭（2019）认为，社会认知语言学应以社会认知理论为基础，运用认知心理学、社会心理学、认知语言学、语言人类学、批评话语分析、语用学等学科的思想、概念和方法来分析语言问题。他在克罗夫特（Croft 2009）的基础上进一步指出，社会认知语言学应将认知置于社会之中，不仅包括个体对客观世界的认知，还包括对社会世界的认知；语言由形式、意义和社会世界组成的符号三角构成；"意义"不仅是百科的，还包括社会认知功能。

文旭（2019）提出了社会认知语言学语言观和意义观的假设和原则。语言观的假设和原则是：语言能力是一般认知能力（包括认知能力和社会认知能力）的一部分；语言由形式、意义（包括社会认知功能）和社会世界组成的符号三角构成。意义观的假设和原则是：意义是既是百科的（包括社会认知功能）也是共享的；意义是社会概念化。文旭（2019）认为，社会认知语言学要着重回答两个问题，即社会认知功能在语言中的表征和语言习得、使用、演化等的社会认知机制。因此，社会认知语言学研究内容主要包括：社会认知功能的概念化、语言习得、语言使用、语言演化。

3.5 小结

本章主要介绍了研究的理论基础。首先，我们梳理总结了转喻的定义、转喻与隐喻、提喻、层面化和区活跃的区别，对本书的研究对象提供一个清晰的描述；然后介绍了潘瑟和索恩伯格（Panther & Thornburg 1999）、拉登和科夫斯（Radden & Kövecses 1999）、鲁伊斯·德·门多萨和迪亚兹·维拉斯科（Ruiz de Mendoza & Díez Velasco 2002）、皮尔斯曼和杰拉茨（Peirsman & Geeraerts 2006）等关于转喻的分类及其特征。他们分别从语用、认知域类型、认知域层级、认知域缩减/扩展、原型等视角对转喻进行分类。接着，我们梳理总结了社会认知的概念和特征，阐述了社会认同理论和社会表征理论。社会认同是人们认识自己的重要途径，我们主要介绍了社会认同的定义、特征、认知过程等；社会表征是人们认识自己和他人以及构建与他人关系的重要基础。最后，本章对社会认知语言学的发展、内涵、研究原则和研究内容等进行了说明。本章关于理论的介绍与阐释为后续研究奠定了理论基础。

第4章

社会认知的转喻实现与特征

4.1　引言

　　语言不仅是一般认知能力的实例，也是社会认知能力的实例，即语言是社会认知的工具和载体（Croft 2009）。语言是社会构成的协作工具，是人认知客观世界、社会甚至人自身的重要途径，反过来人的认知结果，即概念系统最终映射到语言中（文旭 2019）。了解自己与他人是人类最普通最重要的活动之一。社会认知关注人类如何认识个体（包括自己与他人）、群体，以及人与人之间、人与群体之间的关系。作为人类最基本的认知工具，转喻是人们认识他人以及与他人关系的重要概念化手段，这种概念化的结果最终必然映射到我们的语言使用中。因此，要揭示转喻如何实现社会认知，我们首先要从语言使用的角度来考察社会认知的转喻实现方式和特征。

4.2　社会认知的转喻实现

　　转喻具有概念性，拉登和科夫斯（Radden & Kövecses 1999）认为转喻可在抽象程度不同的 ICM 上运作，构成低层转喻和高层转喻两大类型，它在语言当中的表征灵活多样，不仅发生在词汇层面，还可发生在短语、话语和语法层面。因此，当我们要考察社会认知的转喻概念化及其在语言中的实现方式时，可以借助这一分类将更多的语言表达纳入考察范围。

4.2.1　个体认知的转喻实现

　　个体认知包括人们对自己和他人的认知。人是复杂多面的，同时受我们的认知能力、所处社会环境（如我们所属的群体、人际关系等）的制约。我们在认识自己和他人时很难做到客观和全面，总是倾向于以自己或他人的某一方面来建立理解。转喻正是实现认识自己和他人的有效方式。例如：

(1) There are a lot of good **heads** in the university.

例（1）中，我们通过身体部位"头"来认识"人"，这是一种指称转喻，也是一种低层命题转喻。根据鲁伊斯·德·门多萨和迪亚兹·维拉斯科（Ruiz de Mendoza & Díez Velasco 2002），这是一个通过域扩展实现的"源在目标中"转喻，即"头转喻人"。虽然他们从不同的角度来描述转喻并对其分类，但转喻的确是我们建构对自己和他人认识的机制之一。在例（1）中，指称转喻通过认知域中一个概念转喻另一个概念实现间接指称。指称转喻通常发生在词汇层面，是人们最容易观察到和研究最多的一种转喻。在社会认知中，通过"一个概念转喻另一个概念"的方式来认识人是一种常见和有效的方法。社会认知的概念化对象主要是社会中的人，根据皮尔斯曼和杰拉茨（Peirsman & Geeraerts 2006）的转喻模型，我们将人视为一个空间实体，从空间和物质域、行为和事件域到总成和堆拢域，沿着接触强度和有界性这两个维度，我们可以找到通过指称转喻概念化人的类型与实例。

(2) 我们还需要几个人手。
(3) The Giants need a stranger **arm** in right field.

以上我们通过身体不同部位来间接指称这个部位所属的整个人，属于"部分代整体"转喻。理论上讲，我们可以通过身体任何部位来概念化人，但事实是喻体的选择受我们的经验和语境的限制，是说话人有意识的选择。如例（2）中，"人手"转喻"劳动力"。"人手"的选择是基于"劳动"认知域，在这个认知域中，人类主要通过双手来完成体力劳动，"手"在这个认知域中是突显的。由于这种突显已经规约化，没有具体语境我们也能迅速理解。例（3）中的"the Gaints"（巨人队）限制了话语理解的语境范围。在此语境内，"篮球比赛"认知域被激活。在此认知域中，尽管篮球是一项全身运动,但运球、传球和投篮主要通过手和手臂来完成,当说话人想要强调运动员打球时的力量时,"arm"在这个认知域中就是突显的。根据皮尔斯曼和杰拉茨(Peirsman & Geeraerts 2006),躯体及其所指对象都是有界的实体,它们是部分与整体关系,因此构成了此类转喻范畴的原型。

(4) 当我第一天踏上讲台时,学生们齐刷刷地站立了起来,无数只**眼睛**打量着他们这位新来的老师。

(5) You need **brains** in our university.

(6) It's time for my **gall bladder**'s medication.

用"身体器官转喻该器官的所有者"也是一种常用的指称人的方式。由于它与身体部分指称人的方式基本一样,我们常把它们归为一类。它们的区别在于,这类用法中的喻体(身体器官)与指称目标在接触强度和有界性上要弱于身体。在例(4)中,"眼睛"转指"学生"。因为在课堂上,老师总是通过接触学生的目光来了解学生上课的情绪变化和专注度,"眼睛"在这种语境下得以突显。例(5)中的喻体"brain"与例(1)中的"head"看似都是用身体部分指称整个人,但它们的意义有区别,"head"突显所指对象的领导能力,"brain"突显所指对象的智力水平,意义区别来源于我们的具身经验。例(6)中的喻体"gall bladder"只有在特定语境下才能得到恰当的理解,"medication"限制了话语理解的语境范围,激活了"医院"或"疾病"认知域,用"病人的器官转指病人"。

(7) 那边走过来几个**大个子**。

(8) **小黄毛**说着就得寸进尺地去抱叶洛凝。

以上句子是通过认知客体在外貌特征(如容貌、肤色、体形等)上的突显来实现转喻概念化。当我们在认识他人时,如果我们并不熟悉对方,对他的其他方面知之甚少的时候,通过突显的外貌特征来概念化知觉对象是最为有效的办法。例(7)和(8)中,知觉者可能对知觉对象不熟悉,对他们的其他特征不了解，外貌特征对于知觉者是突显的。

(9) 春天来了，街上随处可见红裙子、粉裙子和花裙子。
(10) 不用担心，车站的红马甲可以帮我搬运行李。
(11) When the **Armani** entered the conference room, all of us stood up.
(12) 无疑，一个白衣人的医技乃其对"人"之信仰的结果，乃其对"人"之尊重所获得的来自人体的诚谢与报答。（王开玲《当一个痛苦的人来见你》）

以上句子涉及"衣服转喻人"的情况。衣服虽然不是身体的固有部分，但它们却与人们的生活紧密联系，几乎可以被视为身体的一部分。对于认知主体来说，认知客体的衣服与外貌特征一样，在感知上往往也是显著的。例（9）－（12）都是用"衣服转喻穿此服装的人"。例（9）中的"红裙子""粉裙子""花裙子"让我们自然联想到穿着红裙子、粉裙子和花裙子的姑娘们花枝招展的样子，而且突显"红裙子""粉裙子""花裙子"的色彩也使人们联想到春天五彩缤纷的色彩，使得对春天的描述更加生动。

例（10）中，"红马甲"转指"穿红马甲的人"。红马甲是火车站志愿者的制服，已经成为一种标志和象征符号，当我们在火车站需要帮助时，"红马甲"就是突显的。例（11）中，"Armani"是知名的服装品牌，这里"Armani"转喻"穿 Armani 的人"。但这一转喻意义还不能充分解释后面"所有人都站了起来"的行为。在这一场景中，"会议室"和"穿 Armani 的人"激活了"高级管理者"ICM。"Armani"作为著名的时装品牌在这里转喻"高级管理者"，员工正是意识到来人的身份才站了起来。除了衣服，人的佩戴物（如首饰、手表等）也适用这种类型。这里要强调的是，"高级管理者"ICM 中包含了前面对这一群体不全面的、刻板的认识，如"他们总是穿着做工考究的西装制服"。例（12）中，"白衣人"转指"医生"这个范畴。

(13) Molly married **money**.

(14) 她宁愿嫁给宝马也绝不嫁给奥拓。

以上句子涉及"所有物转喻人"的情况。例（13）中，喻体"money"转喻"拥有金钱的人"。这里动词"marry"的对象是物而非人，这违反了选择限制原则，通过转喻，这一冲突得以解决。之所以可以选择金钱来转喻人，是基于人们对"婚姻"这个社会概念的认识，其中家庭的财务能力是婚姻的基础保障，也体现了 Molly 的婚姻观。例（14）中，"宝马"是高级轿车品牌，"奥拓"是微型轿车品牌，它们分别转指"开宝马车的人"和"开奥拓车的人"。在社会认知中，人们常将所使用的物品与经济收入和社会地位联系起来，因此，所有"开宝马车的人"和"开奥拓车的人"实际指的是"经济基础好的人"和"经济基础一般或不好的人"，同样反映了谈论对象对婚姻的看法。

(15) **The sax** won't come today.

(16) 隔了几天，宣传部来了两个笔杆子。

(17) 张晓海是我们医院的一把刀。

以上例句涉及"工具转喻人"的情况。社会劳动是人类社会属性的重要体现。通过劳动工具来转喻人是指称转喻的重要类型。例（15）中，"the sax"转喻"吹奏萨克斯的人"。这种用法往往发生在某种特定的语境中，如乐队，它由不同的乐器及其演奏人员构成，因此这个表达更准确的意义是"乐队中专门负责演奏萨克斯的人"。例（16）中，"笔杆子"转喻"用笔写字的人"。对于一个从事文字工作的人来说，"笔"是重要的工作工具，在特定语境中其准确的意思是"文章写得好的人"。例（17）中，手术刀是外科医生的工作工具，两者间已经形成了紧密的联系，并有了一定的规约性，因此我们能迅速地理解"一把刀"转喻"外科医生"这个范畴。

(18) 他是我们学校有名的飞毛腿。

(19) 王曼丽年轻时也曾是远近有名的一朵花。

(20) 你跟他们说什么，一个是聋子，一个是哑巴。

(21) **The cripple** limped towards us.

以上例子涉及"属性转喻人"。例（18）和（19）中，"飞毛腿"意为"跑得快"，"一朵花"意为"漂亮"①，都是指称对象特有的属性，说话人用这两个特性来转喻指称对象，意为"跑得快的人"和"长得漂亮的人"。在例（20）中，"聋子"意为"听不到别人说话的人"，"哑巴"意为"不能说话的人"，这里使用指称对象性格上的显著特征来转喻指称对象，即"听不进别人话的人"和"不擅长表达或不发表意见的人"。例（21）用指称对象的身体残疾特征来转喻指称对象。在实际生活中，这种表达常常会引起听话人的不悦。因为在社会交往中，讲求礼貌和相互尊重，保持良好的人际关系是基本的规范和原则，对于别人的身体残疾我们总是有意识地避免提及。这种表达突显了指称对象的缺陷，缺乏对指称对象的尊重，可能会导致人际冲突。

(22) 听到这个好消息，整个教室爆发出热烈的欢呼声。

(23) **The university** will change its mind next week.

(24) **The whole town** is on the verge of starvation.

以上例子涉及"所在地转喻人"的情况，都是通过指称对象所处的场所来转喻指称对象。例（22）－（24）分别指称"教室里的人""大学里的人""整个镇的人"。根据鲁伊斯·德·门多萨和迪亚兹·维拉斯科（Ruiz de Mendoza & Díez Velasco 2002），这是一个通过域缩减实现的转喻，是整体转喻部分。根据皮尔斯曼和杰拉茨（Peirsman & Geeraerts

---

① 这里的"飞毛腿"和"一朵花"包含了隐喻和转喻的用法。根据我们在第 3 章对隐喻的转喻区别的讨论，语言使用中隐喻和转喻经常同时出现。这里，在"飞毛腿"和"一朵花"的隐喻用法的基础上，通过"跑得快"和"长得漂亮"的属性来转喻人。

2006),这里的转喻目标是一个堆拢概念,即由每个相对独立的成员组成。[①]

(25) Steven is the **Zidane** of Villa.

(26) Lots of children will follow **Paris Hilton** or **Victoria Beckham** and want to be like them.

(27) 金枝的嘴也不饶人:"徐太太主管公司的财务,赶到年根底下别像黄世仁那样逼债就好!"(陈建功,赵大年《皇城根》)

(28) 别问他是谁,请叫他雷锋。

以上例子涉及两种转喻类型:"具有某种特定品质的人代表这种品质"和"范畴中的典范成员代表范畴"。例(25)中,"Zidane"作为优秀足球运动员的代表转喻"优秀的足球运动员"这一类别。同时,"Zidane"作为优秀足球运动员,其出色的足球技术而非他的其他品质得以突显,即"Zidane"转喻"出色的足球技术"。通过转喻推理我们将"Steven"纳入"优秀足球运动员"这一范畴中,我们可以得到这样一个结论:"Steven在足球运动上拥有像Zidane这类优秀足球运动员一样的出色能力,是优秀足球运动员中的一员。"例(26)中,"Paris Hilton"和"Victoria Beckham"代表"崇尚时尚、奢靡、热衷社交生活方式",同时也代表"崇尚这种生活方式的群体"。句子可以理解为:孩子们追随像"Paris Hilton"和"Victoria Beckham"那样崇尚时尚、奢靡、热衷社交生活方式的人。例(27)中,"黄世仁"作为"视财如命的人"的代表转喻这种品质和具有这种品质的一类人,意为"像黄世仁那样视财如命的人"。例(28)中,"雷锋"作为"乐于助人"的代表转喻这种品质和具有这类品质的一类人,意为"像雷锋那样助人为乐的人"。

---

① 皮尔斯曼和杰拉茨(Peirsman & Geeraerts 2006)认为,部分与整体关系可分为"部分的"(partonymy)和"种类的"(taxonomy)。"部分的"是基于真实世界构成的部分和整体关系(part of relation),可分为总成(assembly)和堆拢(collection)。总成由具有不同功能的部分组成,各部分间有较严格的层次关系。堆拢由各个相对独立的部分组成,各部分间的关系较为松散。堆拢分为可数堆拢(countable collection)和不可数堆拢(uncountable collection)。

在这样的机制下我们发现,贝克汉姆经常为足球靴和运动鞋做广告。这些广告的效果很大程度上依赖于我们对贝克汉姆的了解,即他是一位著名的足球运动员,因此他不太可能出现在一家建筑公司的广告中。巴塞罗那(Barcelona 2004)将这种情况视为转喻性典范(paragon)。依此观点,当我们说某人是"莎士比亚"时,我们是在强调这个人作为优秀作家的能力(Barcelona 2004)。

(29) 方圆几十里,再不出铁匠。不是比不过老李的手艺,是耽误不起工夫。但慢性子容易心细,心细的人容易记仇。(刘震云《一句顶万句》)

(30) 他是老北京了。

(31) 他是上海的,我是四川的。

以上例子涉及"属性转喻范畴"。例(29)中,性格特征"慢性子"转喻"慢性子的人"。例(30)和(31)中,"北京""上海""四川"分别指"北京人""上海人""四川人",是以"出生地或户籍地"转指这个地方的人,它是一个堆拢范畴,包括所有具有共同属性的个体,而且这个范畴还具有其他一些可能的共同属性。

(32) 第一次给住在床上的骆老洗耳朵,她下手轻,决心可很大,居然用了剪子,替骆老放了脓,去了腐肉,洗得一干二净。老头轻松多了,笑着说:"没想到,大姐还是个外科呢?"

(33) 推拿师们的依据是嗓音。当然,还有措词和行腔。只要客人一开口,他们就知道了,是"领导"来了,或者说是"老板"来了,再不然就一定是"老师"来了。错不了。(毕飞宇《推拿》)

以上例子涉及"范畴转喻属性"。例(32)中,涉及两个转喻,"外科"转指"外科大夫","外科大夫"转指"外科大夫做手术的技术水平"。前一个转喻是整体转喻部分,后一个转喻是范畴转喻属性,意为"大姐洗耳朵的技术就跟外科大夫做手术的技术一样,很专业"。例(33)中的

"领导""老板""老师"转指"具有领导、老板和老师特征属性的人"。在这个例子中，推拿师们无法直接看到客人，总是根据客人的说话方式和语气的特征来判断客人的身份，以便采取相应的方法来应对客人。

以上我们从接触强度和有界性这两个维度总结了指称转喻概念化人的主要类型。从接触强度最强和有界性最清晰的"身体部分转喻人"这个原型类型出发，到"属性转喻人"这种边缘类型，我们都能找到概念化人的转喻类型。随着接触强度和有界性的减弱，转喻生成与我们对社会的认知关系不断增强。

由于指称转喻往往有一个明确的词汇项充当喻体，因此在语言使用中有迹可循。但是如果我们根据转喻的概念本质去深入考察，就会发现一些比指称转喻更隐蔽和间接的转喻表达也可以实现对"人"的概念化。例如：

(34) Jay and Denise are expected to **walk up the aisle** in the summer.

(35) It's Venus, as **a trip to the library** would have told you.

例(34)和(35)都属于低层情景转喻，是由一个具体情境中高度突显的部分替代整个情景。例(34)中，"walk up the aisle"是两人去参加婚礼的场景中的一部分，说话人用此场景转指整个参加婚礼的场景。例(35)中，"a trip to the library"作为"去图书馆学习"这一场景的其中一个具体场景代替了整个场景。在社会认知中，人们可以通过某个具体的场景来认识他人，转喻可为此提供机制。低层情景转喻通常发生在短语或句子层面。虽然低层情景转喻是在非类属 ICM 中运作，但其层次比指称转喻高，因此在语言中不易识别。

(36) 他吃了三年的粉笔灰。

(37) 他是抡大锤的。

(38) 他是抡方向盘的。

(39) 杨百业接着老段的话茬问："老马是个赶大车的，你是个卖

豆腐的，你们井水不犯河水，当年人家不拿你当人。你为啥非巴结他做朋友？有啥说法不？"（刘震云《一句顶万句》）

以上例子涉及"次事件转喻复杂事件"。在例（36）中，"吃了三年的粉笔灰"是"教书"这一情景当中的一部分。这一情景包括备课、上课、用粉笔写板书、课堂提问、课后批改作业等部分。"吃了三年的粉笔灰"意为"用粉笔在黑板上写了三年的板书"，它激活了关于"教书"的整个场景。说话人用其中这个场景来转喻整个场景来说明"他"的职业是教师。例（37）－（39）都是通过某一事件场景中的一部分来转喻整个事件场景，进而获得关于某一职业的概念。"抡大锤"转喻整个"打铁"的场景，获得"铁匠"这一概念；"抡方向盘"转喻整个"开车"的场景，获得"司机"这一概念；"赶大车"转喻整个"用大车装载货物、运送货物和卸载货物"的场景，获得"赶大车运送货物的人"这一概念，"卖豆腐"转喻整个"从制作豆腐到卖豆腐"的场景，获得"做豆腐和卖豆腐的人"的概念。汉语界将这样的表达视为一种"的"字结构，其中"行为＋受事＋的"结构可以转喻人。我们在前面提到的"上海的""四川的"也是"的"字结构的一种，属于"地点＋的"转喻人。这种结构之所以可以转喻人，是基于"的"字结构的分类意义，这种分类意义激活了转喻机制（陈香兰 2013）。

(40) 我不能拍拍屁股走人。

(41) 我了解谢兰，她遇到困难不会长吁短叹。

(42) 作为共产党员，遇到任何困难我们都要走在人民群众的前面。

以上例子涉及"行为转喻特质"，都是通过整个行为场景中的一部分来转喻整个行为场景，进而获得关于某人性格特征的概念。例（40）中，"拍拍屁股走人"是"某人做了不好的事情产生了不好的结果，但不想负责人，于是离开"场景的一部分，是场景的结果转喻整个场景。通过这样的转喻，我们获得"某人做事不负责任"的性格特征概念。例（41）中，

第 4 章　社会认知的转喻实现与特征

"长吁短叹"是"某人遇到困难，无法解决，唉声叹气"的场景的一部分，通过用部分场景转喻整个场景，我们获得"某人缺乏克服困难的勇气"的性格特征。例（42）中，"走在谁的前面"是"遇到困难时走在其他人前面的人总是最先面对困难和解决困难"场景的一部分，通过部分场景转喻整个场景，我们获得"共产党员遇到困难总是以人民为先"的特质。

（43）Rosalind **raised her eyebrows** and held out her hand.

（44）孙玉厚拗不过子女，抱住头蹲在地下，一声长叹，算是承认了这个他已经无法改变的现实。（路遥《平凡的世界》）

（45）老杨在杨百顺的哭声中，又抱着头蹲在豆腐房门口，半天没有说话。（刘震云《一句顶万句》）

（46）老窦性急，不爱说话，黑着脸上去，一脚将老杨的鼓踹破了。（刘震云《一句顶万句》）

（47）人们在世纪末的前夜突然来了一股大恐慌，这恐慌没有来头，也不是真恐慌，准确地说，是"虚火"旺，表现出来的却是咄咄逼人的精神头，每个人的眼睛里都喷射出精光，浑身的肌肉都一颤一颤的——捞钱啊，赶快去捞钱啊！晚了就来不及啦！（毕飞宇《推拿》）

（48）老裴提着刀子站在那里，脸红耳赤，说不出话，最后还是东家老孟替他解了围，对老褚说："兄弟，他那不是叹气，是长出气；不是剃头的事，是他个毛病。"（刘震云《一句顶万句》）

（49）老裴的脸一赤一白："娘们家，有啥正性，免生闲气罢了。"（刘震云《一句顶万句》）

以上例子涉及"行为转喻情绪"。例（43）中，"raised her eyebrows"是某人感到吃惊时的典型表情动作，说话人以此表情动作转喻"Rosalind"的情绪状态。例（44）中，"抱住头蹲在地下，一声长叹"是孙玉厚听到自己的女儿兰花准备和不务正业的王满银结婚的消息后感到伤心失望的行为的一部分，行为的部分场景唤起了我们对孙玉厚伤心失望的情绪想象。例（45）中，"抱着头蹲在豆腐房门口，半天没有说话"是

"老杨"感到沮丧的行为表现,作者用这一行为场景转喻老杨的情绪。例(46)中,"黑着脸"转喻"老窦"生气的样子。例(47)中,"眼睛里都喷射出精光,浑身的肌肉都一颤一颤的"转喻人们挣钱时亢奋的、不顾一切的样子。例(48)和(49)都是通过表情动作转喻不同的情绪状态。

语法转喻指语法结构中所体现的概念转喻,它彰显了人类普遍的转喻思维方式。语法转喻在非类属ICM中运作,因而在语言形式中更显隐秘。转喻在对词汇形态和句法结构产生影响的同时也会带来语义的变化,这种特性有助于我们实现对社会认知的理解和表达。例如:

(50) He is a slow **thinker**.

(51) Thousands were butchered to feed the gangs of **labourers**.

例(50)和(51)涉及曲折变化中的转喻。在英语中,这种通过"动作转喻施事"的用法很常见。在"行为"ICM中,转喻目标不是动作的结果而是施事者。这种用法突显了转喻思维的普遍性,我们常用这种方法来概念化行为施事者。类似的还有"teacher""hatter""Londoner""stewer""goner",这些词都是由转喻提供理据,但它们的转喻类型却并不完全一样。如"teacher"是这类现象的典型代表,其转喻关系是"行为和行为发出者"之间的关系,行为被转喻性地扩展来指称行为的发出者。而"hatter"的转喻关系则不同,是"制作者和他制作的产品"之间的转喻关系,产品被转喻性地指称制造者。"Londoner"则是"居住者和所居住地"的关系。潘瑟和索恩伯格(Panther & Thornburg 2002)认为,在理解这些词的意义时需要转喻思维。尽管这些词在语言里已经规约化,但当我们碰到新的-er名词类型的时候,转喻思维就会活跃起来。

(52) He had too much **heart** in him to quit the game.

(53) 皮秀英瓜子脸,吊梢眉毛,相当狐狸。(莫言《三十年前的一次长跑比赛》)

(54) 他很美国。

以上例子涉及范畴转换中的转喻。拉登和科夫斯（Radden & Kövecses 1999）、鲁伊斯·德·门多萨和迪亚兹·维拉斯科（Ruiz de Mendoza & Díez Velasco 2001）在研究词类再范畴化时认为，词类的再范畴化是转喻运作的结果。词类再范畴化的结果不仅改变了该词的语法属性和句法实现，而且其意义也发生了改变。以上句子涉及"实体代实体的某种属性"的转喻认知操作。例（52）中用"心"指代"决心"，"heart"通过"实体代实体属性"的转喻操作而次范畴化，从可数名词转为不可数名词，其前置修饰语也发生了变化，可以由"much"来修饰，语义上强调决心很大。例（53）中的"狐狸"经历了由名词向形容词的范畴转换，形态句法特征发生了改变，可以用在副词的后面。其句法和语义特征则由表示概念的名词"狐狸"转换为描写特征的形容词"尖脸的、细眼的"或"诡计多端的、狡猾多疑的"。通过语法转喻，作者非常简洁地将描述对象的外貌特征与性格特征联系起来，语言表面看似在描写人物的外貌，实则突显了描述对象"诡计多端、狡猾多疑"的性格特征。句（54）中，"美国"也经历了由名词向形容词的范畴转换，其句法和语义特征则由表示概念的名词"美国"转变为描写特征的形容词"美国的，美国人的"，意为"他总是以美国人的方式说话做事"。

（55）我这段时间都是吃食堂。
（56）他三十多岁了，还在吃父母。

以上例子涉及构式中的转喻。例（55）中，现代汉语将"吃食堂"看作非常规动宾结构，因为依照常规的动宾结构，动词"吃"后应该跟表示食物的名词作为受事宾语，而非表示地点的名词"食堂"这样的非受事宾语。这一句法语义的特殊性引起了语言学界的普遍关注，学者们从不同理论视角对这一句法构造进行了不同阐释，其中语法转喻为该结构提供了有力的解释。王占华（2000）和任鹰（2000）都认为这类结构的宾语不是处所宾语而是受事宾语的转喻形式，体现了"容器转喻内容物"的转喻操作，即"吃食堂"表示"吃食堂的饭菜"。

吴淑琼（2011：134）认为，"吃食堂"是具有歧义的动宾结构，既可以理解为"吃食堂的饭菜",也可以理解为"在食堂吃饭",这两种理解来自不同的转喻操作。她认为前者是因为受事宾语的关系项名词发生了转喻,即"食堂"通过"容器转喻内容"转指"食堂的饭菜",突显"吃的对象",语义没有发生变化;后者因为在相关 ICM 中宾语的语义角色通过转喻发生变换,出于表达的需要一些突显的语义角色可以通过转喻代替受事占据宾语的位置,即"食堂"通过"处所转喻受事"转指"在食堂吃饭",突显"在哪里吃",语义有所变化。例(56)中的"吃父母"结构尽管也由转喻提供理据,但与"吃食堂"却不尽相同。我们认为该句中的关系项动词和名词都发生了转喻。吴淑琼(2011:135)认为,关系项动词和名词同时发生转喻可以产生新的宾语类型。"父母"通过"施事转喻结果"转指"父母做的饭菜",再通过"部分转喻整体"转指"父母提供的生活所需";动词"吃"通过"具体转喻抽象"语义得以扩展,由基本义"进食"转指抽象行为"依靠……而生活"。因此,"吃父母"通过转喻语义发生了改变,从"吃父母做的饭菜"变为"依靠父母提供的生活所需而生活"。

通过以上分析发现,转喻可以通过词汇、短语、语法变化等方式来实现对个体的概念化,这是在类属程度不同的 ICM 中运作的结果。

4.2.2 群体认知的转喻实现

范畴化或分类是人类核心且基本的认知方式(Lakoff 1987;文旭 2014)。在日常生活中,人们为了理解人或社会环境会对它们进行分类,把它们纳入不同的范畴或类别,即社会范畴化。群体认知是社会认知的重要且基础的组成部分,群体认知的结果就是社会范畴化的结果。根据社会认同理论,个体认知过程就是通过社会范畴化将某个人隶属于某个特定的社会群体,个体概念的一部分衍生于个人对所属社会群体的相关知识,以及身为该群体一员的价值认定与情感。奥古斯蒂诺、沃克和多纳休(Augoustinos, Walker & Donaghue 2006)认为,个体的认知无法脱离社会背景,所有的个体认知都是在社会环境中形成的。例如,"我是中国人"就是将对自我的认同纳入"中国人"这个群体范畴当中的。因此,认同认知与群体认知紧密联系,个体认知的转喻实现方式很多也适用于群体认知，如人们常用身体特征、人格特征等给群体贴上标签（Allen 1983）。例如：

(57) We don't hire **longhairs**.

(58) I couldn't bear the way men regarded me as just **a pair of legs**.

(59) She's just a **pretty face**.

(60) Society treats **blacks** differently.

以上例子都是通过群体共有的外貌特征来指称这类群体。例（57）—(59)是通过女性的外貌特征来指称"女性"这个范畴或女性群体，用以区别其他群体，如"男性"群体。例（60）通过肤色"黑色"来指称"黑色人种"这一群体。通过以上例子可看到，群体认知常与刻板印象有关。刻板印象是人们对某类事物概括和固定的看法，一方面这是因为我们简化认知的需要，另一方面它时常会带来认知上的偏差。社会心理学研究发现，语言能将我们的注意引向某些社会世界的特征，并帮助我们对社会世界进行社会范畴分类（Maass, Suitner & Arcuri 2013），语言能促成刻板印象形成（Allport 1954）。

有关群体的刻板印象反映了不同群体在习惯、信仰、社会地位等方面的差别。当某个客体被分类后，同一社会范畴成员间的相似性会被想象得比实际上大得多，不同社会范畴成员间的差异性也会被想象得比实际差异来得大。换句话说，不同范畴间的差异与同一范畴内的相似度都被强化放大了，这被称为强化效应。在例（57）用"长头发"来指称女性群体是想要以凸显女性和男性的区别来强调他想要雇佣的是男性。例（58）中"a pair of legs"来指称女性，反映了社会总是倾向于以外貌来概念化女性，不关注其内在的品质和才能。例（59）用"pretty face"来指称"长得漂亮的女性"，激活了"长得漂亮的女性往往不聪明或只是空有其表"的刻板印象。以上三个用法都体现了关于女性的刻板印象，反映了对女性群体的性别歧视。例（60）激发了关于"黑色人种"这个群体的刻板印象，带有很强的种族偏见与歧视。

(61) 结婚是人生大事,你是找个穿制服的还是穿白大褂的,一定要考虑清楚。

(62) 她宁愿嫁给开奥拓的也绝不嫁给骑自行车的。

我们在本章例(37)—(39)中分析过,"行为+受事+的"结构可以转喻人,这里指称的不是某个具体的人而是一个范畴,这是基于"的"字结构的分类意义,这种分类意义激活了转喻机制(陈香兰 2013)。例(61)通过某个职业群体所穿着的工作服装来指称两个不同的范畴,"穿制服的"指称"穿制服工作的人"这个类别,在我们的社会认知中,通常是指警察、检察官或保安等群体;"穿白大褂的"指称"穿白大褂工作的人"这个类别,通常指医生群体。在社会认知中,人们对这两个群体在社会地位、经济收入和社会评价等方面有着不同的认知。例(62)通过"所属物体"来指称"拥有这一物体的人",这里指称的不是具体的人而是两个不同的范畴,"开奥拓的"指称"开奥拓的人"这个类别,通常是指有一定经济基础但经济上并不十分宽裕的人,"骑自行车的"指称"骑自行车的人",这里是指可能连奥拓车都负担不起的人,即经济基础较差的人。根据社会表征理论,社会表征是集体成员在交往中创造和发展的、全体成员所共有的观点、思想、形象和知识,人们以此来进行分类。以上的分类反映了人们对社会的理解,塑造了人们的信念、态度和观点。

(63) Sardar Azmoun is the **Messi** of Iran.

(64) 他就是一个葛朗台,你别奢望从他那里借到半分钱。

以上例子涉及用群体中的典范成员来指称某个群体。群体认知可能不只用某些概括的特征来表征,而是由一些特定的、具体的范例来实现。这是因为要对范畴中差异性较大的个体形成概括的抽象概念在认知上可能存在较大的困难,而具体的范例可以作为很好的认知参照点,用以突显范畴成员的共同特征。在大多数情况,人们可能更多结合原型和范例来实现群体认知。例(63)中的"Messi"指称的不是具体的人,而是"像 Messi 一样技术出众的优秀足球运动员"这个范畴,通过将谈论对象"Sardar

Azmoun"纳入这个群体实现对个体的认识,即"Sardar Azmoun"也是"优秀足球运动员群体中的一员"。例(64)中的"葛朗台"指称的是"像葛朗台一样吝啬的人",是一个群体范畴,通过将谈论对象归入这个群体来实现对谈论对象的认识。这类指称中的转喻始源概念是在某个范畴中具有原型特征,同时在社会生活中具有很高的知名度,是一个典型范例,他往往通过转喻的方式代表某种突出的品质,通过这样的转喻方式,可以很迅速地建立对某个范畴的理解。

(65) 中国人历来爱好和平。

(66) 北方人和南方人的生活习惯差别很大。

(67) The living habits of **the north** and **the south** differ greatly.

以上例子涉及通过"处所或方位"指称"所处地方或方位的人",这里指称的不是某个具体的人,而是指一类人,是一个群体概念。这种用法非常普遍。

通过以上的分析可以看到,社会范畴化是人们认识社会的基本和重要的方式,人们可以根据不同的标准通过转喻机制来进行分类。除了以上分析类型,人们也可以根据职业来进行分类,如教师、工人、商人等;还可以根据属性来分类,如富人、穷人等。这些分类都蕴含了关于它们的社会表征。

4.2.3 关系认知的转喻实现

我们通过语言塑造与社会世界的关系。人际和群际关系可以由语言建构、保持和调节,因为我们不仅通过对真实的观察了解社会世界,还通过别人的语言来了解社会世界(Croft 2009;文旭 2019)。因此,语言是人际与群际印象形成和人际与群际关系创建的重要工具。

由于语法转喻在对词汇形态和句法结构产生影响的同时也会带来语义的变化,因此它可以维护人际/群际关系。例如:

(68) A: Did you want me?

B: Yes, I **hoped** you would give me a hand with the painting.

语用学研究者认为，在英语中人们常使用过去时态来表达一种间接、婉转和礼貌的语气。例（68）通过过去时态表示一种过去的态度，使说话双方有回旋的余地。认知语言学者认为，这种表达是基于转喻的认知机制。通过动词的"过去时态转喻现在时态"使行为与现在产生距离，即"我是过去希望而非现在希望"，使说话人和听话人之间产生回旋的空间（张辉，卢卫中 2010）。

（69）Yoko had a separate closet just for her **furs**.

（70）I went in to see the head master wearing **furs** and diamonds.

（71）Someone so much in the public eye should want to be seen wearing **fur**.

（72）Politically-correct women can no longer wear **fur**.

例（69）和（70）中的"fur"本是不可数名词，通过"材料转喻物体"，实现了范畴转换，成了可数名词。利特莫尔（Littlemore 2015：27）研究发现，尽管以上两个例子都涉及了"材料代物体"这一转喻关系，但是对"fur"这个词的单复数形式的选择反映了人们对服装的不同态度。她通过语料库发现，"furs"左右最常用的搭配是"diamonds" "jewellery" "satins" "spice" "accessories"，而例（71）和（72）中的"fur"左右最常搭配的词包括"fake" "animals" "seal"等。因此，前两个例子中，皮草的复数形式"furs"强调了这样一个事实：穿皮草意味着财富，或者至少是想显得富有。后两个例子中的单数形式"fur"并没有这种含义。她认为，英语中"材料代物体"转喻传达的实际意义远远超出了"材料转喻由这种材料制成的东西"的意义。

（73）That's a good **handbagging**.

(74) They'll let you off with a light **birching**.

(75) Next time he encounters a monster he'll give it a good **shoeing**.

以上句子中的"handbagging""birching""shoeing"都是由"方式代行为"转喻将"handbag""birch""shoe"等名词转换为动词，再加-ing构成。在英语中，这种由"不定冠词+形容词+转喻动名词"的结构传达了一种复杂的语用信息，具有含糊的讽刺或半开玩笑的意味，同时又带有轻微的攻击性和威胁性的含义（Littlemore 2015：29）。

(76) In the framework of the village community, within the company, and Finally in the state, everyone is assigned a place; **his** identity is based on **his** contribution to the welfare of the whole.

在例（76）中，阳性代词"his/he"是"个体指代整体"，用一种性别来代替两种性别，属于部分代整体转喻。拉登（Radden 2005）讨论了类指称中的转喻现象，认为个体指称与类指称属于同一概念域，两者之间的关系是转喻，即一类中的个体被用来转喻该类的全部。这种转喻遵循了拉登和科夫斯（Radden & Kövecses 1999）提出的喻体选择的四个标准：典型的优于非典型的；基本的优于非基本的；刻板的优于非刻板的；重要的优于次要的。这就是为什么例（76）如果使用"she"会让人觉得非常别扭。利特莫尔（Littlemore 2015）认为，词汇选择可以揭示一个人的价值观和表达说话人的态度。这里阳性代词"his"的普遍使用揭示了其背后隐含的整个社会对性别认识的观念，即以男性为主导。这种代词的用法会导致男性偏见和女性读者的自尊下降，会对人们的世界观发展产生持久的影响。而随着女性社会地位的不断提升，用阳性代词转指包括女性在内的群体时往往会遭到女性或女性群体的反感和抵制。因此，转喻有可能是比隐喻更具操控性潜能的修辞手段，因为它更微妙，更不容易被注意到。

(77) 商人终归是商人，他们看见咱们方家现在失势力了。这种

各势力的暴发户，咱们不稀罕和他们做亲家。（钱钟书《围城》）

（78）如心忽然破涕而笑，姑婆就是姑婆，到底是老派人，净担心这些事。（亦舒《红尘》）

（79）姑婆叹息一声，"孩子就是孩子，一丁点至今，淘气不改。"（亦舒《红尘》）

以上句子属于同语构式"N_1就是N_2"，N_1与N_2语言形式一致。同语分为几种情况。第一种是语言形式上相同，但N_1与N_2的指称内容不同。例如，"Green is green."中，"Green"是专名，指人；"green"是形容词，指特征，形容人"面色发青、无血色""经验不足""嫉妒心强"等。这种具有同语构式形式的结构不属于真正的同语。第二种是已经变成习语、歇后语和俗语等的同语。例如，"丁是丁，卯是卯"，意为"钉子应该钉在相应的位置，不能有差错。形容对事认真，毫不含糊"。这类同语的意义已经规约化，具有非组构性和可分析性。第三种是N_1与N_2在语言形式与语义上完全相同，如"粽子就是粽子，再贵能卖多少钱呢？"。第四种是N_1与N_2语言形式与语义一致，但产生了字面以外的含义。如例（77）中"商人终归是商人"，其言外之意是强调"商人见利忘义"的特性。我们在此讨论的就是这类同语结构。

不同于语义学和语用学的观点，认知语言学认为这类同语结构中的两个名词不一样，N_1表示类指意义，N_2表示特征意义。有学者认为转喻为同语构式提供认知理据。他们认为N_1表示类指，N_2通过转喻发生了指称转移，即N_2的指称从范畴转移到范畴特征（文旭 2003；刘正光 2005）或范畴典型成员（高航，张凤 2000），转喻始源域为N_2，是整个范畴，目标域是范畴的特征或范畴的原型成员，通过整体代部分转喻范畴的特性，是一种域扩展的转喻操作。另外，"N_1就是N_2"构式是一种断言式表达，常常用来强调谈论对象的某种特定的品质，具有评价的意义。在例（78）中，通过转喻强调了"姑婆精明老道"的特质，在（79）中，强调了"调皮淘气是孩子的天性"的特质。

潘瑟和索恩伯格（Panther & Thornburg 1999）提出的言外转喻和述谓转喻属于高层情景转喻。述谓转喻是用一种陈述来转喻另一种陈述，言外转喻是用一个言语行为场境的一个部分场景来转喻整个言语行为，两者都是一种间接行为。例如，"May I borrow this book?"是由"借书的可能性"转喻"请求借书"这个行为。在社会交往中，出于礼貌或由于所处群体和人与人之间的关系，我们往往会用间接言语行为来表达观点，转喻为此提供机制。

(80) **What's that smell**?

(81) Madam：**What's this fly doing in my soup**?
Waiter：I believe that's backstroke.

例（80）和（81）涉及语义偏离疑问句中的转喻，以上两个疑问句在特定语境下会发生语义偏离，产生言外之意。潘瑟和索恩伯格（Panther & Thornburg 1999）认为例（80）很可能发生在这样的情景下：在一个房间里，门开着，门外传来难闻的味道，说话者闻到这个味道并感到不悦。根据间接语言行为理论，"What's that smell?"在该语境下不是一个真正的疑问句，而是一个"关门"的请求，因为将门关掉就可以阻止味道传入。潘瑟和索恩伯格认为，言外转喻是实现这一言外之意的机制。根据言外转喻，前段（行为的条件和动机等）、核心（行为）、结果（行为的即时影响）、后段（行为的后续影响），每个部分都可转喻地代表整个场景或言语行为。此情景包括这些阶段：前段（门外传来难闻的味道，说话人闻到这个味道并感到不悦，听话人可能也闻到了该味道）、核心（说话人请听话人关上房门）、结果（听话人关上房门）、后段（两人不再闻到味道）。言外之意是通过"听话人闻到味道的可能性（前段）转喻"请求听话人关门"（核心）。说话人使用一个先决条件（听话人闻到味道）来转喻他请求听话人关门的行为。鲁伊斯·德·门多萨和迪亚兹·维拉斯科（Ruiz de Mendoza & Díez Velasco 2001）认为，例（81）是疑问行为转指请求行为，其语义是通过"行为代结果再代请求"的双转喻获得的，即苍蝇的行为会导致汤被弄脏的结果，这一结果将会对顾客不利，因此顾客将尽力改变这种状况，于是要求服务员换汤。

(82) A：今晚一起去看电影吗？

B：我明天要考试。

(83) A：Can you pick me up at school tomorrow?

B：**My parents are coming to see me.**

例（82）和（83）涉及间接拒绝中的转喻。以上两句都是一种间接拒绝行为，涉及言外转喻。例（82）中，根据我们的经验和背景知识，"明天要考试"激活了整个"考试"场景，这个场景包括"今晚要为考试做复习、为考试做各种准备、参加考试"等部分，这里是用"参加考试"代"要为考试做复习"，是"行为结果转喻行为条件"，通过推理我们可以得到这样的理解："我明天要考试，今晚要为明天的考试做复习，所以今晚没有时间去看电影。"这是一个"原因代结果"转喻，实现间接拒绝。例（83）中，"父母要来看我"激活了"我要为父母到了做各种准备"的整个场景，包括"我要为父母到来做好时间安排、开车去接他们、与他们见面、一起参加各种活动"等，这里是用"见父母"这个结果转喻整个事件过程，通过推理我们可知：明天父母要来见我，我要做各种准备，然后开车去接他们，所以没有时间去学校接你，是一个"原因代结果"转喻，实现间接拒绝。在日常生活中，为了维护良好的人际关系，我们常常采用这种间接拒绝的方式来表达礼貌。

(84) A：Do you think all the programs are good?

B：Some of them are interesting. But others **could be better.**

(85) A：这真是一幅伟大的作品，从构图到色彩都太棒了！你觉得呢？

B：您的眼光真特别。

例（84）和（85）涉及肯定表否定句中的转喻，通过"肯定代否定转喻"间接表达了说话人B的否定态度，实现委婉表达。例（84）中，说话人A希望从听话人B处得到评价意见："你认为所有节目都好看吗？"

在社会交往中给出这样的回答往往需要谨慎，给出正面肯定的回答是一种行之有效的安全的做法。说话人 B 通过肯定代否定转喻用 "could be better" 的肯定回答代替了 "are not so good" 的否定回答，具有委婉的效果。例（85）中，说话人 A 首先表达了对谈论话题的肯定意见 "这真是一幅伟大的作品"，然后希望从听话人 B 处得到评价意见。如果说话人 B 给出否定的意见，显然有质疑说话人 A 鉴赏水平之嫌，说话人 B 通过"肯定代否定"转喻用 "您的眼光真特别" 的肯定表达替代对 "这幅作品不好/不够好" 的否定回答。在转喻操作上，这句话通过低层情景转喻和言外转喻的共同作用表达了说话人 B 与 A 的不同意见。"眼光" 在这里是一个低层次情景转喻。鉴赏艺术品涉及用眼睛看、思考、对比、判断等一系列过程，说话人 B 用鉴赏工具转指鉴赏结果，"眼光" 激活了整个鉴赏情景，通常转喻一个人的鉴赏水平，我们常用 "眼光好" 和 "眼光不好" 来表达 "有鉴赏水平" 和 "没有鉴赏水平"，说话人 B 这里用 "眼光特别" 表达了一个模糊的概念，即 "鉴赏水平没有那么好"。一个人的鉴赏水平决定了一个人的鉴赏结果，说话人 B 通过评价 A 的 "鉴赏水平没有那么好" 这个因实际表达了 "这幅画没有那么好" 这个果，是基于因果转喻的模糊回答，间接表达了自己与说话人 A 的不同意见。

通过考察语言使用发现，转喻可以通过不同的语言形式实现对社会中个体、群体和关系的概念化，在转喻操作上涉及类属程度不同的 ICM，语义丰富。下面我们将对转喻实现的特征进行总结。

4.3 转喻实现的特征

以上我们梳理总结了社会认知的转喻实现的方式。通过对语料的考察我们发现转喻在社会认知中扮演着重要角色。作为最基本的认知方式，在我们认识他人和建构与他人的关系时转喻是重要的认知机制，它可以在不同层级上运作，其语义与我们对社会的认识密切相关，转喻的理解具有很强的语境依赖性。

4.3.1 层级特征

转喻本质上是概念的，它可以在不同的概念层级上运作。根据拉登和科夫斯（Radden & Kövecses 1999）基于层级的转喻模型，我们通过语料考察发现，转喻在低层 ICM 和高层 ICM 上运作以实现社会认知。

低层命题转喻（即指称转喻）在认知加工中位于最低层级，常以词汇的形式显现，是认知语言学关注和研究最多的类型。从接触强度和有界性这两个维度考察转喻概念化他人的主要类型时发现，指称转喻从接触强度最强、有界性最清晰的"身体部分转喻人"这个原型类型出发，到"属性转喻人"这种边缘类型，我们都能找到转喻类型。皮尔斯曼和杰拉茨（Peirsman & Geeraerts 2006）认为，在基于原型的转喻模型中，位于范畴中心的转喻更具体，而位于范畴边缘的转喻则更抽象。研究发现，当我们对认知对象比较陌生时，通常会选择比较具体的转喻源来指称转喻目标，如用身体部分转喻整个人，用外貌特征转喻整个人，或用衣服转喻穿衣服的人。随着对他人了解的深入，我们会倾向于选择比较抽象的转喻源来指称转喻目标，如用认知对象的性格特征、职业等来转喻人。在概念化他群体时，我们往往通过群体的某个典范成员或群体的共同特征来转喻这个群体，同时，我们也经常利用群体共享的某种特征来转喻具有这种特征的个人，从而将个人纳入群体。因此，我们可以说，随着接触强度和有界性的减弱，指称转喻的生成与我们对社会的认知之间的关系不断加强。

低层情景转喻在转喻运作的层级上要高于指称转喻，因为在理解低层情景转喻时我们需要付出更多的认知努力。低层情景转喻通过具体情景中的部分情景来转喻整个情景，在语言形式上通常不会有明确的词汇来充当喻体，而是以短语的形式出现。在社会认知中，我们常常通过观察他人的行为来认识他人，这种认识是一种间接的认识，而非明确的指称。通过考察语言我们发现，低层情景转喻的类型没有指称转喻多，主要通过部分情景来转喻整个情景，这个场景往往与一个社会概念有关，我们以此来认识他人的职业、心理状态和情绪等。

以往关于高层命题转喻（语法转喻）的研究主要关注转喻如何为语法提供理据，它可以反映在语法的各个层面。通过对转喻在不同语法层面的类型进行考察，我们发现，转喻在对词汇形态和句法结构产生影响的同时往往也带来语义的变化，有些语义的变化与社会认知紧密相关，如反映社会关系和评价。

高层情景转喻（述谓转喻和言外转喻）主要为我们的间接言语行为提供理据。在社会交往中，人们的言语行为总是受社会和文化因素的影响和制约，如人际关系、社会地位、礼貌等。间接表达是人们实现成功交际和维护良好人际关系的有效手段。我们通过对几种典型间接言语行为表达的考察发现，转喻都能为其提供理据。

4.3.2 语义特征

以往认知语言学在讨论转喻生成的意义时往往忽略了转喻在真实世界中的使用。人是社会的产物，社会属性是其本质属性。因此，对人的概念化比对物的概念化要复杂得多。通过以上转喻类型的分析我们可以看到，在真实使用的转喻中，转喻生成的意义要丰富得多，特别是转喻在与社会的互动中所呈现出来的意义多变。这一方面说明了转喻的认知基础性和使用的产能性。另一方面也说明，对转喻生成意义的探讨必须要与社会相结合。通过分析我们发现，转喻在与社会互动中生成的语义要比转喻机制生成的意义丰富，转喻生成的意义与我们对社会的认知紧密相关，往往具有评价意义。

在低层转喻中（指称转喻和低层情景转喻），我们通过实体或行为来概念化人。随着转喻源与转喻目标接触强度和有界性的减弱，转喻意义生成对社会认知的依赖不断增强。我们再来看一下前面的例子：

(86) The best part of working at night is that the **suits** have gone home.

(87) All **hands** on deck

(88) Here are a lot of good **heads** in the university.

(89) 我们还需要几个人手。

以上例子［第 2 章例 (4)、第 3 章例 (7)、本章例 (1) 和例 (2)］

属于原型转喻,即转喻源与转喻目标在空间上最邻近。在语言使用实际中,这类转喻机制生成的意义与实际意义基本一致。但利特莫尔(Littlemore 2015)通过语料库分析发现,这类转喻具有微妙的、负面的评价意义。她认为这是因为转喻去人格化的作用,即将对人的感知等同于对物的感知,以物体感知突显的部分转喻这个物体的方式来概念化人,将人区别于物体的社会特征隐去,使得我们概念化的对象"人"等同于"物体",产生去人格化的效果。通过这种方式概念化的人通常显得冷冰冰的,缺乏情感。

巴恩登(Barnden 2018)认为,与转喻始源概念有关的说话人的态度(以物称人的态度)和与目标概念有关的说话人被期待的态度(对人应有的尊重)之间的对比使得目标概念"去人格化",实现消极评价作用。在例(13)"Molly married **money**."中,将"金钱"作为结婚对象的突显特征,弱化了结婚对象作为人的其他本质特征,产生了去人格化的效果;这里暗示了结婚对象可能只是"一个只有钱的家伙",而 Molly 或许正是看中了对方的财产而非人,从而传递出一种微妙的负面评价。

前文在分析例(20)"你跟他们说什么,一个是聋子,一个是哑巴"和例(21)"**The cripple** limped towards us."时提到,这样的用法是非常粗鲁的。因为在社会规范中,人与人之间要相互尊重,维护一种和谐的关系。身体的残疾对于任何一个人来说都是不幸的,用身体的残疾来指称别人都是非常不礼貌的行为,往往会对人际关系带来负面的影响。

(90) We don't hire **longhairs**.

(91) I couldn't bear the way men regarded me as just **a pair of legs**.

(92) She's just a **pretty face**.

(93) Society treats **blacks** differently.

利特莫尔(Littlemore 2015)认为以上例句〔同例(57)—(60)〕中的转喻用在人身上时通常显得特别无礼,这是因为这种用法可以人为地创造出一类拥有相同特征的人的范畴。其他的(通常是负面的)属性有时会被添加到这个范畴中,而将一群人设定为拥有一个"定义性属性"(defining property)整体的观念本身就是一种冒犯。利特莫尔的观点与社会心理学中关于刻板印象的观点是一致的。以上例句中转喻生成意义的理解要借助我们对社会的表征。例(90)-(92)特别涉及社会对女性群体的刻板印象。所谓刻板印象是指人们总是倾向于按照性别、种族、年龄或职业等对社会群体进行社会分类,进而形成对某类人的固定印象(Lippman 1922)。

刻板印象是一种关于群体的社会表征,这种表征并非客观全面,它可能是积极的,也可能是消极的,它在指导我们认识人和事物时往往忽视个体的差异。在例(90)中,在招聘工作场景中使用"longhairs"是为了将女性和男性进行比较和区别。该转喻唤起了对职场女性的刻板印象,如工作中女性缺乏清晰的思维和果断的决策能力,女性在工作中有诸多不方便之处等,这无疑体现了对女性的歧视。例如,"头发长见识短"就是一种反映社会对女性消极刻板印象的传统说法。例(91)中"a pair of legs"的用法突显了用女性的外貌特征来指称女性,反映了社会总是倾向于以外貌来概念化女性,不关注其内在的品质和才能。"a pair of legs"激发了关于女性的刻板印象:拥有社会定义的完美五官、苗条的身材、长长的双腿和时尚的服装,产生"只是拥有苗条长腿的女人(徒有其表的女人)"的意义,如"胸大无脑"就是一种对女性的消极刻板印象。例(92)中"pretty face"的理解也与关于女性的刻板印象有关。"pretty face"在这里突显了转喻对象的外貌特征,即用"漂亮脸蛋"转指"长着漂亮脸蛋的人",激活了"长得漂亮的女性往往不聪明或只是空有其表"的刻板印象。例(93)中"blacks"的用法在西方已经成为一种禁忌,因为它与关于"非裔黑人"这个群体的刻板印象深深联系在一起,带有很强的种族偏见与歧视。

(94) She had been wearing **Dior** and diamonds.

(95) He decided to buy himself a **Rolex**.

(96) My boss always wears **Chanel**.

以上例子中的转喻有一个有趣的特点，即转喻始源概念往往是昂贵的、高质量的产品（Dior 是法国著名高端时尚品牌，Rolex 是瑞士著名高端手表品牌，Chanel 是法国著名高端时尚品牌）。如果这里说"穿着 Primark"（英国一个快时尚品牌）或者"给自己买一个 Timex"（美国一个运动休闲手表品牌），则听起来很奇怪，甚至具有讽刺意义。这是因为，通过"产品生产者代产品"转喻和"范畴成员代范畴"，"Dior""Rolex""Chanel"代表了"材料考究、设计新颖时尚、制作精良的高品质产品"这样的范畴，而"Primark""Timex"则代表"以满足生活需要为目的、不过分追求材料和制作工艺的平价产品"这样的范畴。在社会生活中这些范畴常常与个人的生活品质或社会地位联系起来。类似的用法还有：

(97) Cheryl brought out the best **china**.
(98) A bed of salad greens surrounded by **Cheddar**.
(99) It's quite definitely a **Loire**.
(100) This wine has the depth of character of a **Gigondas**.
(101) 难得听到这个好消息，今晚我们喝茅台。

以上句中的"china"是指产于中国的瓷器，"Cheddar"是英国著名奶酪品，"Loire"是来自法国的世界上最知名的精油空气香氛品牌，"Gigondas"是法国著名的葡萄酒产地，"茅台"是中国著名的白酒产地，也是著名的白酒品牌。这些特殊的转喻往往也是用来指代那些富含特别文化价值的贵重物品。

(102) Steven is the **Beckham** of Villa.
(103) 戴玉强被称为是中国的帕瓦罗蒂。

"Beckham"和"帕瓦罗蒂"都是某个范畴当中的代表人物，他们作为这个范畴的典范，代表了在某方面的突出特质。"贝克汉姆"作为著名的足球运动员，代表了"出色的足球技术"这一品质；"帕瓦罗蒂"作为著名的男高音歌唱家，代表了"高超的歌唱技巧"这一品质。通过选择他们作为转喻喻体,突显了对"Steven"和"戴玉强"专业技术的肯定。利特莫尔(Littlemore 2015)认为,词汇选择可以揭示一个人的价值观并表达说话人的态度。

以往关于语法转喻的研究更多关注语法的转喻机制,而较少讨论语法转喻的意义。然而,我们观察语法转喻中的意义生成时发现,转喻在对词汇形态和句法结构产生影响的同时往往也带来了语义的变化。鉴于高层转喻运作的隐秘性,转喻意义的生成和理解在很大程度上是通过与社会的互动来完成的,因此,我们对于转喻意义的理解经常需要借助社会认知才能完成。

(104) 他三十多岁了,还在吃父母。

(105) 女人就是女人,男人就是男人,女人永远不需要当"女强人"或"铁姑娘",来赢得男人们的尊重。女人的自强源于女人自身属性的优雅和舒展。(罗敷《这么慢,那么美》)

(106) 鸿渐在凭栏发呆,料不到背后苏小姐柔声道:"方先生不下船,在想心思?人家撇了方先生去啦!没人陪啦。"鸿渐回身,看见苏小姐装扮得娬娬婷婷,不知道什么鬼指使自己说:"要奉陪你,就怕没福气呀,没资格呀!"他说这冒昧话,准备碰个软钉子。苏小姐双颊涂的淡胭脂下面忽然晕出红来,像纸上沁的油渍,顷刻布到满脸,腼腆得迷人。她眼皮有些抬不起似地说:"我们没有那么大的面子呀!"鸿渐摊手道:"我原说,人家不肯赏脸呀!"(钱钟书《围城》)

我们在分析例(104)[例(56)]"吃父母"这个结构时发现,这个表达具有很强的消极评价意义。通过转喻分析,我们从"吃父母"得到了"依靠父母提供的生活所需而生活"的意义。这样的表达反映了现实生活中的"啃老"现象,这与我们对正常成年人"应该自食其力"的社会观念相冲突,产生了消极评价的意义。我们在前面讨论同语现象时发现,N$_2$通过转喻发生了范畴向范畴属性的转移,但要充分准确地理解N$_2$的意义则需要借助我们对该范畴的认识。例(105)中"女人就是女人,男人就是男人"中的"女人"和"男人"不仅指其生物属性,更重要的是其社会属性。这里用"女人"和"男人"范畴转指了他们的所有属性。例(106)中的"我们"是一种"集体代个人"转喻,通过转喻,"苏小姐"将自己归入一个群体中,减弱了她希望方鸿渐主动去找她的愿望,意为"这不是我个人的想法",维护了她作为女性的矜持。句中两个"人家"的意义不同,第一个"人家"是他指,指下船的鲍小姐,没有发生人称的指称转移,但第二个"人家"则涉及了"远指代近指"转喻,方鸿渐用远指代近指避免了直接说苏文纨,维护了苏文纨的面子。因此,这种转喻的使用和理解与我们社会交往中需要遵循的规则有关。

通过分析我们发现,在与社会的互动中,转喻受其所在群体共享的社会表征、人际关系等因素影响,其所承载的语义内涵相较于单纯从转喻的认知机制讨论生成的意义要丰富得多,且往往具有评价意义。

4.3.3 语境特征

一个语言表达是否存在转喻与语境有着密切的关系。束定芳(2000)认为,不应将隐喻理解局限于句子层面,而应将其放在更广阔的语境中去理解。作为比隐喻更加基本的一种认知方式,转喻在运作过程中显得更加灵活,只有结合语境转喻才能更好地运作和理解。随着认知语言学的"再语境化"趋势(Geeraerts, Kristiansen & Peirsman 2010)和"社会"转向(Divjak, Levshina & Klavan 2016),转喻研究日渐注重与语境的互动。

对于"语境",研究者给出了不同的定义。张辉和卢卫中(2010:100)将语境分为两种类型:语言语境和非语言语境。语言语境主要指文内语境,即人们通常说的上下文。非语言语境指文外语境,可分为情景语境(situation context)和文化语境(cultural context)。情景语境指语言使用的时间、场合、人物等因素;文化语境指语言使用所涉及的各种文化因素。埃尔南德斯-戈马利斯(Hernández-Gomariz 2018:78)将语境定义为转喻的触发物(triggers),它是触发转喻操作的因素。他将触发物分为两类:上下文触发物(co-textual triggers)和语境触发物(contextual triggers)。上下文触发物是指存在于转喻表达语言结构中的因素。语境触发物是指包括框架和理想化认知模型在内的概念结构和影响话语产生与理解的语境因素，语境因素包括认知－文化语境、交际语境（话语的参与者、时间和地点等）、说话者的交际目的和修辞目的、语类等（杨毓隽，文旭 2022）。埃尔南德斯－戈马利斯关于语境的定义和分类与张辉和卢卫中（2010：100）的基本一致。但她关于非语言语境的内涵要更丰富，包含了理想化认知模型和认知因素，我们认为这里面包含了人们对社会的表征，社会认知也是触发转喻的因素。

埃尔南德斯－戈马利斯通过研究发现，在大多数情况下两种触发物共同作用于转喻的激活，但非语言语境因素比上下文因素更重要。例如，"红领巾挥了挥手，转身跑进了教室"，以往研究认为正是谓词（"挥手"和"转身跑"）的选择限制原则触发了转喻义（"红领巾"转喻"戴红领巾的人"）。但是，这种基于句法－语义规则的识别方法在实际运用中可能会遗漏很多不含此类线索的转喻表达。例如，"There are several Shakespeares in the library."中并没有具体的语言规则来触发转喻，在具体语境下"Shakespeare"可能是指"叫 Shakespeare 的人"，也可能是转指"莎士比亚创作的剧作"。我们同意埃尔南德斯－戈马利斯的观点，在转喻使用中，文内语境和文外语境共同触发转喻，其中文外因素更为重要（杨毓隽，文旭 2022）。例如：

(107) a. John began the book.
b. John began the sandwich.

借助上下文这种文内语境和人们头脑中储存的百科知识，我们可以将以上句中的"began"理解为"began reading/writing""began eating/making"。但在语言使用实际中，意义的理解更为复杂。以本章例（13）"Molly married **money**."为例，动词"marry"搭配"money"违反了选择限制原则，触发了喻体"money"的转喻运作，即"金钱转喻拥有金钱的人"，这是文内语境在起作用，句子理解为"Molly 嫁给了有钱的人"。同时，"marry"唤起了有关婚姻的理想化认知模型，其中财富被视为"理想配偶"（ideal spouse）的可能组成部分，此外也包含人们对婚姻的看法和价值判断，这些看法和价值判断可以是很个人化的，但又受到社会和文化中形成的普遍婚姻观的影响和制约，两者可能一致也可能不一致，如"理想的婚姻首先应该建立在爱情的基础上"的认识。"Molly 嫁给了金钱"，突显了金钱在婚姻中的重要性，而非结婚的对象，即她嫁给了钱而非人，因此该句具有一种讽刺或批评的含义。

利特莫尔（Littlemore 2015）在考察真实使用的转喻实例时发现，在一个转喻中，语境和语用意义可以为鲁伊斯·德·门多萨和迪亚兹·维拉斯科（Ruiz de Mendoza & Díez Velasco 2001）的"target in source"和"source in target"提供更为广泛的解释。例如在"the great contribution that the Pill has made to personal choice"中，"the Pill"一词转指"the contraceptive pill"（避孕药）显然属于"target in source"转喻，因为它仅指一种特定的药。然而，在更一般的层面上，它也可以说是"source in target"转喻，因为它还可以转喻更广泛的一系列事件，这些事件包括服用避孕药，以及因避孕药而发生的一系列社会变化和由避孕药带来的一系列社会变化。

4.4 小结

本章主要探讨了社会认知的转喻实现方式与特征。

通过考察语言使用，我们发现转喻是人们认识个体、群体和社会关系的重要认知工具。通过在类属程度不同的 ICM 中运作，社会认知的转喻实现方式非常丰富。在非类属 ICM 中，指称转喻起始于接触强度和有界性最强的"身体部分转喻人"这一原型类型，并延展至"属性转喻人"这种边缘类型，这一过程揭示了多种人们借以认识个体和群体的转喻类型。在基于原型的转喻模型中，位于范畴中心的转喻更具体，而位于范畴边缘的转喻更抽象。随着接触强度和有界性的减弱，指称转喻的生成与社会认知的关系不断增强。我们发现在低层情景转喻中，人们总是通过他人的行为来认识他人和群体。在具体情境中，可以通过部分情景来转喻整个情景，而这些情境要素往往与人们的职业、性格或情绪有关。需要注意的是，这种方式提供了一种间接的认知路径，而非直接、明示的指称。在类属 ICM 中，语法转喻在为语法各个层面提供理据的同时往往带来语义的变化，有些语义变化与社会认知紧密相关，体现个体之间或群体之间的关系。言外转喻为间接言语行为提供理据，受社会和文化的因素影响和制约，是人们达成成功交际和维护良好人际关系的有效手段。

通过考察总结社会认知的转喻实现方式，我们发现转喻具有以下特征：层级特征、意义特征和语境特征。转喻在概念化社会世界时具有概念层级性，即转喻可以在非类属 ICM 至类属 ICM 上运作。在语义方面，转喻的意义形成与深化是在社会互动过程中完成的，受到所在群体共享的社会表征、人际关系等因素影响，因此转喻意义并非转喻始源概念意义与目标意义的简单映射，通常要丰富得多，往往具有评价意义。另外，转喻具有语境依赖性。语境包括文内语境和文外语境，其中文外语境（包括即时语境和社会认知）对转认知的影响更为重要，当转喻概念化的对象为人和社会性对象时，社会认知具有重要的制约和引导作用。

第5章

转喻的社会认知功能与社会认知理据

第 5 章　转喻的社会认知功能与社会认知理据

5.1　引言

社会认知在很大程度上是通过语言来构建的（Holtgraves & Kashima 2008；文旭 2019），与此同时，语言使用也受社会认知的影响（Croft 2009；Fogas, Vincze & László 2014；Holtgraves 2014；文旭 2019）。"意义"包括社会认知功能（文旭 2019）。在上一章中，我们讨论了在人们认识他人和与他人构建关系时转喻实现的方式及特征。从分析中我们看到，在人们认识他人和与他人交往时，转喻是一种概念化工具，同时也传达了复杂的意义，这反映了转喻与社会世界互动的结果。根据克罗夫特（Croft 2009）的观点，转喻不仅是一般的认知能力，也是一般的社会认知能力，我们不仅通过转喻来认识社会世界，也通过转喻来建构与社会世界的关系，因此转喻具有社会认知功能。同时，转喻的使用也受社会认知的影响。本章将在此基础上分析讨论转喻具有哪些社会认知功能以及社会认知如何为转喻使用提供理据。

5.2　转喻的社会认知功能

以往有关转喻功能的研究主要集中在转喻的指称功能（referential function）上，这可能是因为指称转喻是一种显性的转喻表达，它在语言层面较容易被观察到。但转喻作为一种认知思维方式，可以通过不同语言形式来表征认识和维护关系，因此在社会交往中，转喻是人们认识世界的有效手段，也是维护社会关系的有效工具。

5.2.1　认知功能

人是认知上的吝啬鬼，即我们在认识事物时倾向于付出最少的认知努力，转喻认知则恰恰体现了这种认知经济性原则。兰厄克（Langacker 1993）认为，转喻之所以普遍存在于语言中是因为转喻是我们日常思维的一种属性。首先，我们需要转喻思维。我们在认识事物时，不可能也不愿意详尽地了解其所有方面，而总是通过某些显著的方面来建立该事物的整个概念。利特莫尔（Littlemore 2015）认为，我们具有转喻性的思维是因为在生理上来看，我们不可能同时有意识地激活对一个特定概念的所有知识，所以我们倾向于关注这个概念的一个显著方面，并以此作为获取整个概念的切入点。例如，当被问到"法国"时，人们可能会想象一个他们曾经去过的地方的画面，或是法国的标志性建筑，如埃菲尔铁塔，而不可能描绘出整个法国，因为每个人大脑中关于法国的信息都是不全面的，而且这些信息也不可能全部保存在人们的工作记忆中。其次，转喻思维普遍反映在语言中，这是因为我们很难用语言涵括我们所想要表达的意思的所有方面。拉登、科普克、伯格和西蒙德（Radden, Köpcke, Berg & Siemund 2007）认为语言总是"简化"意义，因为它不可能表达所有与理解相关的内容，我们需要推理才能理解意义（Frisson 2009），即意义理解总是伴随着推理过程。

一方面，转喻是我们概念化社会世界的认知工具。当我们认识社会世界当中的人、事、物时，这些认知对象相较于物理实体具有更加复杂的意义，转喻认知可以帮助我们在付出最少认知努力的情况下，迅速建立关于这些事物的概念。这些概念尽管是不全面的，甚至可能是错误的，但仍是最有效的认知策略。例如，在认识他人时，我们总是倾向于从对方的性别、长相、个性特征、行为方式、所处环境、社会关系、道德品质等方面来建立认识。由于我们对这些信息的掌握往往是不完整的，因此我们总是会选取自己了解的和对方突显的方面来组织知识形成认识。同时，对于同一个认知对象，由于熟悉和了解的程度不同，不同人会形成不同的认识。因此，我们会看到这样的情况：

(1) A：小张，昨天有个小胡子来找你。
　　B：谁？小胡子？哦，是我们编辑部的外交家王海洋吧。

在例（1）中，说话人 A 和 B 谈论的是同一个人，在转喻思维下，他们通过谈论对象的不同特征建立了对谈论对象的认识。说话人 A 由于对谈论对象不太熟悉，所以选择了在感知上突显的外貌特征"小胡子"来描述他，即"小胡子"转喻"长了小胡子的人"。而说话人 B 与谈论对象是同事，对其了解要多于说话人 A，因此选择了一个更加抽象的概念"外交家"来描述他，用"外交家"这个范畴的属性（善于交际）转喻具有这个属性的人，即"善于交际的人"，因为对于说话人 B 来说，谈论对象的个性特征比外貌特征更突显。

人类在了解事物时不可能掌握关于它的全部信息，但这并不妨碍我们的认知活动。同时，人类总是倾向于用最少的认知努力来认识事物，这时转喻就是最有效的认知工具。泰勒（Taylor 1995）认为，转喻是比隐喻更加基础的认知方式。

此外，转喻是我们理解意义的思维工具（范振强 2014）。在社会交往中，转喻这种"简化"的认知方式允许我们用最少的语言传达更为丰富的意义。泰勒指出转喻是意义拓展最基础的过程之一，甚至比隐喻还要基础。例如：

(2) 陈晓旭下矿井，林黛玉变村姑。
(3) 酒家道："客官，你须见我们门前招旗，上面明明写道'三碗不过冈'。"（施耐庵《水浒传》）
(4) 宝钗也许好找，妙玉你就难寻。（冯杰《卷雪》）

例（2）中，"林黛玉"转指"陈晓旭"。作为演员的"陈晓旭"和作为文艺作品中人物的"林黛玉"之间并没有本质的联系。但由于陈晓旭扮演了电视剧《红楼梦》中的林黛玉，并且在观众中的认可度很高，于是人们将两者紧密地联系起来，人们对"陈晓旭"和"林黛玉"就产生了心理上的邻近关系，使得这里用陈晓旭扮演的角色"林黛玉"指称陈晓旭能迅速地被理解。同时，作为一般人的陈晓旭下矿井并不是什么让人十分意外的事情，但作为"出生于富贵之家、读书识字、多愁善感、身体娇弱"的小姐到农村就形成了强烈的反差，这里涉及用人转喻属性。通过这样的转喻，使得陈晓旭也具有了林黛玉的性格特质，话语的意思被理解为"像林黛玉一样的陈晓旭下了矿井、到了农村"，话语具有强烈的修辞意义。说话人正是利用了转喻的概念运作特征实现了丰富的意义表达。例（3）通过"喝酒"场景的结果转喻原因，即"酒店的酒很烈，喝了三碗就醉了，过不了冈了"。作者只用了很少的语言就传达了酒的品质。例（4）中的"宝钗"和"妙玉"也是通过人们熟知的小说人物的性格特征来转喻人，即"宝钗"指"工于心计的世俗之人"，"妙玉"指"孤傲清高的脱俗之人"。

转喻作为重要的认知工具，既是我们认识他人的概念化工具，也是我们理解语言的思维工具。

5.2.2 评价功能

语言不仅能传递信息，还能表达说话人的身份、地位、态度、动机等，并以此来影响他人的态度和行为。人们对事物的评价可以传达出对所讲内容和说话对象的态度，从而可能引起说话对象情绪上的反应，并很可能促使他们采取行为。因此，语言是人们实现评价、表达态度的重要工具。吉布斯（Gibbs 1999）认为，我们应将转喻视为思考和表达观点的工具。利特莫尔（Littlemore 2015）认为，转喻在交际中起到了一种类似"捷径"的作用，它允许人们使用对世界的共同知识，用比原本需要的更少的词汇进行交流。当一个人试图表达自己的观点并影响他人的观点时（无论是有意识地还是潜意识地），转喻是一个非常有效的机制。转喻在语言表达上的间接性和简洁性非常有益于态度的有效表达。

社会认知过程始终伴随评价。我们在知觉他人形成印象的同时就开始进行评价，因为不管是对人的认知还是对社会中事物和事件的认知，我们的认知过程往往会导向一个结论，而这个结论通常具有评价的意义。例如，在对一个人的性格进行判断的时候，我们可能将对方归类为不同的类型，如热情的、谦虚的、骄傲的或不受欢迎的。莫斯科维奇（Moscovici 2001）认为，社会表征是一种复杂的认知结构，它不只是理解的框架，还具有评价性的向度。社会表征中的评价性成分可以被视为一种信息，个体会依赖这种信息来传达他们对被表征对象的态度，这些评价性成分构成态度的基础框架。因此，社会表征是一个社会性的态度，使集体成员可以辨认出特定的表达或行为的评价意义。

(5) 她最终嫁给了一个长期饭票。

在例(5)中，"长期饭票"转指"能长期提供饭票的人"。在特定社会语境中，人们对于"有钱人"的表征在于他是否能提供充足的粮食，因此"饭票"可以转喻"财富"。正如我们在对第4章例(13) "Molly married money."的分析，这样的用法具有消极的评价意义。这句话通过使用"长期饭票"突显了一些女性把婚姻当作交易的价值观，体现了一种消极的评价。

评价的核心是态度。人们在对他人进行评价的时候，往往表达了某种赞赏或批评的态度。通过表明态度，说话人可以调节和听话人之间的关系：当人们认为对方和自己是同一群体内成员时，往往表示赞赏的态度；当人们认为对方和自己不属于同一群体时，往往持否定的态度。卡茨（Katz 1960）提出了态度的四种功能。①态度的认知功能。态度是一种概念化了的认知结构，为人们的行为方式提供必要的信念，充当概念和图式以及心理框架的作用。②工具性功能。人们倾向于形成有利于自己的态度，即为了寻求奖赏和赞许，人们常会形成与他人一致并与奖赏或赞许相联系的态度。工具性功能是一种适应性功能，强调认知主体与所处的社会世界的互动，即态度表达的弹性和态度表达后的社会效果。③态度的价值表现功能。态度作为概念化的认知结构，蕴含了个体的主要价值观和自我概念。因此，态度有助于表达人们自我概念中的核心价值。④态度的自我防御功能。人们可以通过态度表达来应对冲突和保护自尊。在例(5)中，说话人通过转喻的方式对"她"的行为和婚姻观进行了消极的评价，通过对这种行为的否定态度也表明自己与"她"在婚姻观上的区别。再如：

(6) 周朴园：你怎么还不去？
　　周繁漪：（故意地）上哪儿？
　　周朴园：克大夫在等着你，你不知道么？

周繁漪：克大夫？谁是克大夫？

周朴园：给你从前看病的克大夫。

周繁漪：我的药喝够了，我不预备再喝药了。

周朴园：那么你的病……

周繁漪：我没有病。

周朴园：（忍耐）克大夫是我在德国的好朋友，对于妇科很有研究。你的神经有点失常，他一定治得好。

周繁漪：谁说我的神经失常？你们为什么这样咒我，我没有病，我没有病，我告诉你，我没有病！

（曹禺《雷雨》）

在例（6）中，周繁漪早就看穿了周朴园的自私虚伪冷漠，她对周朴园已经没有感情。她知道自己没有病，而周朴园叫医生来给她看病、让她长期喝药并不是出于对她的关心，而是出于周朴园自私虚伪的私心。出于对自己的保护，她拒绝了周朴园让她看病喝药的要求。句中的"上哪儿？""克大夫？谁是克大夫？""我的药喝够了，我不预备再喝药了。""我没有病。""谁说我的神经失常？"都属于高层转喻，都是通过疑问或否定的语言行为来转喻拒绝的行为。在"看病"这个认知域中，"上哪儿？"和"克大夫？谁是克大夫？"是去看病的前提，即"去什么地方，找谁看病"，"不知道是什么地方，也不知道医生是谁"是"不去看医生"的原因，这里用"原因转喻结果"表示拒绝的态度。因为看病要喝药，不看病就不喝药，这里用"我的药喝够了，我不预备再喝药了"这个结果转喻"我不看病"这个原因。利用"因为没有病所以不用看病"这个因果关系，"没有病"这个原因，转喻"不看病"这个结果。"谁说我的神经失常？"这个疑问转喻"我没有神经失常"这个否定陈述，而"我没有神经失常"这个原因转喻"我不用看病"这个结果。面对周朴园这个封建家庭的代表，周繁漪用这些疑问和否定的表达间接地表达了自己拒绝看病的态度，这是出于保护自己的需要。

转喻的评价功能与转喻运作所依赖的具有评价向度的社会概念密切相关，其中包括刻板印象。莫斯科维奇（Moscovici 1988）认为，社会表征是集体成员在交往中创造和发展的、全体成员所共有的观点和知识，是一种集体建构且共享的具有社会性与文化性的知识，用来理解特定的主题。社会表征的核心是社会共享性，它是群体成员交流的基础，甚至对群体成员具有强制性的影响力。莫斯科维奇（Moscovici 2001）进一步指出，社会表征是一个社会性的态度，使集体成员可以辨认出特定的表达或行为的评价意义。因此，当与具有评价向度的概念关联时转喻就可以实现评价，不仅是消极的评价，也可以是积极的评价。

(7) 我们班的雷锋终于来了。
(8) Mike is a **Shakespeare**.
(9) Steven is the **Zidane** of Villa.
(10) 他是中国的乔丹。
(11) Lots of children will follow **Paris Hilton** or **Victoria Beckham** and want to be like them.

以上例子都涉及"范畴典范成员转喻范畴"和"范畴转喻特质"。根据巴塞罗那（Barcelona 2004）的观点，这种情况被视为转喻性典范（metonymic paragon）。巴塞罗那认为，当我们说某人是"一个莎士比亚"时，"莎士比亚"并不是转指莎士比亚的全部，而是突显莎士比亚作为优秀作家的能力与品质，因为莎士比亚是优秀作家这个范畴的典范，所以用这个转喻强调评价对象所具备的作为优秀作家的能力。布达尔和布达尔-绍博（Brdar & Brdar-Szabó 2009）认为这种情况是转喻链操作的结果。他们认为例（9）[第4章例（25）]中的"Zidane"在这里转喻他作为公众人物最相关的方面，即一个足球运动员，通过"范畴成员转喻属性"，"Zidane"代表了一个足球运动员所具备的能力与品质而不是具体的个人。

拉登（Radden 2005）在讨论类指称中的转喻现象时指出，一个类别中的个体可以转喻该类的全部。根据他的观点，"莎士比亚"转喻"具备优秀写作能力的人"，"Zidane"和"乔丹"转喻"优秀的足球运动员"和"优秀篮球运动员"这两个范畴，"雷锋"转喻"具有乐于助人优秀品质的人"。尽管以上研究者对这种转喻现象给出了不同的转喻解释，但共同之处在于,"拥有某种突出能力和品质的典型代表"可以转喻"拥有这种突出能力和品质的范畴"。在社会生活中,人们对于这种具有某种突出能力和品质的典型代表及其转喻的范畴往往给予积极的评价,通过转喻操作可以将评价对象纳入这个范畴,赋予评价对象积极的评价意义,因此这样的转喻用法常被人们用来肯定和赞赏某人所拥有的突出才能和优秀品质。

值得注意的是,对典范的积极评价具有很强的社会文化依赖性,不同典范得到的积极评价程度在典型性上呈现出不同程度的差异。有些典范的积极评价已经规约化,提到该典范,对它的积极评价自动激活,它们是典范积极评价的典型成员,上述提到的莎士比亚、Zidane、乔丹和雷锋的规约化程度都很高。有些典范积极评价的规约程度没有那么高,提到该典范,积极评价的激活程度没有典型成员的高,它们属于典范积极评价的一般成员或边缘成员。例如,例(11)[第4章例(26)]中的"Paris Hilton"和"Victoria Beckham",不少年轻人将她们视为"时尚"的代表,她们无论是在穿着还是生活方式方面都引领时尚,是很多年轻人追随的偶像,因此,大多数年轻人对她们的评价是积极的。而对于另外一些人来说,"Paris Hilton"和"Victoria Beckham"可能代表对物质生活的过度追求,对她们的评价没有那么积极甚至倾向于消极。因此,说话者使用"Paris Hilton"和"Victoria Beckham"所传递的评价意义积极与否,与说话者和说话对象,以及所处的社会文化环境有关。

5.2.3 人际功能

我们通过语言塑造与社会世界的关系,特别是人际关系(Allport 1954)。人际关系即人与人之间的关系,是人们社会生活中的一种重要关系。人是各种社会关系作用的结果而非孤立存在,因此人们通过和别人发生关系来发展自己和实现价值。社会心理学认为,人际关系是人们在人际交往过程中结成的心理关系或心理上的距离。礼貌是维持人类社会关系和人际关系和谐的重要方式之一,也是言语交际能够顺利进行的重要保证。因此,人们的言语交际往往呈现间接、婉转的特点。何兆熊(2000)认为,出于礼貌的需要,说话人总是通过实施间接性的语言行为来完成指令、请求,甚至批评和指责的行为。转喻运作的间接性是帮助我们实现礼貌，减少人际关系的不协调，满足人们人际关系平衡和谐的有效手段。例如我们在前面讨论过的一个例子：

(12) A：这真是一幅伟大的作品，从构图到色彩都太棒了！你觉得呢？
B：您的眼光真特别。

例（12）[第4章例（85）]中，通过"肯定代否定"转喻间接表达了说话人B的否定态度。这是一种委婉表达。根据社会认同理论，人们根据共享相同态度的程度来划分群体，并且具有群体内偏好和群体外歧视，即群体内成员总是倾向于共享的相同态度来维护群体内成员的关系。

根据海德尔（Heider 1958）的平衡理论（Balance Theory），人类普遍有一种平衡与和谐的需要，主要表现为人们在认识上的一致性。一旦这种一致性被破坏，人们就会产生心理上的紧张和焦虑，进而促使认知结构改变以实现新的平衡与和谐。海德尔提出了P-O-X模型来说明单元或系统的平衡和不平衡状态：P代表认知主体，也就是知觉者；O代表他人，即假定与知觉者发生联系的某个人；X代表态度对象，它与知觉者和他人都有关联。P、O、X这三者就构成了一个单元，这个单元平衡与否由这三者之间的相互关系决定（钟毅平2012）（见图5.1）。平衡理论认为，三种关系中的任何一种都有可能发生变化，但这个转变过程往往遵循经济原则和情感优先原则，即人们尽可能花最小的力气达到最大的效用，但一般不会以牺牲人际关系为代价来实现平衡状态，因为这样往往会导致消极情绪。

```
        他人
        （O）
       /    \
      /      \
     /        \
  知觉者——————态度对象
  （P）       （X）
```

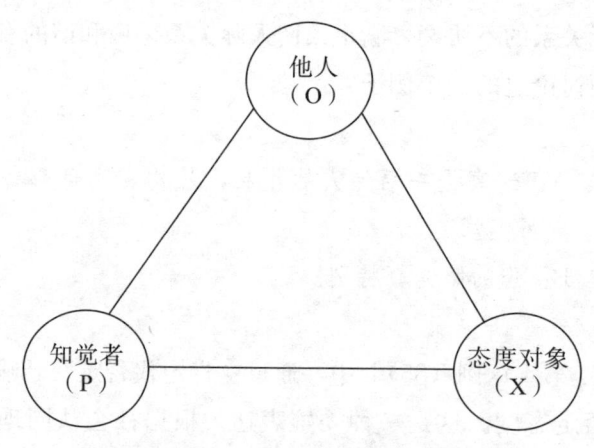

图 5.1　平衡理论的基本结构

　　因此，当例（12）中的说话人 A（相当于上面模型中的 P）表达了对"画"（相当于上面模型中的 X）的肯定意见后，也希望从听话人 B（相当于上面模型中的 O）处得到与之相同的看法。如果说话人 B 给出否定的意见，B 与 A 之间就会出现不平衡的状态，如 A 可能会感到自己的鉴赏水平受到了质疑而产生不快。说话人 B 通过"肯定代否定"转喻用"您的眼光真特别"的肯定表达替代"鉴赏水平不那么好"的否定回答，说话人 B 通过评价 A"鉴赏水平不那么好"这个因实际表达了"这幅画不那么好"这个果，是基于因果转喻的模糊回答，间接表达了自己与 A 的不同意见，尽量保持了与 A 之间的平衡，维护了与 A 的人际关系。海德尔（Heider 1958）认为，我们对他人的认同与否可以通过我们感知彼此共享态度的相同程度而确定。

　　不同的文化中都存在着很多禁忌和敏感的事物。言语交际中，为了礼貌和维护人际关系，人们往往避免直接提及这些禁忌和敏感的事物而转用一种更加含蓄和迂回的表达，这种表达被称为委婉表达。转喻用一个实体来指称另一个实体的方式是帮助我们实现委婉表达的重要手段。例如当人们谈论"生病、死亡、性、裸、拉、撒"等比较禁忌和隐私的话题时，出于礼貌和尊重，或为避免尴尬，常常采用转喻手段。

　　当谈论某些比较复杂或可能带给病人不悦感受的疾病时，我们常用疾病发现者或医学家的名字来代替疾病，如"Hansen's disease"（汉森病）代替"leprosy"（麻风病），"Down's syndrome"（唐氏综合征）代替

第 5 章 转喻的社会认知功能与社会认知理据

"idiocy / feeblemindedness"（先天愚型；伸舌样白痴），"Alzheimer's disease"（阿尔茨海默病）代替"early senility"（早老病），或用上位范畴代替下位范畴，如"social disease"（社会性疾病）代替"syphilis"（梅毒）。当谈论死亡时，我们常用事件的部分代替整个事件。如"离开""走了""pass away""pass on""depart""expire""go to meet one's Maker"。有时也会通过多个转喻来实现，如"六合板/板子/长生板/吉祥板/空木/寿木/寿材转喻棺材""棺材转喻死亡"。当谈论身体敏感部位时，我们常用上位范畴来指称，如"lower parts"（下半身）指代下半身的私处，"top"（上面）指代"breast"（胸部，乳房），"bottom"（后面）或"rear end"（后部）指代"the posterior"（臀部）和"buttocks"（屁股）。当谈论性行为时，我们常用事件的部分代替整个事件。如：中文里有"上床""同房""睡觉"等，英语中有"go to bed with""play around with""drop your pants""have relation with"等。

除了间接言语行为和委婉表达，当我们在某个特定语境下为了维护关系而想要避免直接提到对方时，也经常使用转喻，如：

(13) 墨西哥斥美国移民新政

例（13）是一则新闻的标题，用"墨西哥"来指代墨西哥政府，而用"美国"来指代这一政策的提出者。出于新闻报道的客观性以及为避免不必要的冲突，新闻报道中经常采用这样的用法，不直接说出这些人的名字，通过使用国家名称来避免造成人与人之间的直接冲突，从而缓和关系。

以上讨论的转喻的各种功能都不同程度地依赖于说话者之间存在的共享知识，正是转喻的这种属性解释了转喻在发展和维持话语社团中的作用。"话语社团"指的是为了明确的共同目标而生活或工作在一起的人们，他们通常会共享特定的语类（genre）。不同语类包含一系列不同的语域（register），每一个语域都有不同的场域（field）、基调（tenor）和模式（mode）。

例如，利特莫尔（Littlemore 2015）通过语料库研究发现，

131

"sundowner"这个词更可能被中产阶级使用，而不是工人阶级。对一些人来说，这个词会让他们想起"站在阳台上啜饮鸡尾酒"的画面。在语料库中，"sundowner"一词出现了52次，其中10次出现在《泰晤士报》这样的中产阶级报纸中，16次出现在文学作品中。这个词倾向于用在比较严肃、正式的语境中。

这种转喻表达通常只有社团内部的人才能理解，它可以提高社团内部成员之间的相互认同感，增进内部团结，巩固语言社团的人际关系，提高话语社团内部的交际效率。例如，在餐厅这个语域中，当一个服务员对另一个服务员说"5号桌买单"时，听话人通常会毫不费力地将该话语理解为"坐5号桌吃饭的客人要结账"。利特莫尔（Littlemore 2009：107）在研究医院这个场域下的语言使用时发现，一个新加坡留学生在英国一家医院做实习护士时经常听到护士们说"He/she got a loose nappy."（他/她尿布松动了），但当这个留学生去检查病人时却发现尿布并没有松动，原来在这个语域中"loose nappy"转指"loose bowel"，即用"尿布松动"转指"腹泻"。另一个例子，医生和护士经常使用"bed"这个词来转喻医院所有必要的设备和工作人员，这些设备和工作人员包括允许病人占用的病床。当他们说"not enough beds"（床不够时），通常意味着设备和人员供应不足。这种转喻有时会被话语社区外的人误解，他们可能会问："为什么他们就不能多买几张床？"这表明，人们对"床"在此语境下的转喻意义存在着根本性的误解。类似这样的误解甚至会发生在相互了解的人之间，以及因具有足够的共享知识而可广泛使用转喻的人之间。这说明，人们通过使用这种类似于"行话"的转喻表达不仅可以增进团体内部成员的关系，同时还可以将团体外人员排斥在团体以外。

5.2.4 身份建构功能

身份建构与社会认同密切相关。认同涉及我/我们是谁、我/我们在哪里的反思性理解（周晓虹 2008），是人们一生中面临的最核心问题之一。认同可区别为个人认同与社会认同。个人认同是指那些我们认为自己有的某些特质及特征，这些特征是往往是非常个人化的，如"我很热情"。社会认同是个体自我概念的一部分，衍生于个人对所属社会群体的相关知识，以及身为该群体一员的价值认定与情感（Tajfel 1981）。例如，"我是中国人"就是一种社会认同。

泰弗尔等人在研究群体行为时提出了社会认同理论，认为我们的社会认同通常依附或来自我们的所属群体，社会认同不是个人认同，也并不只是个人认同的某个方面。严格来说，所谓的"个人"认同根本就是虚构的，因为所有的认同以及所有形式的自我建构必然是社会的。即便是看似与社会无关的自我描述，也必然巧妙地仰赖于某些特定的社会结构。纯粹的个人认同是虚构的，而个人与社会之间的区别也是虚构的，即社会将永远在个人内部存在。

20 世纪 80 年代末，特纳和奥克斯（Turner & Oakes 1989）在泰弗尔的社会认同理论基础上提出了自我分类理论（Self-Categorization Theory，简称 SCT）。他们认为，传统社会心理学关注的是"群体中的个体"，而自我分类理论关注的是"个体中的群体"，即个体在心理上主动将自己归入某一群体后得到积极的情感和价值意义，进而以此区别于他人。在自我分类理论中，社会身份和个人身份本质上是相同的身份形式，是代表自我分类的不同形式。自我分类可发生于三个水平：上位水平（如将自我定义为人类的一部分）、中间水平（如用某一群体成员身份定义自我）和下级水平（如用个人、个体来定义自我）。将这些水平命名为上位、中间、下级，并不是要说明谁比谁更有价值，这些名称反映的是它们的包容性：更高层次的类别包含了所有较低层次的类别。随着自我分类的社会化，自我变得失去个性。这并不带有否定意思，而是说自我分类相对较少带有个性含义。当自我被分类时，也就被刻板化了。刻板化通常用于外群体，外群体成员由于其身份往往被认为具有同样的特征。自我分类理论认为自我知觉也以同样的方式起作用，自我在自我分类的基础上被刻板化；自我定型就是知觉自我和内群体之间的身份。

无论是社会认同理论还是自我分类理论，都强调了个人认同与社会认同的紧密关系，即没有纯粹的个人认同，个人认同是建立在群体基础上的。个人要么是将自己视为群体的成员来认识自己，要么是将群体特征内化为个人特征。当自我被分类时，会失去个性，变得刻板化。自我分类的三个层次并不冲突，但上位层次包含了下位层次。身份建构是建立在对自

我的认识基础上的,在认知操作层面,转喻为个人认同和身份建构提供了机制,即人们总是通过群体特征来实现身份建构。例如:

(14)(在声乐考试中)老师好,我是西藏人。
(15)不要问我是谁,我的名字叫雷锋。

在例(14)中,说话人通过"西藏人"这个群体ICM激活了听话人对这一群体的印象,并将这个群体的特征映射到个体。由于受话语情境限制(声乐考试),"藏族人能歌善舞"这一群体特征得以突显,在这里,"西藏人"转喻"能歌善舞的人"。说话人通过这个转喻将自己纳入这个群体,并同时获得了这个群体的特征。说话人不用详细地介绍自己,就可以使听话人在心中迅速建立起对说话人"能歌善舞"的印象。在例(15)中,说话人通过使用"雷锋"这一群体典范,激活了"助人为乐的人"这一范畴。由于这一范畴的社会规约性很强,听话人可以迅速唤起对这一范畴的印象,以及它"助人为乐"的突显特征。通过使用这个转喻,说话人将自己纳入这个范畴,并同时获得了这个范畴的特征。说话人不用向听话人详细地介绍自己,就可以使听话人在心中迅速建立起对说话人"助人为乐"的认识。

(16)这道菜你们放心吃,巴适得很。
(17)侬晓得伐,我是很会算账的,不会让你吃亏的。

在例(16)中,说话人通过"巴适得很"这句四川方言激活了"四川人"群体ICM,而"这道菜你们放心吃"则突显了这一ICM中关于"四川人"的另一特征"擅长烹饪",使得"说四川话的人"转喻"擅长烹饪的人"成立。通过方言来转喻自己"四川人"的身份,确立了说话人在听话人心中"善于烹饪"的形象。在例(17)中,上海方言"侬晓得伐"激活了"上海人"群体ICM,"算账"突显了"上海人"的另一特征"精于算计",使得"说上海话的人"转喻"精于算计的人"成立,可以增强听话人对说话人的信任。克里斯滕森和德尔文(Kristiansen & Dirven

2008：71）基于概念转喻理论认为，语音不仅是方言的一种外在特征，还具有社会意义，因为它经转喻会唤起相应的社会概念。他们认为，当转喻与不同的语言范畴产生联系时，就能使这个语言范畴与不同的社会范畴产生联系，这时听话人就会对说话人所属群体的特征、社会阶层、意识形态和价值等知识有进一步联系，从而使语音具有了社会意义的功能。这就是转喻理论在"语言转喻身份"中的具体体现。

由上可看出，一方面，转喻思维不仅为社会群体分类提供机制，还为建立在社会群体分类基础上的个人身份认同提供机制。另一方面，我们对群体的认知，特别是刻板印象，也会对转喻的认知运作产生影响。尽管刻板印象常被赋予"偏见"的内涵，被贴上了种族歧视、性别歧视的标签，但在实际生活中，刻板印象常常不仅能够提高人们的认知效率，而且具有相当高的正确性。

5.3 转喻的社会认知理据

认知语言学研究秉持认知的具身观，认为认知是基于我们的身体与世界互动所获得的经验。因此作为一种重要的认知工具，转喻认知也是基于我们的具身经验的。以往我们讨论转喻的具身理据时更多是基于我们对物的自然感知经验，忽略了对人的社会感知经验。但对人的感知区别于对物的感知，我们对社会世界的感知经验同样是转喻认知的重要依据。

5.3.1 具身认知

"具身认知"（embodied cognition）或认知的"具身性"（embodiment）的研究兴起于 20 世纪 80 年代，是认知心理学继认知主义（cognitivism）和联结主义（connectionism）之后的一种快速发展的理论思潮，也是当代心理学和认知科学的一个热门话题。认知主义的核心理论思想是"计算机隐喻"，即人类的心智类似于计算机，是根据特定逻辑规则或数理算法对抽象符号的计算。联结主义的核心理论思想是"大脑或神经系统隐喻"，即人的心智更像是一种人工神经网络。具身认知是相对于离身认知

(disembodied cognition) 而言的，它们分别代表了第二代认知科学和第一代认知科学的核心思想，反映了认知科学从身心二元论到身心一体，从客观主义到经验主义的哲学思想的嬗变。

作为 20 世纪 50 年代末"认知革命"产物的第一代认知科学秉承身心二元论哲学思想，认为认知与身体无关，是一种"离身"的认知。然而，第一代认知科学的"离身观"大大制约了认知科学的发展。知觉现象学的代表人物梅洛-庞蒂（Merleau-Ponty 2005）用"肉身化的主体"替代了传统哲学中的"意识主体"，指出知觉的主体是身体，强调身体对心智的塑造作用，这被视为哲学的"身体"转向。随着哲学的"身体"转向和其他学科的发展，人们开始从批判二元论的哲学传统中寻求新的路径来理解和建构人类的认识活动。在此背景下，以具身认知为核心的第二代认知科学逐渐兴起。这一转变突破了认知心理学经典研究范式的困境，因此具身认知从一开始就被视为传统认知科学的挑战者。从 20 世纪 80 年代开始，西方学者开始聚焦于具身认知研究（如 Lakoff & Johnson 1999；Johnson 1987；Clark 2011）。根据具身认知观，认知是身体与环境互动的结果，而不是发生在大脑中的孤立事件。作为一种解释、说明人类心智和认知的建设性方案，具身认知标志着认知科学研究正经历从传统的离身认知观转变为具身认知观的过程。这突破了认知心理学经典研究范式的困厄，因此具身认知从一开始就是以传统认知科学的挑战者的形象出现在人们的视野之中的。

以具身认知观为基础的认知语言学自诞生之初就高度重视人作为认知主体的身体经验对我们认知方式的塑造作用，认为它们互动的结果反映在了我们的语言结构和使用当中。认知语言学认为，作为重要认知工具，转喻认知是基于我们的具身经验的。如在美国口语中，人们用"red eye"（红色的眼睛）来转喻一种廉价威士忌，因为喝了这种酒会导致眼睛发红。而"red-necked"（发怒的、好战的）一词的认知理据是"人们愤怒时脖子容易变成红色"这一身体反应。以往认知语言学在讨论感知经验时并没有对感知对象进行严格的区分，或者说我们一直有种将认知客体简化为物体的倾向，这种认知观为我们理解事物奠定了重要基础。例如，我们对空间和实体的感知形成了我们对空间和物体的图示，它是我们认识其他概念的基础。转喻的"部分和整体"关系的构建正是基于人们感知空间和物体后在大脑中形成的图示,它为"All hands on deck."这样的表达提供具身理据。但是,社会认知认为不能将对人的认知完全等同于对物的认知,因为"人"具有社会属性,我们应该在自然-文化-社会有机融合的基础上来理解"人"。这也正是"All hands on deck."这样的表达会让人觉得有冒犯之嫌的原因,因为将人视为物体感知的转喻使得作为"人"的其他社会特征被忽略。转喻思维的具身性可以为某些被普遍认可的转喻提供理据。然而,某些跨语言的转喻语法证明了概念转喻的另一个重要方面,即其文化/社会敏感性。正如布达尔-绍博和布达尔(Brdar-Szabó & Brdar 2012:729)所解释的,承认转喻在原则上是普遍的、在语言中无处不在的观点,并不能得出转喻过程是无约束的以及所有人类语言都以完全相同的方式利用转喻的结论。事实上,转喻过程可能受到很多文化和社会因素的制约,转喻的一般原则在各种语言中不尽相同(Lakoff 1987:78)。

在上一章我们讨论社会认知中的转喻类型和特征时可以看到,在转喻与社会互动的过程中,转喻意义的生成与理解比我们想象的要丰富得多。因此,我们认为,我们对社会的认知是在我们对社会世界的知觉、比较和判断的过程中逐步形成的,当转喻作为重要认知工具帮助我们认识社会世界时,社会认知可以为其提供重要的理据。正如杰拉茨和克里斯滕森(Geeraerts & Kristiansen 2014:205)所指出的,认知语言学中意义的经验观实际上至少有两个主要方面:第一,"我们是具身的生物","我们的身体属性影响我们对世界的体验";第二,"我们还具有文化和社会的认同,我们的语言可能会揭示这个认同"。换言之,概念转喻的具身基础是身体、文化和社会的统一。

5.3.2 社会知觉

知觉是个体对作用于其感官的刺激物的整体反映,因刺激物的不同又可分为对物的知觉和对人的知觉。对"人"的知觉是一种社会知觉(social perception),它区别于对"物"的知觉。社会知觉是一种社会认知活动,是对自我和他人的属性和特征的一种整体认识,其结果是形成对他人或自我的印象,其中包括对他人或自我的判断(周晓虹 1991:178)。

对人的知觉要比对物的知觉复杂，因为对物的知觉相对脱离具体社会情境，主要根据其客观属性和特征，如颜色、形状、质地等，较少受社会因素的影响，而对人的知觉不仅要考虑客观的物质属性，还要结合各种社会特征和属性，如社会地位、身份等。此外，经验、态度和需求等因素也会影响知觉。进一步来看，自然物体的属性和特征相对稳定，易于认识和把握；相比之下，对人的认识则需面对其持续不断的变化和发展，单从直观感受上难以准确把握，须在直观感知的基础上进行分析、判断和推理才能形成完整印象。另外，知觉对象通过自己的行为活动可以反过来影响他人乃至周围环境，知觉者和被知觉者双方处于相互影响和相互作用之中。

社会知觉主要包括对他人表情和行为的知觉。人们内心的情绪常常通过外在表情表现出来，因此通过对他人外在表情的感知可以觉察其心理活动，了解其内在的态度和人格特点，进而形成知觉印象并据此指导自身的行为。具体来说，表情包括面部表情、言语表情和体态表情。通过面部表情可以推测和判断他人内心的心理状态（见表5.1）。言语表情是指说话时的语音、语调、语速等变化。语音、语调和语速的变化也可以体现人的态度、情绪和性格特点等。体态表情是指个体身体各部位的外在状态。无论是静态的还是动态的体态都能够反映个体的心理状态。在对他人的感知中，通过眼睛能够直接观察到的除了人的面部表情，还有人的仪表容貌和行为举止。行为方式是个体在现实生活中通过学习和环境影响逐渐形成的行为模式，是反映一个人深层心理构成和人格特征的重要特征，根据他人的行为方式来了解和判断他人对于正确认识和评价他人十分有益。社会知觉是我们对他人形成印象、做出判断的前提条件。通过观察他人的面部表情、言语表情和体态表情等形成印象是一种更为高效地判断和评价他人的方式。由于知觉对象不同，知觉内容也就相应存在差别，对物体的知觉比较客观地反映了物体的基本属性，而社会知觉则更多关注物体所承载的社会意义。

社会知觉具有四种特性。①直接性。社会知觉首先是通过人的感知器官来完成的，即人对社会客体的感知是一个自动的、直接的反应，不需要经过多少思考过程。②整体性。社会知觉是对社会客体属性的整体感知，形成的是一个整体形象。例如，看到某人后，认知主体感知的不仅仅是该人的外部特征（如外貌、身高、衣服等），还包括该人的内在属性特征（如内向或外向、聪明与否等），并伴有整体性判断。③选择性。社会知觉的选择性指知觉者倾向于优先感知并处理有重要社会意义的社会刺激信息，而不是仅仅依据物理属性进行知觉判断。④恒常性。社会知觉的恒常性指所感知的社会刺激的整体属性在一定时间范围内不会发生变化，如"刻板印象"就是群体知觉恒常性的表现（钟毅平，2012：72）。

表 5.1 常见表情的面部特征（王沛，贺雯 2015：124－125）

表情	额头、眉毛	眼睛	脸的下半部
惊奇	眉毛抬起，以至于变高变弯，眉毛以下的皮肤被拉伸；皱纹可能横跨额头。	眼睛睁大，上眼皮抬高，下眼皮下落；眼白可能在瞳孔的上边或者下边。	下颌下落，嘴张开，以至于唇和齿分开，但嘴部并不紧张，也不拉伸。
恐惧	眉毛抬起并皱在一起；额头的皱纹只集中在中部，而不横跨整个额头。	下眼睑抬起，下眼皮非常紧张，并且被拉上来。	嘴张开，嘴唇或者轻微紧张，向后拉，或拉长。
厌恶	眉毛压低，同时压低上眼睑。	在下眼皮下部出现横纹，脸颊推动向上，并不紧张。	上唇抬起；下唇与上唇紧闭，推动上唇向上，嘴角下拉，唇轻微凸起；鼻子皱起；脸颊被抬起。
愤怒	眉毛皱起在一起，并且被压低；眉宇间出现竖直皱纹。	下眼皮非常紧张，可能不被抬起；上眼皮紧张，在眉的动作下可能被压低；眼睛愤怒地瞪着，可能鼓起。	唇有两种基本位置：紧闭，唇角拉直或向下；张开，仿佛要喊；鼻孔可能张大。
悲伤	眉毛内角皱在一起，抬高，带动眉毛下的皮肤运动。	眼内角的上眼皮被抬高。	嘴角下拉；嘴角可能颤抖。

我们秉持转喻的具身认知观，即转喻思维是基于我们的具身经验。因此在社会认知的转喻概念化中，转喻思维不仅以我们对物理世界的感知经验为基础，还依据我们的社会经验，其中社会知觉是我们认识他人的基础。例如：

(18) 孔乙己是站着喝酒而穿长衫的唯一的人。他身材很高大；青白脸色，皱纹间时常夹些伤痕；一部乱蓬蓬的花白的胡子。穿的虽然是长衫，可是又脏又破，似乎十多年没有补，也没有洗。他对人说话，总是满口之乎者也，教人半懂不懂的。因为他姓孔，别人便从描红纸上的"上大人孔乙己"这半懂不懂的话里，替他取下一个绰号，叫作孔乙己。孔乙己一到店。所有喝酒的人便都看着他笑，有的叫道，"孔乙己，你脸上又添上新伤疤了！"他不回答，对柜里说，"温两碗酒，要一碟茴香豆。"便排出九文大钱。他们又故意的高声嚷道，"你一定又偷了人家的东西了！"孔乙己睁大眼睛说，"你怎么这样凭空污人清白……""什么清白？我前天亲眼见你偷了何家的书，吊着打。"孔乙己便涨红了脸，额上的青筋条条绽出，争辩道，"窃书不能算偷……窃书！……读书人的事，能算偷么？"接连便是难懂的话，什么"君子固穷"，什么"者乎"之类，引得众人都哄笑起来：店内外充满了快活的空气。(鲁迅《孔乙己》)

(19) 早餐刚过，下面餐室里已忙打第一圈牌，甲板上只看得见两个中国女人，一个算不得人的小孩子——至少船公司没当他是人，没要他父母为他补买船票。那个戴太阳眼镜、身上摊本小说的女人，衣服极斯文讲究。皮肤在东方人里，要算得白，可惜这白色不顶新鲜，带些干滞。她去掉了黑眼镜，眉清目秀，只是嘴唇嫌薄，擦了口红还不够丰厚。假使她从帆布躺椅上站起来，会见得身段瘦削，也许轮廓的线条太硬，像方头钢笔划成的，年龄看上去有二十五六，不过新派女人的年龄好比旧式女人婚帖上的年庚，需要考订学家所谓外证据来断定真确性，本身是看不出的。(钱钟书《围城》)

(20) 两人回头看，正是鲍小姐走向这儿来，手里拿一块糖，远远地逗着那孩子。她只穿绯霞色抹胸，海蓝色巾肉短裤，漏空白皮鞋里露出涂红的指甲。在热带热天，也许这是最合理的妆束，船上有一两个外国女人就这样打扮。可是苏小姐觉得鲍小姐赤身露体，伤害及中国国体。那些男学生看得心头起火。口角流水，背着鲍小姐说笑个不了。有人叫她"熟食铺子"(charcuterie)，因为只有熟食店会把那许多颜色暖热的肉公开陈列；又有人叫她"真理"，因为据说"真理

是赤裸裸的"。鲍小姐并未一丝不挂,所以他们修正为"局部的真理"。(钱钟书《围城》)

(21) 江尔杰上课时眉飞色舞,下课却像换了一人,他是孤独的,他的眉经常拧在一起,额间形成一个川字。(林雪儿《妇科医生》)

(22) 莽莽苍苍的群山之中走着两个瞎子,一老一少,一前一后,两顶发了黑的草帽起伏攒动,匆匆忙忙,像是随着一条不安静的河水在漂流。无所谓从哪儿来,也无所谓到哪儿去,每人带一把三弦琴,说书为生。(史铁生《命若琴弦》)

从上面的例句中我们可以充分地看到人们如何通过对人的身体、表情、说话以及行为等的感知来建构对他人的认知和印象。在例(18)中,通过对孔乙己外貌特征、语言特征和行为特征的描述,作者构建了人们对孔乙己的印象和判断,并用他"说话总是文绉绉"的语言特征来指称他本人,因为"孔乙己"并不是他本人的真实姓名,这种转喻用法正是来自我们对感知对象的社会知觉。在例(19)和(20)中,通过对"苏小姐"和"鲍小姐"的外貌特征和行为特质的描述,作者让读者形成了关于两个人物不同的印象和判断,如"苏小姐是一个冷若冰霜,没有生气和趣味的人","鲍小姐是一个爱打扮的、性感的、俗气的和充满活力的人",这些印象和判断都具有明显的评价特征。"熟食铺子""真理""局部的真理"则是建立在转喻基础上的隐喻用法,首先通过对知觉对象身体特征的感知,用知觉对象"鲍小姐"的外在特征转喻这个人,在此基础上将其身体特征隐喻为"熟食铺子""真理""局部的真理"。这些用法都是基于对人的知觉。在例(21)中,说话人通过两种典型的表情转喻了描述对象的两种截然不同的情绪,这是基于我们对各种情绪与表情面部特征之间关系的感知。在例(22)中,"两个瞎子""一老一少""一前一后""两顶发了黑的草帽"都属于指称转喻,这些转喻都指称同样两个人,作者通过对描述对象的外貌特征、年龄特征、行为特征等方面的感知来实现转喻操作。

5.3.3 行为归因

社会心理学关注归因(attribution)问题始于20世纪50年代后期。

1958年，海德尔在《人际关系心理学》一书中提出，每个人都是一个朴素的心理学家，他们对自己和他人行为的因果关系都有一种朴素的认识，即能根据常识去认识和理解，做出不同的归因判断。

行为归因指的是对他人的外在行为进行分析和推理，以寻求行为原因的过程，也就是对他人外在行为进行解释和说明的过程。外在行为指通过感官可以直接观察到的行为表现。因果推论有两个重要的原则：第一，人们倾向于把行为归因到一个单一的原因，而非多个相关联的原因；第二，行为的原因被认为要么存在于行为者内部（即内因），要么存在于行为者外部情境（即外因）。内因也被称为性格原因（dispositional cause），存在于个体自身之中，难以通过肉眼观察到，包括人的情绪、动机、人格特质等。外因存在于个体自身之外，可以通过肉眼观察到，包括环境条件、情境特征、社会关系等。海德尔认为，这两种类型的原因是自比性的（ipsative），即当我们用其中一个来解释特定行为时，另一个则较少被用到。海德尔注意到，归因行为并不总是完全理性和逻辑严密的。在人们对自己的行为进行归因的时候，总是倾向于强调外界环境的影响，即归因于外；而在对他人的行为进行归因时，总是倾向于强调他人的性格和素质的影响，即归因于内。这就容易造成归因偏差。事实上，内因和外因作用不同，但共同制约人的外在行为。

行为归因，是社会认知活动的一种，是深层认知的开始，即人们根据感知获得的信息进一步对他人的社会行为进行推论和判断，找到他人施行行为的原因。不同的归因会对行为产生不同的影响，具有动机的作用。这是因为归因中包含评价成分，即归因不仅是对外在行为的解释和说明，也是对行为者的评价，进而对行为者产生动机作用，使他们产生积极或消极改变（周晓虹 1991）。

在转喻使用中，我们对说话对象行为的归因是选择转喻始源概念的重要依据。在例（18）中，人们之所以选择"孔乙己"来指称人，除了考虑到孔乙己的外貌特征和行为特征，他的语言特征也是判断其身份的最重要依据，通过孔乙己的说话方式，人们可以推断出他是个读过书的人，而"读书人"的身份与他的穿着和行为方式产生了一般常识上的冲突，于是人们通过归因将他归入"穷困潦倒的、迂腐的读书人"的范畴中。在例

(19)和(20)中，人们对"苏小姐是一个冷若冰霜，没有生气和趣味的人""鲍小姐是一个爱打扮的、性感的、俗气的和充满活力的人"的判断也是基于对她们行为的归因。

在我们经常引用的例子"She's just a pretty face."中，通过"部分转喻整体"，说话人用描述对象的外貌特征来指称描述对象，即用"漂亮脸蛋"转指"长着漂亮脸蛋的人"。事实上，该句并不只表达了"她只是一个美人"的字面意义，还涉及消极的评价意义（Lakoff & Johnson 1980：37）。这个消极的评价从何而来？我们认为这与说话人对知觉对象的行为归因有很大的关系。根据话语我们可以推断，说话人与谈论对象认识并有一定的了解。基于对描述对象平时的了解，说话人除了归纳描述对象的外在特征（如长得漂亮），还通过谈论对象的行为特征归因了她的性格特征（她做事不够聪明智慧，经常会犯一些不该犯的错误），这样的归因激活了关于女性的刻板印象，即"长得漂亮的女性往往徒有其表"。这种归因和推断促使说话人选择"pretty face"作为转喻始源概念，通过转喻始源概念触发刻板印象，实现了对谈论对象的消极评价，即"她只是长了一张漂亮的脸蛋却空有其表"。利特莫尔（Littlemore 2015）通过语料库搜索得到64个这样表达的例子，其中有60个出现在"not""more than""far from"这些词的前面，剩下4个都是直接表达批评的想法，即某人可能"只是一个美人"，因为"仅是脸蛋漂亮是不够的"。因此，利特莫尔认为，在分析此表达时，不考虑它所涉及否定评价的事实是不恰当的，因为这样的用法在英语中很常见。

5.3.4 社会范畴化

范畴化是人类认知的基础，因此社会范畴化也是人们认知自我和他人的基础。在日常生活中，为了理解人或物，或者为了理解社会环境和物理环境，人们会进行分类，把它们纳入不同的范畴或类别，即范畴化。社会范畴化指认定某个人隶属于某个特定社会群体的过程。社会类别的产生与发展源自想要简化过度复杂的社会世界的意图。通过将个体归类至其属性团体中，我们就可以简化现实，使现实更易于理解。此外，这种分类的功能性认知需求无法避免地与刻板印象相关。当我们对一个族群及其成员做广泛性描述时,刻板印象就会无可避免地、自动化地在分类过程中产生。

人们不仅在认识个人时会发生认知偏差,在认识群体时也会发生认知偏差,刻板印象就是一个例子。社会刻板印象是人们对某个社会群体的一种概括而固定的看法。一方面,这种刻板印象包含了一定的合理和真实的成分,有助于简化人们的认识过程,对人们的社会认知具有积极的作用;另一方面,刻板印象也具有较高的稳定性,往往会阻碍人们接受新事物,对人们的社会认知具有消极的影响,容易导致成见(安德烈耶娃 1984:127)。

内群体和外群体的区分制约着人们的认知和评价,往往导致内群体偏爱(ingroup favoritism)或外群体贬抑(outgroup derogation),即对自己所属群体的偏爱或对他群体的贬抑。这种对内群体的偏爱和对外群体的贬抑也会对社会互动行为产生影响,如人们更倾向于与内群体成员合作或对内群体成员展示积极的社会行为(Gaertner & Dovidio 2000;Voci 2006)。菲舍尔(Fischer 2000)在与人和计算机对话的实验中发现,参与者在与人的交流互动中更倾向于与人进行积极的合作,并表现出礼貌行为(积极的社会行为),而在与计算机系统对话时则表现出消极的合作和礼貌行为。在语言使用上,说话人在与计算机对话时使用的表征礼貌功能和互动功能的表达明显少于与人的对话,而表征不礼貌功能的表达则明显多于与人的对话。他认为这是社会范畴化的结果,即说话人将人归为内群体成员,而将计算机系统归为外群体成员。

(23) the perfect **set of wheels** for the young racer

例(23)中"set of wheels"转指整个汽车,是"部分转喻整体"。利特莫尔(Littlemore 2015)通过语料库发现,"set of wheels"指代整个汽车的用法总是发生在年轻人群体谈论汽车的时候,而且往往是作为一种积极的评价。这种积极的评价可能来自这样一个刻板印象:年轻人总是喜欢追求速度,他们对汽车的高速性能有一种共同的积极的偏好。"高速"这一特性在年轻人的认知中,往往与"酷""炫""刺激"等具有积极评价的概念紧密相连。此外,这里还涉及"具体转喻抽象",即"车轮转喻汽车速度"。将车轮作为整个汽车的突显部分可能会唤起车轮快速旋转的画面。具体事物转喻抽象概念具有再情境化的作用，强调高速行驶的汽车。许多汽车广告通过特写镜头展示高速旋转的车轮来彰显汽车的高速性能，这种转喻方法的运用正是为了吸引年轻的汽车购买者。说话人通过车轮转喻汽车速度，传达了自己对汽车高速性能的一种积极评价。

平衡理论（Heider 1958）认为，我们对他人的认同与否视我们感知彼此共享态度的相同程度而确认。社会认同理论（Tajfel 1981）也认为，共享相同态度的程度是将世界划分为"我们"和"他们"的基础。通过选择"汽车速度"作为谈论的话题，说话者更能彰显年轻人群体的共同态度，更能获得群体的认可和好感。对于年长的人来说，"高速"往往与"危险"概念产生关联，因此可能会产生消极的评价，而说话人对"高速"的崇尚则可能正是想彰显自己的年轻。例句"She's just **a pretty face.**"也有类似的作用。根据社会认同理论和自我分类理论，关于女性的刻板印象不是一个关于个体的概念，而是关于群体的概念。通过将指称对象归入其中并表达对指称对象的否定评价，说话者同时将自己与包括指称对象在内的群体进行了区分，即"我不是其中的一员"。

5.3.5 态度

态度（attitude）一直是社会心理学研究的重要领域。社会学家托马斯认为，"社会心理学就是研究态度的科学"。态度是行为的决定因素，也是预测和控制行为的最佳途径（钟毅平 2012：104）。态度理论与社会心理学中的社会表征理论、社会认同理论、人际理论等密切相关，它们在社会概念化、认同，以及人际和群际关系等方面共同起着作用。

社会心理学家们从不同的角度定义态度。奥尔波特（Allport 1935）认为态度通过经验组织起来，是一种心理和神经状态，影响个人对外部环境的反应。此定义强调了态度的经验基础以及态度在情境中的引导作用。受认知理论的影响，社会心理学家认为态度是个体对自己所生活世界中某些现象的动机过程、情感过程、知觉过程的持久组织，强调态度的表征过程。佩蒂和卡肖波（Petty & Cacioppo 1996）认为，态度是关于某人、物或议题的一种普遍且持久的正面或负面的感觉，强调了态度的持久性。奥古斯蒂诺、沃克和多纳休（Augoustinos, Walker & Donaghue 2006）认为态度的核心是评价，传达我们对于某物或态度所指事物的思考及感受。

我们从不同的定义可看出态度的一些共同特征。第一，态度有特定的指示对象，可以是具体的人、物、事，也可以是比较抽象的概念。指示对象只有在被分类到与该态度有关的类别中时，才与态度产生关联。第二，态度的核心是评价。人们在认知时总是带有一定的倾向性。态度所涉的评价向度可能是普遍性的或特殊性的、社会共享的或独特的，评价的向度可以适用于所有对象或特定对象。第三，态度是反应的决定因素，是行为的基础。人们对态度对象的评价会在此对象身上出现反应，并可能带来进一步的行动。第四，态度是相对持久的概念结构，基于人们对世界的经验。虽然态度会因新经验而改变，但态度通常不是一个短暂性的评价，而是对特定事物、个人或议题的知识和经验的稳定表达。

社会心理学认为，态度会影响行为，自然也会影响语言的使用。态度也是社会认同的重要标志，共享态度是心理团体组成的一个基础。不同的社会团体对于特定态度可能有不同的特殊规范，某一个时刻特定社会认同的突显将影响规范性态度与行为的表达。姜灿中和匡芳涛（2019）以明确支持特朗普的《拉斯维加斯评论报》（*Las Vegas Review-Journal*）和明确反对特朗普的《华盛顿邮报》（*Washington Post*）为例，考察了否定构式和疑问构式的使用情况。通过研究他们发现，两种报纸在有关特朗普的报道中使用的否定构式和疑问构式存在数量上的差异，反对特朗普的《华盛顿邮报》明显多于支持特朗普的《拉斯维加斯评论报》。

(24) 马拉多纳的上帝之手将英格兰送上了回家的飞机。
(25) 宁愿坐在宝马车里哭也不愿坐在自行车上笑。

在1986年墨西哥世界杯足球赛1/4决赛中，阿根廷足球队队长马拉多纳在进攻中用手将球打入英格兰队的球门，这就是著名的"上帝之手事件"。在例（24）中，"用手将球打进球门"只是整个进球过程中的一个场景，它激活了"运动员跳起、用手击球、球进入球门"的整个场景。这里"上帝之手"具有明显的评价意义。"上帝之手"的说法来自马拉多纳在赛后新闻发布会上的发言,他认为这个进球"一半是上帝之手,一半是马拉多纳的脑袋"。对于阿根廷人来说,他们刚刚在马岛战争中被英国人打败,赢球可能是他们报复英国人最好的方式。他们认为这个进球是上帝对英格兰人的惩罚,因此并不为"用手赢得比赛"感到羞耻。然而,马拉多纳的行为和发言却遭到了大多数人的嘲笑。对于足球运动员和足球比赛的观众来说,"用手击球"是犯规的行为,通过手球赢得比赛不是一件光彩的事情,因此他们借用马拉多纳"上帝之手"的说法来讽刺"通过手球来进球"的行为。

例(25)来自电视征婚节目,征婚女嘉宾通过转喻表达传达了自己的择偶观和婚姻观。句中涉及"所有物转喻所有者"和"结果转喻原因",即"宝马车/自行车转喻拥有宝马车/自行车的人"和"哭/笑转喻高兴/悲伤"。转喻目标"拥有宝马车/自行车的人"激活了有关这类人的刻板印象,即"开宝马车的人往往代表社会中的成功人士,他们受到良好的教育,拥有体面的工作和良好的经济基础,穿着讲究,出门开宝马或奔驰这样的好车等,经常被通俗地认为是'有钱人',而骑自行车的人则被认为是不那么成功的'穷人'"。因此,女嘉宾的转喻表达最终被理解为"即使不喜欢也要选择有钱人作为的自己婚恋对象,不会因为喜欢而选择穷人",反映了女嘉宾对择偶和婚姻的价值观,传达了她对这种价值观的肯定态度。但是,节目播出后,其观点与社会文化中人们普遍认可的择偶观和道德观相悖,因此女嘉宾被认为是"嫌贫爱富",被贴上了"拜金女"的标签。有趣的是,如果将句子中转喻的喻体交换,即"宁愿坐在自行车上笑也不愿坐在宝马车里哭",很有可能会被理解为"即使对方贫穷也要选择自己爱的人,不会因为物质条件而放弃爱情",而说话人也更容易被大众接纳。

可以看出,人们在利用转喻表达态度时受到他们对所在群体的社会和文化认识的影响。此外,根据平衡理论和社会认同理论,人们对他人的肯定或否定可以在很大程度上取决于对彼此共享态度的相同程度的感知。群体为个体提供了一个范围,以便我们比较与他人态度的相似程度,并借此评估自身态度的适当性。当个体的态度与自己所在群体一致时,他们会得到群体的认同,被群体接纳;当个体的态度与自己所在的群体不一致时,他们会受到群体的排斥。为了得到群体的认同,人们会主动调整自身,如重新选择转喻喻体以改变态度的表达。因此,当个人的婚姻观与社会普遍接受的婚姻观一致时,人们通常持肯定的态度,反之则持否定的态度。这时人们可能会改变自己的态度,并通过有效的方式让群体成员感到自己与他们在态度上的一致,进而改变群体成员对自己的看法,获得群体的肯定。社会范畴化受态度中的认知成分和情感影响,如果认知主体对客体持积极态度,则认知主体倾向于将认知客体归为内群体成员,反之则倾向于将之归为外群体成员(姜灿中,匡芳涛 2019)。

5.4 小结

本章主要讨论了转喻的社会认知功能和转喻的社会认知理据。

转喻不仅是我们认识社会世界的概念工具,同时也是我们构建与社会世界之间关系的重要工具,在社会认知中具有认知功能、评价功能、人际功能和身份建构功能。转喻的认知功能表现在两个方面:一方面转喻作为最基本的认知方式是我们认识他人的重要概念化工具,另一方面转喻是我们理解意义的概念工具,尤其在面对纷繁复杂的社会意义时,转喻可以帮助我们理解最简洁的语言形式所承载的复杂意义。社会认知始终伴随评价,转喻的评价功能主要表现在转喻可以允许人们使用他们对社会世界的共同知识,通过转喻在语言表达上的间接性和简洁性来表达观点和态度。转喻的人际功能主要表现在维护人际关系上。转喻可以允许我们通过间接言语行为、委婉表达,以及创建话语团体共享的语类来维护人际关系。身份建构是个体重要的社会认知活动,它与社会认同密切关联。人们总是通过将个人归入群体或将群体心理化来实现自我认同,转喻是实现个人身份建构的一种有效机制。

概念转喻秉持认知语言学的具身认知观,认为认知是基于我们的身体与世界互动所获得的经验。以往我们在讨论转喻的具身理据时更多是基于我们对物的自然感知经验,忽略了对人的社会感知经验。实际上,我们对社会世界的感知经验同样是转喻认知的重要依据,即概念转喻的具身基础是身体的、文化的和社会的统一。

正如我们对物的自然感知经验可以为转喻提供理据，我们对人的感知经验同样为转喻提供理据。但对人的感知区别于对物的感知，对人的知觉是一种社会知觉。人们不仅通过对知觉对象的客观物质属性来建立认识，还通过知觉对象的各种社会特征来建立认识，而知觉对象也能通过自己的行为活动影响他人及周围的环境。观察他人的身体特征、面部表情、行为方式等形成印象是一种更为高效地判断和评价他人的方式。对物体的知觉比较客观地反映了物体的基本属性，而社会知觉则更多是物体的社会意义。行为归因是一种社会认知活动，是人们深层认知的开始，即人们根据感知获得的信息进一步对他人的社会行为进行推论和判断的开始，不同的归因会对行为产生不同的影响，归因中包含的评价成分具有动机的作用，促使人们产生进一步的行动。在转喻使用中，我们对说话对象行为的归因是我们选择转喻始源概念的重要依据。社会范畴化是人们认知自我和他人的基础，通过将个体归类至其属性团体中，我们就可以简化现实，使现实变得更易理解。在社会范畴化中，人们总表现出对自己所属群体的偏爱，或对其他群体的贬抑。这种社会认知方式可以指导转喻的使用以达到区别自群体和他群体的目的。态度是行为的决定因素，态度会影响行为。共享态度是心理团体组成的基础之一，社会团体对于特定态度有特殊的规范，某一个时刻特定社会认同的突显将影响规范性态度与行为的表达，因此态度也是影响转喻使用的重要原因。

第6章

转喻构建的社会
认知过程

第 6 章　转喻构建的社会认知过程

6.1　引言

认知语言学研究的核心是意义，认为意义即概念化。社会认知中的转喻概念化就是一个意义产生的过程。从前两章的分析中我们可以看到，转喻在社会认知中可以传达非常丰富的意义。转喻之所以具有这样的特征，一方面在于转喻的概念本质，另一方面在于转喻与社会世界的互动，即转喻在语言和其他交际形式中是一个动态的认知过程。认知语言学认为意义具有百科知识性，基于经验的百科知识被组织为知识结构。这些认知结构是多方面的、动态的和交互的，任何知识结构都可作为意义描述的背景，对一个语言表达式意义的描述可以参照多个认知域。

基于兰厄克（Langacker 1987）的百科知识语义观，克罗夫特（Croft 1993）认为转喻运作的矩阵域具有百科知识性，说话人对转喻意义的理解源于对百科知识的解读。克罗夫特（Croft 2009）提出了社会认知语言学的意义原则：意义既是百科的，又是社会共享的。这意味着话语理解依赖我们对外部世界的共享知识、信仰和态度等；意义识解是一种交际识解，其特征表现为一个特定的意义可以有两种可能的识解，某一个特定场景具有优先识解权。文旭（2019）提出了社会认知语言学研究的意义观假设和原则，认为意义是既是百科的（包括社会认知功能）也是共享的，意义是社会概念化。转喻构建的社会认知过程就是一个社会概念化的过程，与人们对百科知识的理解密切相关，特别是与社会共享知识以及知识与社会认知语境之间的互动密切相关。

6.2　转喻构建的社会认知基础：共享知识

认知语言学认为语言的核心是意义，意义是一个概念化的过程，即人们对事物的理解是在已有经验知识的基础上的心理建构过程,因此意义具有百科知识性(Evans & Green 2006)。认知语言学的百科知识语义观对传统语义学的观点提出了挑战。

　　传统语义观(通常被称为意义的词典观)认为,意义可以分为词典成分和百科成分。根据这个观点,词典知识构成词汇意义,而百科知识是语言知识之外的知识,属于"世界知识"的范畴。根据该假设,语言知识(例如"bachelor"意为"未婚的成年男性")是语言特有的,在本质上不同于其他类型的"世界"或"非语言"知识(例如提到"bachelor",人们会联想到"单身公寓、性征服和脏衣服的刻板印象"等)。在语义词典观观照下,语义学家将他们的研究限制在内在的或非语境的词汇意义上,而关于外部世界如何与语言意义相互作用的问题则被认为是属于语用学研究的范畴。这一关于语义的传统观点被很多语义学家广泛接受,特别是形式语言学家,他们对词义研究采取了一种成分分析的方法,认为词义可以根据语义特征来建立模型。

　　根据认知语言学的观点,词汇知识与"世界"知识之间的严格区分在许多方面都存在问题。首先,词典观假定词义有一个"核心"语义,即词义的"本质"方面。这个核心语义区别于词汇意义的其他非本质方面,比如词汇带来的联想。认知语言学家认为,从一个词的"核心"含义或外延中排除某些类型的信息是任意的,因为判定一个特定的信息是"核心"或"非核心"并没有一个客观的标准。其次,词典观认为,尽管一个词语可以通过同义词等词汇关系与其他词汇关联,但定义词汇意义与语境无关。与此相反,认知语言学家(如 Fillmore & Atkins 1992;Langacker 1987)认为,人类语言中没有独立于语境的词汇,词汇总是通过框架或认知域来理解的。框架或认知域是人类经验的图式化或知识结构,它在概念层面上表征并保存在人们的长期记忆中。这些知识结构将人类经验中的特定文化场景或事件的相关元素与实体联系起来。根据菲尔莫和兰厄克的观点,与特定语法结构相关的"意义"不能独立于与它相关的框架或认知域来理解。另外,词典观认为一个词的意义决定了它的使用。但认知语言学基于用法的观点认为,一个意义产生于使用中,不能将语言意义简单划分为语义(意义与语境无关)和语用(意义与语境相关)。认知语言学认为,在语义和语用之间强行进行原则性的区分导致了两种意义之间出现一种人为的界限，而语言使用的语境对语言的意义至关重要，一些语言现象无法仅通过语义或语用的解释来孤立地予以说明。因此，认知语义学家认为，语言知识不能从"世界"知识中分离出来，"语义"知识也不能从"语用"知识中分离出来。

认知语义学家强调，百科知识是构成语言意义基础的概念知识系统，它考虑了比单纯的语言现象更广泛的现象，这与"认知承诺"是一致的。百科知识语义观的观点主要体现在以下几个方面（Evans & Green 2006：215-221）：

①语义学和语用学之间没有本质区别。认知语义学家拒绝这样一种观点，即词汇项的"核心"意义与语用、社会或文化意义之间存在本质区别。认知语义学家认为语义知识和语用知识是一个连续统，在极端情况下它们可能有质的区别，但在实践中往往很难被明确地区分。认知语义秉持这一立场的原因主要来自认知语言学基于使用的观点（文旭 2002，2011），即语言使用的语境指导意义的构建，故词义是语言使用的结果，语用意义才是"真正的"意义，而词汇的编码意义是一种从语言反复使用的经验中抽象出来的心理表征。因此，意义本质上是语用的，是语境化的。

②百科知识是结构化的。认知语义学家认为百科知识是一个有结构的知识系统，形成百科知识网络，其中不是所有知识都具有同等地位。

③百科意义区别于语境意义。百科意义通过百科知识与语境相互作用，百科意义的"选择"是由语境决定的。语境类型包括（但不一定限于）可获取的百科信息、上下文语境、韵律语境、情景语境、人际语境等。每一种不同的语境都有助于特定词汇的语境调节。

④词汇项是百科知识的起始点（points of access），百科知识为意义构建提供一个庞大的百科知识网络。

⑤百科知识是动态的。一个词汇项的中心含义是相对稳定的，但词汇项所提供的百科知识是动态的。

百科知识语义观整体上可概括如下：①意义理解是灵活开放的，言内知识与言外知识没有本质区别，但与知识的中心度和被激活的可能性有关；②词汇只是意义构建的一个"提示"，在具有组织结构的百科知识网中，与某个词项关联的常规意义引导意义构建；③词汇百科知识源于人类体验，具有动态性；④特定意义的激活是百科知识与语境共同作用的结果（马辰庭 2016）。

认知语义学认为百科知识是结构化的知识系统，意义的理解必须依赖作为认知背景知识结构。由百科知识组成的背景知识结构类似于菲尔莫提出的"框架"或莱考夫提出的理想化的认知模型，是转喻运作的"认知域"或"概念域"（刘瑾 2018）。根据百科知识语义观，语义包含语言内知识和语言外知识，两者在本质上没有区别，词义的理解是灵活和开放的。在社会认知中，由于概念化对象的复杂性，转喻目标意义的生成和识解是一个动态和复杂的过程，它不仅涉及语言内知识，还涉及语言外知识。百科知识为转喻运作提供认知基础。例如：

(1) a. We need more **hands**.
　　b. We need more **heads**.
　　c. We need more **brains**.
　　d. We need more **muscles**.

在例（1）的四个句子中，根据我们对"人"的百科知识和上下文语境，"部分—整体"转喻认知模式被激活，即身体部位"hand""head""brain""muscle"都可以转指"人"。"身体部位转指人"的转喻用法是建立在一种共享知识基础上的，即"身体部位是身体的一部分，它们分别具有不同的功能"。根据"hand""head""brain""muscle"的语义特征，它们分别突显了"人"的不同方面，"hand"转指"用手劳动的人"，"head"转指"具有领导能力的人"，"brain"转指"具有较高智力能力的人"，"muscle"转指"肌肉发达（有力量）的人"。在"身体部位转指人"的转喻关系中，"hand""head""brain""muscle"的知识类属性存在差别。"hand"的类属性高，因为"大多数劳动都需要双手来完成"。在语言使用的具体情境语境中，"hand"可以转指通常意义上的"从事体力劳动的人"（如建筑工人或水手），也可以转指"从事某项具有技能要求的人"（如工程师或办公室工作人员），这是在具体语境引导下以百科知识为框架通过联想和推理获得的。"head""brain""muscle"的类属性低于"hand"，因为它们更具体，只适用特定的类别，对语境的依赖性较弱，我们可以通过百科知识直接获得转喻目标意义。因此，转喻目标意义的获得是个体基于百科知识运作的结果。

徐盛桓（2006）认为，转喻激活是通过集体意向性和个体意向性在百科知识网内使意义表述对象化、具体化、经验化的过程。在语言的真实使用中，以上四种转喻用法的意义更加丰富，这与转喻目标意义涉及的社会共享知识有关。在我们的社会认知中，例（1b）和（1c）中的转喻目标"具有领导能力的人"和"具有较高智力能力的人"在现实生活中往往被人们称为"脑力劳动者"或"白领"，他们往往从事较高层次的管理工作或技术领域的工作，享有较高的社会地位和经济收入；而（1a）和（1d）中的转喻目标"劳动者"和"肌肉发达（有力量）的人"在现实生活中往往被人们称为"体力劳动者"或"蓝领"，他们往往从事技术要求不高的体力工作，社会地位和经济收入可能不高。因此，通过百科知识我们从以上四句话不仅获得了"我们需要什么样的人"的意义，还知道了"我们可能会给予他们什么"的意义。由此可见，我们在认识社会世界时，百科知识，特别是社会共享知识为转喻提供了重要的认知基础，处于优先识解的地位。

克罗夫特（Croft 2009）提出了社会认知语言学的四个原则：①大脑里的语法结构和加工不仅是一般认知能力的实例，而且还是一般社会认知能力的实例；②语法是由形式、意义和社会三部分组成的，即语法是形式意义配对体，它是社会共享的；③意义既是百科的，又是社会共享的，即话语理解依赖我们对外部世界的共享知识、信仰和态度等；④意义识解是一种交际识解，其特征表现为一个特定的意义可以有两种可能的识解，而某一个特定场景具有优先识解权。文旭（2019）提出了社会认知语言学研究意义观的假设和原则，认为意义是既是百科的（包括社会认知功能）也是共享的，意义是社会概念化的。王寅（2007：303）认为语义植根于语言使用者共享的百科知识体系。在转喻构建的社会认知过程中，百科知识网中具社会认知功能的、共享的社会知识会优先为我们提供认知背景。

我们这里所说的"具社会认知功能的、社会共享的百科知识"就是社会心理学"社会表征"的概念。社会表征是集体成员在交往中创造和发展的、全体成员所共有的观点、思想、形象和知识,是一种集体建构且共享的具有社会性与文化性的百科知识,用来理解特定的主题(Moscovici 1988)。社会表征构建了我们对社会的理解,塑造了我们的信念、态度和观点,帮助人们定位自己与社会对象之间的关系。社会群体通过社会表征建立认同,并将自己与社会其他群体加以区分。莫斯科维奇(Moscovici 2001)认为,社会表征是一个社会性的态度,使集体成员可以辨认出特定的表达或行为的评价意义。

社会表征的特征决定其在社会认知中具有知识的优先选择权。社会表征具有群体共享性和群体差异性。社会表征被同一群体内的所有成员共同拥有,是群体成员之间交流与沟通的基础,具有"社会共享"这一重要特征。同时,群体中存在相互竞争的子群体,子群体间在社会表征一致程度上存在差异。社会表征具有社会性和行为说明性。作为一种经验性和常识性的知识体系,社会表征根植于人们的社会互动过程,具有社会性。同时,社会表征可以对社会群体成员的行为、思想和感知施加一种近乎强制性的影响力,即"行为说明性"。社会表征具有相对稳定性和长期动态性。作为一种共享知识体系,社会表征一旦产生就具有超越成员个体而独立存在于社会的特性,在一定时期内具有相对的稳定性。随着社会群体成员经验不断丰富和成员间社会互动日益加深,人们会对原本持有的社会表征与实际感受之间的差异产生疑问,进而导致对现有社会表征的修正甚至是重新导向(管健,乐国安 2007)。例如,

(2) 你这样真的很美国。

(3) 推拿师们的依据是嗓音。当然,还有措词和行腔。只要客人一开口,他们就知道了,是"领导"来了,或者说是"老板"来了,再不然就一定是"老师"来了。错不了。(毕飞宇《推拿》)

(4) 我不能拍拍屁股走人。

(5) 他三十多岁了,还在吃父母。

(6) We don't hire **longhairs**.

(7) I couldn't bear the way men regarded me as just **a pair of**

legs.

(8) She's just a **pretty face**.

(9) Society treats **blacks** differently.

(10) 商人终归是商人，他们看见咱们方家现在失势力了。这种

...

名势力的暴发户，咱们不稀罕和他们做亲家。（钱钟书《围城》）

例（2）中，"美国"是一个语法转喻，"美国"发生了由名词向形容词的范畴转换，其句法和语义特征由名词转换为描写特征的形容词"美国的，美国人的"，意为"美国人特有的行为方式和价值观等"。"美国人特有的行为方式"是一个社会性的概念，不同的社会群体对于它的表征可能不同，尽管这一表征存在一定差异，但在同一群体内存在一个基本一致的共享的表征。例如，有的群体认为"美国作为目前世界上唯一的超级大国，缺乏对别国和民族的尊重，傲慢无理，为推行自己的价值观和维护自身的利益不惜在世界各地挑起战争"。这些表征构建了不同的群体对美国的理解，塑造了群体成员的信念、态度和观点，群体成员以此建立群体内部的认同，并将他们与其他群体区分开来。例（3）[第4章例（33）]中，推拿师们对"领导""老板""老师"具有群体共享的观念和态度。当他们提到这些词语时，他们的大脑中会自动浮现出这些词所代表的典型形象，包括他们说话的方式、性格特征、经济状况等。这些认识还会进一步指导他们的行为，即他们会用不同的方式来对待"领导""老板""老师"。在例（4）[第4章例（40）]中，部分场景"拍拍屁股走人"转喻整个场景"一个人做了错事，造成了不好的后果，然后不负责任地走掉"。这一场景激发了社会群体对这类人的共同认识，即"做了错事不负责任地走掉的人是没有责任感的人"，对这类人大家往往持批评的态度。例（5）[第4章例（56）]中的"吃父母"是语法转喻，通过转喻语义发生了改变，从"吃父母做的饭菜"变为"依靠父母提供的生活所需而生活"。社会群体共享着这样的观念："正常成年人应该自食其力，承担成年人应该承担的责任和义务。如果一个正常的成年人还要依靠父母生活是不对的。"这样的观念引导我们认识社会世界，对现实生活中的"啃老"现象持消极评价态度。其他几个例子都与刻板印象有关。例（6）—（8）[第4章例（57）

—（59）］是关于"女性"的刻板印象，反映了特定群体在社会文化的主导下对于女性的刻板认识，这种刻板认识往往具有评价意义，并具有很强的行为指导作用。例（9）［第4章例（60）］是关于"黑色人种"的刻板印象。在特定群体中，当人们提到这个词就会激活对这个群体的具有消极意义的概念，如"黑人受教育程度低、很懒惰，犯罪率高等"。例（10）［第4章例（77）］是关于"商人"的"重利轻义"的刻板印象。尽管刻板印象会造成人们的认知偏差，但在社会生活中却是指导人们认识世界的重要基础。

6.3 转喻关系构建：社会认知调节

在转喻建构中，转喻始源概念与转喻目标概念建立转喻关系是关键。根据潘瑟和索恩伯格（Panther & Thornburg 2003），转喻始源概念与转喻目标概念是基于概念的邻近，但这种邻近性具有偶然性和可取消性，即并非概念上的必然。在百科共享知识提供的认知背景中，指示转喻始源概念的喻体和转喻目标概念的选择在遵循一定原则的同时受社会认知的调节。

6.3.1 转喻喻体的选择

根据百科知识语义观，在具有组织结构的百科知识网中，转喻喻体是意义构建的一个"提示"，它指示的转喻始源概念激活与其有特定关系惯例的转喻目标概念，兼两者建立转喻关系，与转喻始源概念关联的常规意义引导意义构建。因此，转喻关系的建构首先要确定一个转喻目标概念关联的始源概念。

莱考夫和约翰逊（Lakoff & Johnson 1980：37）认为转喻是基于认知突显。大多数关于突显原则的研究都是基于人类的感知经验，即感知显著度，如易感知、易辨认的部分往往具有感知显著性，可以代替整体或其他部分，而具有完型感知的整体可以代替部分。克罗夫特（Croft 1993）认为一个概念转喻另一个概念是基于两个概念实体在认知突显度上的不平衡，一般情形下有生命的比无生命的显著，整体比部分显著，容器比内容显著，具体的比抽象的显著，近的比远的显著。拉登和科夫斯（Radden & Kövecses 1999）认为，作为转喻参照点的喻体本质上是认知的，喻体的选择受认知原则的驱动或限制，同时转喻在交际中也起着重要作用。他们从认知原则和交际原则两大方面对转喻喻体的选择原则进行了总结（见图6.1），提供了一系列有用的原则，用以解释为什么某些类型的词汇或短语可以被选择作为喻体来指示转喻始源概念，而其他类型则不会。下面我们以此为模型分析转喻关系构建时喻体选择的原则以及社会认知的调节作用。

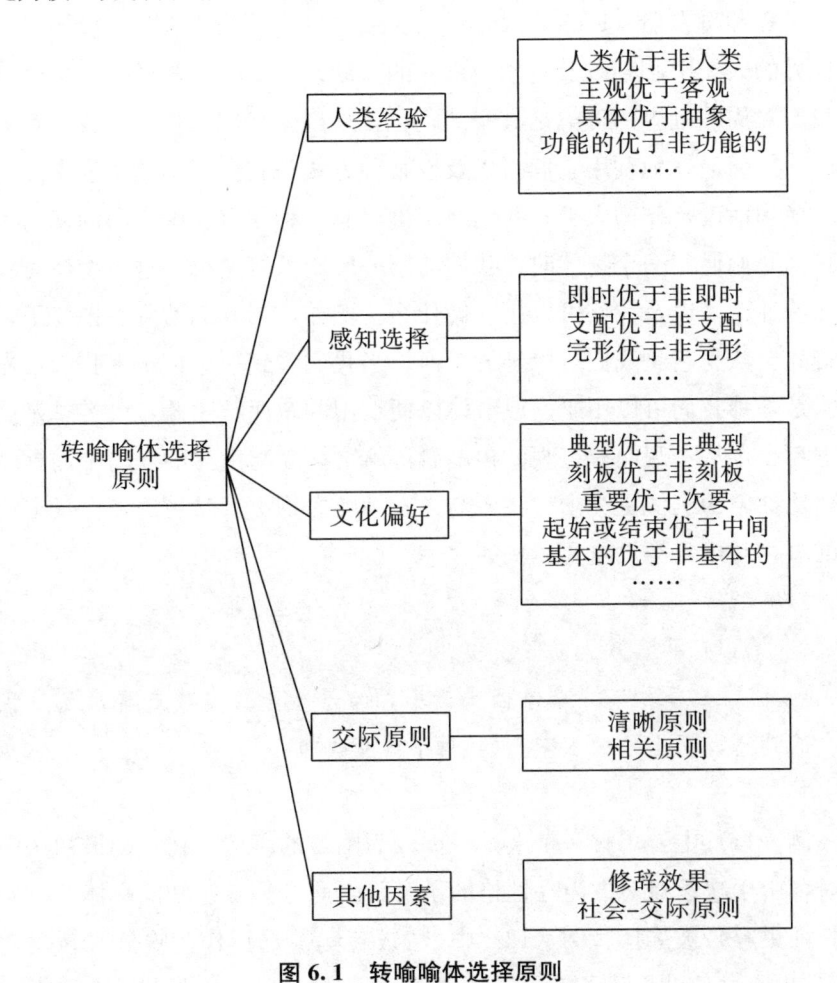

```
                           ┌─ 人类优于非人类
                           │  主观优于客观
              ┌─ 人类经验 ──┤  具体优于抽象
              │            │  功能的优于非功能的
              │            └─ ……
              │
              │            ┌─ 即时优于非即时
              │            │  支配优于非支配
              ├─ 感知选择 ──┤  完形优于非完形
              │            └─ ……
              │
              │            ┌─ 典型优于非典型
转喻喻体选择   │            │  刻板优于非刻板
  原则      ──┼─ 文化偏好 ──┤  重要优于次要
              │            │  起始或结束优于中间
              │            │  基本的优于非基本的
              │            └─ ……
              │
              │            ┌─ 清晰原则
              ├─ 交际原则 ──┤
              │            └─ 相关原则
              │
              │            ┌─ 修辞效果
              └─ 其他因素 ──┤
                           └─ 社会-交际原则
```

图 6.1　转喻喻体选择原则

拉登和科夫斯（Radden & Kövecses 1999）提出的转喻喻体的认知原

则（cognitive principles）可分为三大类：人类经验，即我们与世界日常互动的经验；感知选择，即经由我们大脑的工作方式而更容易注意到的事物；文化偏好，即经由我们成长的文化而更容易注意到的事物。除此之外，我们对某些喻体的偏好也会受到我们对交际中清晰和相关的需要的影响，即交际原则。此外，还有一些其他重要的因素，如产生某种修辞效果的欲望，或者说话委婉。为了达到不同的交际目的和修辞效果，说话人在选择喻体的过程中会有意或无意地违背一些认知原则或交际原则，因而认知原则之间或认知原则与交际原则之间往往会产生冲突（张绍全 2009）。

拉登和科夫斯（Radden & Kövecses 1999）认为，人类经验源自我们对世界的人类中心观以及我们与世界的互动。认知语言学的一个关键原则是我们对周围世界的理解是具身的，也就是说，我们从事物对我们意味着什么，如何最好地利用它们，以及以某种方式与它们互动的角度来理解它们。换句话说，作为人类，我们对于世界有一种"自我中心"的视角。因此，当我们遇到一个物体时，我们的第一反应可能是思考这个物体对我们意味着什么，以及我们可以用它做什么。例如，当我们看到一把椅子，我们首先会认为它是我们可以坐的东西；当我们看到一个杯子，我们首先理解它是一种我们可以用于盛放液体以便饮用的东西。因此，人类总是优先考虑自己，从主观而非客观的角度看待事物。在与世界的互动中，具体的物体比抽象的实体更突出，我们与之互动的事物更容易被选择，具有功能性的事物对于人类更重要。例如：

（11）我喜欢大胡子。
（12）不像有人留学回来教书，给学生上公呈要赶走，还是我通的消息，保全他的饭碗。（钱钟书《围城》）

例（11）中，了解一个人是一件较为困难的事情，在我们最初认识他人时，由于缺乏对对方内在性格的了解，因此容易被感知的具体特征比抽象特征更容易被选择。例（12）中，"饭碗"被选择作为喻体来转喻"粮食"，再通过"结果代条件"转喻"收入"，这是基于人类与社会世界互动的经验，即"我们通过劳动换取收入购买生活所需的粮食"。但这些运作也不是固定不变的，如"**The sax** has the flu."句中，根据转喻喻体选择"人类优于非人类"原则，"乐器转喻乐器演奏者"。但在实际生活中我们不难发现，乐器更多地用来转喻这种乐器发出的声音，而非乐器演奏者。这是因为乐器发出的声音远比乐器演奏者更突显，或者是有关乐器的知识中更"中心"的部分，因此"喻体中目标突显性"原则胜过了"人类优于非人类"原则。

人类认知与感知突显性有关，决定了我们作为人类体验世界的方式。我们的知觉器官倾向于感知即时和存在的事物。在感知上，拥有更多的东西通常比拥有更少的东西更突出，支配性的优于非支配性的，完形的、有明确界限的和具体的事物等都更易于感知。例如：

(13) 那个大个子朝我们走过来。
(14) 整个办公室爆发出热烈的笑声。

在例 (13) 中，"大个子"转喻"长得高的人"，展现了我们感知一个强有力的组织原则是倾向于看到完整的形状，而不是它们各部分的总和。例 (14) 体现了"量多"和"有界性"的感知突显性，但却违背了"具体例子优于类属"的原则。拉登和科夫斯（Radden & Kövecses 1999）认为，转喻喻体选择的原则相互影响，存在重叠现象，也存在不少反例，或是遵循了某个原则却违反了另一个原则。

拉登和科夫斯提出的一个与文化偏好相关的原则是"刻板印象/刻板观念比非刻板印象/非刻板观念更有可能被选为转喻的喻体"。这是因为，与不那么刻板的概念相比，刻板的概念具有社会文化显著性，更容易被理解或认知，更有可能被用作了解其他思想的一个途径。

(15) Sure, **boys will be boys**, won't they?

例 (15) 是一个同语反复的句子。我们在前面第 4 章和第 5 章都分析过，句子的理解依赖于有关"男孩"行为方式的刻板印象，这些刻板印象包括"他们有点淘气和有点吵闹"等。句中两个"boys"的用法都是转喻的。第一个"boys"的用法是符号转喻，指称"男孩/男人"，第二个"boys"的用法指的是有关男孩行为的刻板印象（比如吵闹，有点淘气）。利特莫尔（Littlemore 2015）通过语料库研究发现，这个用法的实例几乎总是指男人而非男孩。她认为这种转喻承载了大量的文化预设，即男人的不良行为应该得到容忍，而女人则不会。这反映了一种普遍存在的对性别角色的刻板观念，其中包括对女性可获得的"适当行为"范围的限制，因为她发现"女孩就是女孩"这种表达在语料库中只出现了一次。在社会认知中，刻板印象具有文化显著性，一旦与某个概念关联，刻板印象就会自动启动。而且刻板印象一般都具有评价意义，在前面两章中可以充分地看到这一点。

另一个由文化偏好产生的原则是"理想的优于非理想的"，即给予一个类别的特定成员优先地位。就某些维度而言，一个类别的某些成员比其他成员更突出，这些维度或多或少受到特定文化的影响。

(16) 我们班的雷锋终于来了。

与例（16）类似的例子我们在前面已经做了分析，"雷锋"在我们的社会文化中已经成为"助人为乐"的典型代表。同样的，消极范畴也有典型的例子来代表，如"You are a Judas."。"Judas"在西方基督教文化中是最典型的背叛者的代表，这里用来转喻背叛者或背叛行为。

拉登和科夫斯（Radden & Kövecses 1999）认为影响转喻喻体选择的交际原则是清晰原则和关联原则。清晰原则是指在交际中喻体的选择要清晰，不能让受话人感到模糊、困惑。关联原则强调喻体选择的情景相关。但在实际使用中，由于受人际关系和群际关系等社会认知因素的影响，人们经常违背这两个原则。例如：

(17) I have heard **about a dozen** stories like this.

(18) They had **around twenty** survivors on board.

例（17）和（18）中，用"模糊数量"代替"准确的数量"是出于交际的原因，因为模糊语言具有交际功能。因此，这里的用法不是"交际不畅"的例子。

拉登和科夫斯（Radden & Kövecses 1999）认为，环境因素可能会凌驾于认知原则之上。转喻的喻体选择和意义本身都高度依赖语类（genre）和语域（register）特征，如说话者之间的关系、他们的话语场域、他们的整体交际目的和交际方式等。例如，在餐厅这个语域中，当一个服务员对另一个服务员说"5号桌买单"时，听话人通常会毫不费力地将该话语理解为"坐5号桌吃饭的客人要结账"。在医院这个语域中，医生和护士经常说"not enough beds"，这通常意味着设备和人员供应不足。这说明，人们通过使用这种类似于"行话"的转喻表达，不仅可以增进团体内部成员的关系，同时还可以将团体外人员排斥在团体以外（范振强 2014）。

(19) Madam：**What's this fly doing in my soup**?
Waiter：I believe that's backstroke.

例（19）[同第4章例（81）]用疑问行为转指请求行为，违反了交际的关联原则，其原因就在于维护人际关系的需要。

通过分析拉登和科夫斯（Radden & Kövecses 1999）的转喻喻体选择原则，我们可以看到：转喻喻体选择是一个动态过程。一方面，这些原则相互影响和制约，遵守了某些原则的同时可能违反了其他一些原则；另一方面，在转喻的真实使用中，转喻喻体选择受文化偏好、交际、修辞等因素，特别是社会认知的调节作用的影响较大。

6.3.2 转喻目标概念的选择

转喻是人们对转喻始源概念视角化，从而在心理层面激活目标概念并使之成为关注焦点的过程（马辰庭 2016）。根据百科知识语义观，转喻始源概念激活百科知识网并通过对始源概念的百科知识解读找到与之建立转喻关系的目标概念。那么转喻始源概念激活的百科知识中哪些知识可以作为目标概念与始源概念建立转喻关系呢？潘瑟和索恩伯格（Panther & Thornburg 2003）认为，转喻始源概念与目标概念之间没有概念上的必然性，它们之间的转喻关系具有可取消性。认知语义学家认为百科知识是一个有结构的知识系统,形成百科知识网络。其中,不是所有知识都具有同等地位,某些知识比另一些知识更具中心性(Evans & Green 2006;Langacker 1987),知识的中心性取决于该表达所处的确切语境以及该知识是如何建立在记忆中的,即知识的类型。马辰庭(2016)认为,转喻目标概念来自对始源概念的百科解读,它们之间构成焦点-背景关系,因此目标概念在概念上应高度突显,作为转喻目标概念的知识应具有较高中心度,因为在特定语境中知识中心度越高越容易被理解,越容易与转喻始概念建立转喻关系。下面将从知识类型和社会认知的调节作用两个方面来看知识的中心度与转喻构建的关系。

兰厄克(Langacker 1987)将构成百科知识网的知识分为四种类型(见图6.2):

①规约知识(conventional knowledge)。规约知识是被语言社团成员广泛了解和共享的知识。对于一个特定词汇项来说,规约知识在概念的语义表征中具有较高中心度。例如,关于BANANA这个词汇概念的规约知识可能包括"香蕉是一种很好的能量补充剂",而关于香蕉的非规约知识可能是"今天买的香蕉不太新鲜"。

②类属知识(generic knowledge)。类属知识具有普遍性、概括性,适用于一个特定类别中的许多实例,因此类属知识很有可能也是规约知识。类属知识与具体知识(specific knowledge)对立,具体知识关注的是某个类别中的个别实例。

③内在知识(intrinsic knowledge)。内在知识是指一个实体不受外界影响的内在特性。例如,香蕉往往呈一种弯曲形状。有关香蕉典型形状的内在知识也适用于香蕉这个类别的大多数实例,并且为大多数人所了解,因此内在知识很可能也是类属知识和规约知识。但并不是香蕉的所有的内在属性(例如香蕉含钾)都是容易识别的,因此"香蕉含钾"这一知识可能不是规约的。与内在知识相对应的是外在知识(extrinsic knowledge),外在知识与实体外部的知识有关,例如与人类文化和习俗有关的知识。

④独特知识(characteristic knowledge)。独特知识是涉及特定类别实体独特程度的知识,即实体所特有、可以用以辨别类别成员的知识。例如,黄色是香蕉的特征,而红色是西红柿的特征。

第6章 转喻构建的社会认知过程

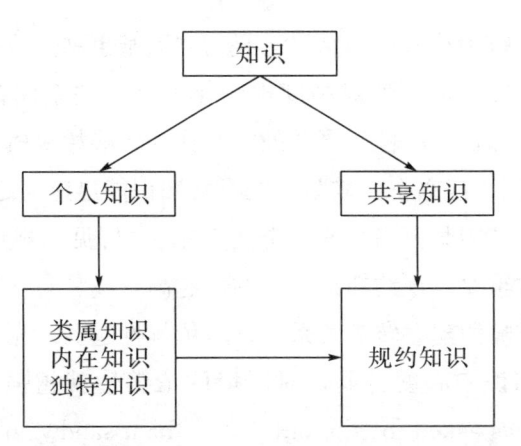

图 6.2　百科知识分类（Evans，Green Evans & Green 2006：219）

虽然这些类型的知识在原则上是不同的，但它们经常重叠，形成一个连续统一体，即一个词的某些意义或多或少是规约的，或多或少是类属的。每一种知识都可能使意义在某方面相对突出。对于语言表达而言，某方面知识的中心地位总是取决于该表达所处的确切语境以及该知识是如何建立在记忆中的。在转喻构建中，转喻始源概念激活了共享百科知识中某一邻近知识节点即转喻目标概念。转喻目标概念的理解以共享百科知识为认知背景，某些知识比另一些知识更具中心性（centrality）（Langacker 1987：159）。转喻目标概念的激活与它在百科知识网中的中心度、决定中心度的要素以及转喻使用相关。

规约知识在共享百科知识中"最为重要"（Evans & Green 2006：219），因为它是被话语社团成员共享的知识，在言语社团中普及度高，可视为词项规约知识的一部分。因此，知识的规约程度越高，其中心度就越高。对于转喻而言，转喻目标知识的中心性越高，就越容易唤起话语社团成员对于该知识的记忆，从而迅速与转喻始源概念建立转喻关系，并通过推理促进转喻关系的建立。因此，高度规约性知识是转喻目标概念的首要选择对象。例如：

(20) 他们听到这个消息不由得鼓起掌来。

在例（20）[第3章例（9）]中，"鼓掌"是"因某事高兴或兴奋"的行为反应，这一行为反应作为结果已经与"因某事高兴或兴奋"这一行为的原因紧密联系在一起，形成高度规约化的因果关系储存在我们的记忆中，具有较高的知识中心性。当"鼓掌"作为转喻始源概念激活百科知识网时，"因某事高兴或兴奋而鼓掌"的有关知识能迅速与之建立转喻关系，即"鼓掌"转喻"因某事高兴或兴奋而鼓掌"。可见，规约知识对于转喻关系的建立非常重要。规约知识的规约性越高，越具有知识中心性，越突显，越容易与转喻源建立转喻关系，语境依赖性越弱。相对的，知识的规约性越低，其知识中心度越弱，对语境的依赖性就越强。例如，"The ham sandwich has asked for the bill."中"ham sandwich"转喻"点火腿三明治的人"，转喻目标的知识只有在特定语境下才能被激活。

类属知识适用于特定范畴的大量实例，因此类属知识很有可能具有规约性（Evans & Green 2006：218）。兰厄克（Langacker 1987：160）认为，由于个人经验在细节层面差异较大，类属知识更具概括性，更适用于大多数范畴成员，具有一定的规约性。因此，一个概念的类属程度越高，被话语社区共享的可能性越大，知识的中心性也越强，被激活成为转喻目标概念的可能性就越大。例如：

（21）听到这个好消息，整个教室爆发出热烈的欢呼声。
（22）老北京就是老北京。

在例（21）[第4章例（22）]中，"整个教室"转指"整个教室的人"。"整个教室的人"之所以最终被选定为转喻目标的原因有两个方面：一是上下文语境，"爆发出热烈的欢呼声"的述谓表达制约了"整个教室"的指称只能是有生命的"人"，这体现了语境对知识中心性的引导作用；二是当"整个教室"转指"整个教室的人"时，并不是指其中的具体个体，"整个教室的人"显然具有高度类属性。因此这里"整个教室的人"的知识中心性是由语境和知识的类属程度共同决定的。例（22）中，两个"老北京"分别转指"老北京人"和"老北京人的个性特征"。第一个转喻中"老北京"并不指称具体的人，而是指称某个特定的范畴，"老北京人"具有较高的知识类属程度，具有知识中心性，成为选定的转喻目标；第二个"老北京"发生了指称转移，转指"老北京人的个性特征"，这个类属知识包括了北京人特有的区别于其他地方的人的所有特征，具有较高的规约性，成为选定转喻目标。在例（22）中，由于转喻目标"老北京人"具有较高的知识类属程度，"老北京人的个性特征"具有较高的知识类属度和规约性，加之同语构式具有较高的规约语义，使得这个转喻表达对语境的依赖程度较低。可见，一般来说，知识类属程度越高越可能具有中心性，特别是类属知识同时也是规约知识时，其中心性越高，转喻关系越容易建立，对语境的依赖性越低。

内在知识是概念实体的内在特征，基本不受外在因素影响，内在知识很有可能是类属知识和规约知识（Evans & Green 2006：218）。例如：

(23) 蓝眼睛们操着蹩脚的普通话与景区商贩们讨价还价。
(24) Society treats **blacks** differently.

在例（23）中，"蓝眼睛"是欧洲人区别于别的地区人种的可识别的内在属性（眼睛的颜色），具有较高的类属度和规约性，因此"蓝眼睛"常被用来转指"欧洲人/西方人"。同样，在例（24）［第 4 章例（60）］中，"black"是非洲人或非裔美国人区别于别的地区人种的可识别的内在属性（皮肤颜色），具有较高的类属度和规约性，因此"black"常被用来转指"非洲人/非裔美国人"。知识的内在程度越具有区别性和可识别性，类属度和规约性越高，越具共享性，就越有中心性，越可能成为选定的转喻目标。

独特知识是涉及特定类别实体独特程度的知识，即实体所特有、可以用以辨别类别成员的知识。独特程度较高的知识是概念的典型特点或性质，具有显著辨识与区分功能，知识的独特性越高越具有区别于其他实体的显著性，越容易与转喻源建立转喻关系。例如：

(25) 红领巾挥了挥手，转身跑进了教室。
(26) 不用担心，下了火车我可以找"小红帽"帮我搬行李。

例（25）中的"红领巾"是少先队员的特有标志，概念上高度突显，在百科描述中独特程度高，具有了共享性，因此我们很容易建立"红领巾"与"少先队员"转喻关系。例（26）中的"小红帽"在"火车站"的语境中是志愿者的显著标志，我们很容易建立"小红帽"和"志愿者"的转喻关系。在社会认知中，关于人们具有的一些独特的性格特征或行为特征的知识，经常可以通过非范畴化（de-categorization）和再范畴化的转喻机制转换词汇项范畴，用以表征复杂的概念，此类转喻多见于程度副词修饰名词的现象。例如：

（27）皮秀英瓜子脸，吊梢眉毛，相当狐狸。（莫言《三十年前的一次长跑比赛》）。

在例（27）[第4章例（53）]中，名词"狐狸"通过转喻转换为描写特征的形容词"诡计多端的、狡猾多疑的"，突显了描述对象"诡计多端、狡猾多疑"的性格特征。转喻的类似用法还包括"很女人""很法西斯"等。

需要强调的是，我们虽然以四种不同类型的知识来讨论知识中心性与转喻关系构建的关系，但这些类型的知识经常重叠。从上面的分析中可看到，一个词汇项的意义可能是规约的，也可能是类属的，每一种知识都可能使意义在某方面相对突出。通过分析，百科知识中心性与转喻关系建立的关系可描述为：知识规约性和类属程度高，被选定为转喻目标概念的可能性越大，知识的规约性越低，其知识中心度越弱，对语境的依赖性越高；内在知识越具有区别性和可识别性、类属度和规约性越高越具有中心性，被选定为转喻目标概念的可能性越大；知识的独特程度高，被选定为转喻目标概念的可能性越大。

基于认知语言学的百科知识语义观和基于语言使用的观点，语言只有在使用后才有意义，语言使用的语境指导意义的构建，将语言意义划分为语义（意义与语境无关）和语用（意义与语境相关）是一种人为的做法，语言使用的语境对意义至关重要。认知语义学家认为，语言知识不能从"世界"知识中分离出来，"语义"知识也不能从"语用"知识中分离出来。因此，一个词汇项特定百科知识的中心性只有在具体语境中才能体现出来。由于知识的中心性受语境调节，知识中心性与语境共同影响和决定转喻目标概念的选择。由于百科知识网和语境都具有动态性，随着语境和知识中心性的改变，转喻目标概念也相应改变，这正是转喻关系偶然性的体现。

埃文斯和格林（Evans & Green 2006：218）认为，百科意义的"选择"是由语境决定的。语境类型包括（但不限于）可获取的百科信息、上下文语境、韵律语境、情景语境、人际语境等。他们认为每一种不同的语境都有助于特定词汇知识中心度的调节。我们在第4章中也讨论了影响转喻使用的语境类型，主要分为语言语境和非语言语境。语言语境主要指文内语境，即人们通常说的上下文。非语言语境指文外语境，包括共享知识、交际语境和社会认知语境等，它会对知识的中心性和转喻关系的建立产生影响。

语境对规约知识中心性产生影响。前文已经分析，越高规约性的知识越具有中心性，就越有可能被选定为转喻目标。即便如此，它们仍具有语境依赖性。例如：

（28）a. John **began** the book.
b. John **began** the sandwich.
（29）There are several **Shakespeares** in the University.

在例（28）［第4章例（107）］中，借助上下文这种文内语境的"book"和人们头脑中储存的百科知识，我们可以将有关"began"的知识中具有高规约性的"began reading/writing""began eating/making"选定为转喻目标。但要确定是"reading"还是"writing"，"eating"还是"making"，还需要借助更具体的情境语境。在例（29）中，关于"Shakespeare"的知识中"莎士比亚的作品"具有最高的规约性，但由于缺乏语境限制，无法确定"莎士比亚的作品"在这里是否一定具有中心性，也许在特定语境下"具有莎士比亚那样写作才能的人"更具有中心性。

语境对类属知识的中心性也会产生影响。与类属知识相对的是具体知识，一般来说知识类属程度越高越具有知识中心性，越可能与转喻源建立转喻关系成为转喻目标。但是，当某个具体知识具有了高规约性时也可能成为转喻目标。例如：

(30)"甄嬛"赴台出席活动，将录制除夕特别节目。
(31)陈晓旭下矿井，林黛玉变村姑。
(32)宝钗也许好找，妙玉你就难寻。（冯杰《卷雪》）

例（30）中的"甄嬛"转指"孙俪"。虽然"孙俪"作为具体个人其类属程度低，但孙俪饰演的角色"甄嬛"为大家所熟知，在关于"孙俪"的知识中，"甄嬛扮演者孙俪"具有较高规约性，因此听话人能够迅速将"孙俪"确定为"甄嬛"的指称对象。例（31）和（32）[第5章例（2）、（4）]看似相似，却并不完全一样。一方面，在例（31）句中，"林黛玉"转指"陈晓旭"这是因为"林黛玉扮演者陈晓旭"在观众中的认可度很高，在关于"陈晓旭"的知识中"林黛玉"具有较高规约性，因此听话人能够迅速将"陈晓旭"确定为"林黛玉"的指称对象。

另一方面，"林黛玉"在这里通过"范畴成员转喻范畴属性"和"范畴属性转喻范畴"的双转喻指称"读书识字、多愁善感、身体娇弱的人"，是一个表达类别的范畴，具有了较高的类属度，也成了转喻目标。因此在具有较高规约性的具体知识和较高类属度的类属知识的调节下，"林黛玉"转指"读书识字、多愁善感、身体娇弱的陈晓旭"，使陈晓旭也具有了林黛玉的性格特质。话语的意思被理解为"像林黛玉一样的陈晓旭下了矿井、到了农村"，作为一般人的陈晓旭下矿井并不是让人十分意外的事情，但"像林黛玉一样读书识字、多愁善感、身体娇弱"的陈晓旭到农村就形成了强烈反差，话语具有强烈的修辞意义。例（32）中的"宝钗"和"妙玉"是人们熟知的小说人物，有关她们性格特征的知识具有较高的规约性，通过"范畴成员转喻范畴属性"和"范畴属性转喻范畴"的双转喻来指称某一类人，是一个类的范畴，即"宝钗"指"工于心计的世俗之人"，"妙玉"指"孤傲清高的脱俗之人"。

通过分析可看到，一般来说，知识类属程度越高越可能具有中心性，特别是类属知识同时也是规约知识时，具有较高的社会共享性，其中心性越高，转喻关系越容易建立，语境依赖性越弱。但当具体知识的具体程度增加并具有规约性时就具有了中心性，可建立转喻关系。我们发现在社会认知中，这种具体知识并非转喻目标概念的本质属性，而是受社会文化和社会认知的调节而规约化，即具体知识具有了社会文化显著性，这种转喻关系具有偶然性，对社会共享知识的依赖性较强。这种转喻关系的偶然性和语境依赖性由共享知识的规约性决定。

社会认知语境对内在知识中心性产生影响。与内在知识相对的是外在知识。一般来说，具有区别性和可识别性的、规约性和类属度高的内在知识具有中心性，可与转喻源建立转喻关系。但在转喻的真实使用中我们发现，高度外在性的知识也会被选定为转喻目标。克罗夫特（Croft 1993）用"转喻次要域外在性"来对其进行解释，巴塞罗那（Barcelona 2011）、杰拉茨和皮尔斯曼（Geeraerts & Peirsman 2011）认为这是转喻目标发生了指称转移的结果，马辰庭（2016）认为这是因为转喻目标的外在性知识具有明确区别于转喻始源概念的特征。我们认为，造成外在度高的知识可与转喻源概念建立转喻关系的根本原因在于我们的社会认知。在社会认知中，我们对于社会知觉对象的认识更多侧重其社会意义，这些社会意义往往不是知觉对象的内在属性，而是它的外在属性，如刻板印象。这些外在知识具有可区别的文化显著性，有些已经规约化。我们在例（22）中讨论的"老北京就是老北京"中的第二个"老北京"转指"北京人的性格和行为特点"，例（31）和（32）中的"林黛玉""宝钗""妙玉"都是类似的情况，都是通过外在性的知识选定转喻目标，即他们的品德、精神和性格方面的知识。

通过分析语境对知识中心性和转喻关系确立的影响，我们认为：①在特定语境中中心度较高的知识具有中心性，最可能成为转喻目标并具有较高接受度；②对于非规约和具体程度高的知识，转喻构建更加依赖交际语境，只有在具体的交际语境中已经社会规约化后才能获得高中心度并与转喻源形成转喻关系；③外在度高的知识在社会文化语境调节下具有文化显著性，规约性高的外在知识具有中心性，容易被激活与转喻目标形成转喻关系；④语境和社会认知对知识中心度具有引导调节作用，百科知识中心度具有动态性。

6.4 转喻意义构建：社会认知要素整合

以上我们分析了百科知识语义观下转喻构建的社会认知过程，即社会共享的百科知识网络为转喻的概念运作提供强大的认知背景，转喻喻体的选择和转喻目标概念的选择受社会认知的调节，转喻构建的社会认知过程具有动态建构性。但是，兰厄克（Langacker 1999）、拉登和科夫斯（Radden & Kövecses 1999）关于转喻运作"参照点—可及—激活"的描述对于转喻意义生成的解释过于粗略。我们发现，转喻在使用中意义丰富，转喻意义生成是一个复杂的心理过程，其最后呈现出来的意义是一个整合的结果。如在例（31）中的"陈晓旭下矿井，林黛玉变村姑"，"林黛玉"并不仅转指"陈晓旭"，而是通过两者不同的转喻关系"范畴成员转喻范畴属性"和"范畴属性转喻范畴"，经整合得到了"读书识字、多愁善感、身体娇弱的陈晓旭"的意义。本小节将运用概念整合理论分析转喻评价意义的生成过程。

莱考夫和约翰逊（Lakoff & Johnson 1980）提出了概念隐喻理论（Conceptual Metaphor Theory），指出隐喻是重要的概念化工具，意义可以通过不同概念域间的映射得以理解。例如：

(33) That surgeon is a **butcher.**

根据概念隐喻理论，目标概念是通过从始源域到目标域的映射来解释的，可以根据隐喻映射的结构来理解目标概念。在例（33）中，目标概念"外科医生"被理解为"屠夫"，这一理解基于从始源域"屠夫"到目标域"外科大夫"的隐喻映射。隐喻始源域中包含"屠夫、屠刀、动物尸体和屠夫对动物尸体的肢解等"，隐喻目标域中包含"外科医生、手术刀、一个有生命的但可能失去知觉的病人和外科医生对病人进行手术等"，其隐喻映射如表 6.1 所示。

表 6.1　SURGEON IS A BUTCHER 的隐喻映射

隐喻源：屠夫	映射	隐喻目标：外科医生
屠夫	→	外科医生
切肉刀	→	手术刀
动物尸体	→	病人
肢解动物尸体	→	给病人进行手术

当我们通过"屠夫"这个概念来理解"外科大夫"时，实际上还暗示了对"外科大夫"的消极评价，即"那个外科大夫不称职"（Grady, Oakley & Coulson 1999）。但是这个消极的评价意义并非来自"屠夫"这个概念。客观来说，屠夫作为一种职业，正如外科大夫一样，其从业者在该行业中也需要相当多的专业知识和技能，因此"屠夫"这个概念在职业领域并不具有消极意义，对外科医生专业水平的质疑似乎并不是来自始源域"屠夫"。从主观上来说，人们或许会根据社会现实中外科医生和屠夫所处的社会阶层等社会因素形成对两者不同的社会评价，但这显然也不是质疑外科医生专业水平的依据。由此我们不禁对例（33）中对外科医生负面评价的概念来源产生了疑问。显然，如果隐喻建立在已有知识结构之间的映射基础上，那么这种映射操作所产生的新意义的出现并不能用概念隐喻理论来解释。

弗科尼亚（Fauconnier 1985/1994）认为，尽管概念隐喻可以从概念层面来解释意义的生成，但是，由于概念隐喻映射有严格的方向性，是一种单向的映射，主要针对较为稳定的和约定成俗的概念关系，并不能有效地解释临时的新创意义的动态建构过程。弗科尼亚提出了心理空间理论（Mental Spaces Theory），认为意义是建构的，语言并不直接参与意义建构，而是作为意义建构的提示，意义建构是通过语言作为提示激活大脑已经存在的概念框架来完成的。他认为意义建构的过程是动态的，意义的产生和理解具有即时性。弗科尼亚将心理空间定义为我们在思考和交谈时为了即时的理解和行动而构建的概念包（conceptual packet），它包含各种要素，并通过框架和认知模型形成结构。心理空间的要素包含了人们在任何特定场景中感知、想象、记忆或以其他方式理解的实体和关系的部分表征，因此，它是人的体验、知识和社会认知的产物，是局部的理解和行为。每个心理空间的要素在同一心理空间里都是相互关联的，不同的心理空间的要素和关系之间也可建立映射。心理空间理论的一个优点是，由于对同一场景可以用多种方式进行识解，心理空间常被用来划分说话者参照表征中有关要素的传入信息，通过将信息分成与情景不同方面相关的概念来解释说话人如何在参照层面上对信息进行编码。由于需要划分信息，我们需要跟踪对应元素之间存在的关系以及在不同心理空间中表征的关系。弗科尼亚认为，意义建构包括两个过程：心理空间的构建，心理空间之间映射的建立。此外，映射关系受局部话语语境的信息的引导，这意味着意义建构总是处于情境或语境的制约之中。心理空间形成的原则和心理空间之间建立的关系或映射有可能产生无限的意义。

弗科尼亚和特纳（Fauconnier & Turner 2002）提出了概念整合理论（Conceptual Integration Theory）或概念合成理论（Conceptual Blending Theory），它是在概念隐喻理论和心理空间理论基础上逐渐发展而来的。概念整合理论旨在揭示自然语言意义建构与识解过程，其核心思想是：意义是通过多空间的概念整合而得以建构和理解的。概念整合理论对意义的建构和理解，特别是对涌现意义（emergent meaning）的产生和理解具有很强的解释力，"能够有效地解释动态的、随机的、模糊的思维认知"（陈家旭 2004）。

概念整合理论自诞生以来，被研究者们用于解释语言表达和非语言表达（Sweetser 1999；Schmid 2011；Coulson & Oakley 2001，2003；Littlemore 2015；Radden 2018）。

弗科尼亚和特纳认为，概念合成是一种基本而普遍的心理操作，它能产生新的意义、整体视界和对概念的压缩，从而帮助记忆和处理原本分散的意义。受概念隐喻理论和心理空间理论启发，他们认为意义的生成和理解是基于心理空间以及跨心理空间的部分的和选择性的概念映射与整合，通过整合形成新的概念结构，产生新创意义。

整合理论的核心是概念整合网络。与概念隐喻理论关注两个域的映射不同，概念整合网络关注多空间的映射和整合过程。心理空间映射

（mental space mapping）或心理空间连接（mental space connecting）是指一个心理空间中的对象或要素对应于另一个心理空间中的对象或要素。一个典型的概念整合网络包括两个输入空间（input space）、一个类属空间（generic space）和一个整合空间（blended space）。输入空间由独立认知域的信息构成，包含了彼此对等连接的部分要素。类属空间是输入空间共同的组织和结构的抽象反映。输入空间的要素部分地和有选择性地投射到整合空间，经过整合形成新创结构，这个结构是输入空间不具有的。合成时，从输入空间到混合空间的结构投射是部分的和选择性的，即不是所有成分都从输入空间投射到整合空间（见图6.3）。

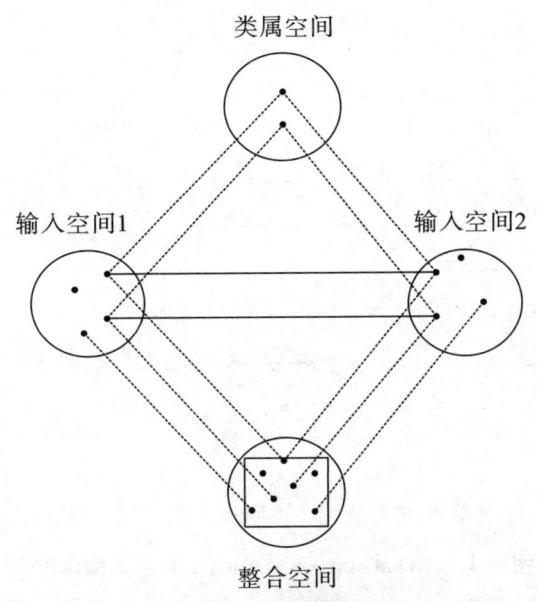

图6.3 概念整合模型

建构整合空间里的涌现结构涉及三个过程。首先是组合（composition），通过组合将来自输入空间的要素组合在一起，并在整合空间中提供在单独输入空间中不存在的关系。其次是完善（completion），通过吸收大量熟悉的和规约的概念结构和知识，完善整合空间中增加的新结构。第三是扩展（elaboration），根据整合空间中的原理和逻辑，通过富有想象力的心理模拟来发展空间（Fauconnier & Turner 1998，2002）。通过这三种操作，在整合中构建了一个在输入空间中不存在的涌现结构。

弗科尼亚和特纳（Fauconnier & Turner 1998）提出了一些限制整合过程的"最佳原则"（Optimality Principles），最佳原则使整合理论更加有效（Coulson & Oakley 2001）。

让我们再次回到例（33）"That surgeon is a **butcher.**"这个句子，看看消极评价意义的产生过程。事实上说话人在说话前已经对评价对象"外科医生"进行了预处理，即说话人根据自身的认知框架已经对"外科医生"进行了价值预判（见图 6.4）。

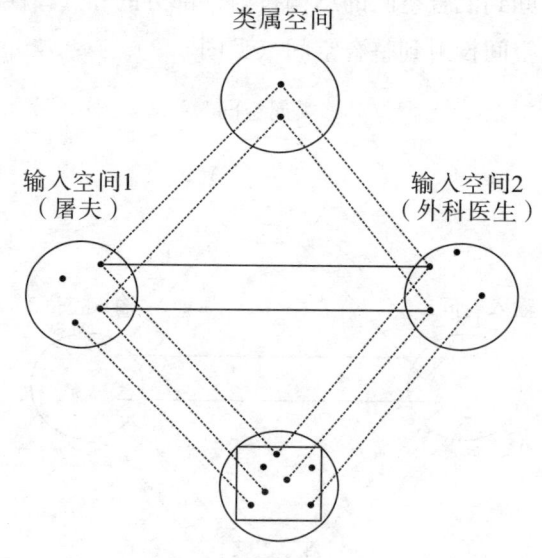

类属空间

输入空间1（屠夫）　　输入空间2（外科医生）

整合空间
（对待病人没有情感，不顾病人死活的外科医生）

图 6.4　"That surgeon is a butcher."的概念整合

说话人自身的认知框架包含基于个人经验的知识和社会共享的知识，其中关于"医生"的社会共享知识占强势地位。根据大多数人共享的关于"外科医生"的知识，他们除了应该具备必要的专业知识和技能，还应该具备较高道德品质，即医生应该以救死扶伤为己任，一个对待病人冷冰冰、给病人做手术犹如屠夫对待已经死亡的动物尸体的医生是一个不合格的医生。在此基础上，说话人在自己的认知框架中搜寻最佳始源概念来表征评价对象。在始源域"屠夫"的概念域中，他们并不需要对肢解的动物尸体抱有任何的情感，他的工作目的也不是为了救活动物。在隐喻映射过程中，除了始源域"屠夫"和目标域"外科医生"基于相似性的系统映射，始源域"屠夫"中有关"不需要对肢解的动物尸体抱有任何的情感，他的工作目的也不是救活动物"的社会认知要素也从输入空间1映射到整合空间；而对目标域"外科医生"的道德品质要求的社会认知要素则从输入空间2映射到整合空间，通过整合得到"对待病人没有情感，不顾病人死活的外科医生"的理解，从而产生了消极评价意义。

人们普遍认为隐喻涉及两个输入空间的概念整合，但很少有学者将整合方法应用于转喻分析。隐喻始源域和目标域的整合肯定比转喻始源域和目标域的融合更为显著。然而，这两个过程之间并没有严格的差异，隐喻和转喻沿着一系列比喻性思维模式相互渗透。在这两个过程中，始源概念和目标概念被共同激活，从而形成一个整合的整体，并产生涌现意义。附加意义的出现实际上是概念整合的本质。转喻始源概念和转喻推理目标的结合也会产生涌现意义，转喻识解的影响可以与相应的字面识解形成鲜明对比。

再次以第4章例（13）"Molly married money."为例来讨论转喻涌现意义的产生过程。我们在前面分析过该句子带有明显的消极评价意义，即"Molly看重的是新郎的财富"。下面我们运用概念整合的方法来分析转喻的概念映射和整合的过程以及消极评价意义的产生。

在这个句子中，词汇项"money"作为转喻喻体激活了转喻始源概念"金钱"，进而唤起"拥有"ICM及其概念要素"拥有者""拥有""所拥有的东西"等，因为"金钱"通常是由人拥有的，它为转喻目标提供了心理可及的通道。通过推理我们知道，这里的转喻目标并不仅是"人"的概念，而更接近于"有钱人"或"富人"的概念。根据潘瑟和索恩伯格（Panther & Thornburg 2018）、拉登（Radden 2018）的观点，转喻目标是一个包含推理目标（inferred target）"人"和转喻始源概念"金钱"的复杂目标"有钱人"。通过这个转喻，转喻始源概念发生指称转移，由"物"转指"人"，解决了由谓词"marry"选择限制原则产生的矛盾。同时谓词"marry"作为上下文语境唤起了"婚姻"ICM及其概念要素"新娘""新郎""爱情"等。因此，句子中转喻的概念结构如下（见图6.5）所示，图中的箭头表示说话人在处理转喻时所采取的一些推理步骤。

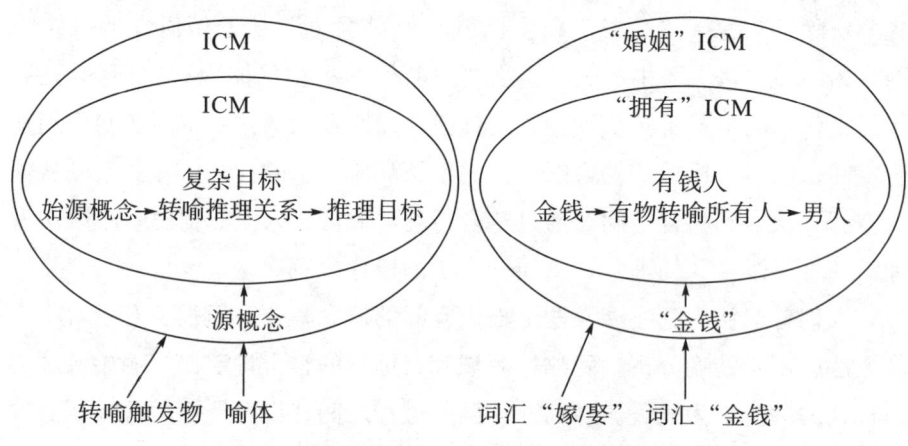

```
         ICM                              "婚姻" ICM
         ICM                              "拥有" ICM
      复杂目标                              有钱人
  始源概念→转喻推理关系→推理目标         金钱→有物转喻所有人→男人
         ↑                                    ↑
       源概念                                "金钱"
       ↑   ↑                                ↑      ↑
  转喻触发物 喻体                       词汇"嫁/娶" 词汇"金钱"
```

图 6.5 "Molly married money."的转喻概念结构

此外,在婚姻语境中提到钱意味着钱的数量一定相当可观,而将"金钱"作为转喻始源突显了金钱在婚姻 ICM 中的显著性,反映了说话人强调将金钱作为新郎的一个属性以及 Molly 将金钱作为选择新郎的一个重要方面,即 Molly 可能是出于钱而不是爱情才嫁给了她富有的丈夫。事实上,说话人在说话前已经根据自身的认知框架对 Molly 的行为进行了价值预判。根据大多数人共享的关于"理想婚姻"的知识,除了应该具备的物质基础,人们普遍主张婚姻首先应该建立在深厚的爱情基石之上,应该出于爱而结婚。对于那些相较于爱情更看重金钱的婚姻,人们通常持消极的评价态度,认为这是种"利益婚姻"(marriage of convenience),与人们认为的理想化的、浪漫的婚姻模式相冲突。在转喻映射和整合过程中,始源概念"金钱"和目标概念"男人"通过转喻关系连接,并分别从各自空间映射至整合空间,同时关于"拥有"ICM 中有关"金钱"的知识和"婚姻"ICM 中有关理想婚姻的知识、价值判断和态度等社会认知要素也有选择地映射到整合空间,通过整合得到"Molly 因为看重钱而选择嫁给一个有钱人"的理解,从而导致消极评价意义的产生(见图 6.6)。

                        类属空间

输入空间1   输入空间2
"拥有"ICM   "婚姻"ICM

       金钱 ——所有物转喻所有人—→ 新郎

                        整合空间
              （因为看重钱而选择嫁给一个有钱人）

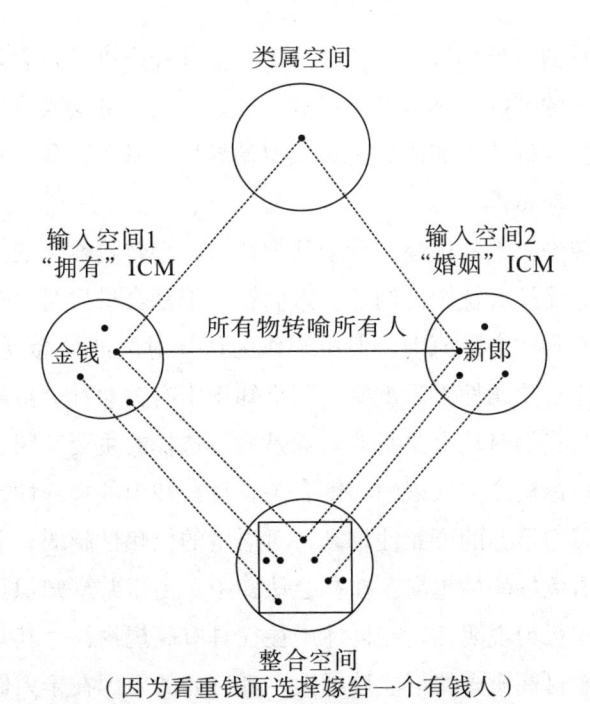

图 6.6　"Molly married money."的概念整合

通过以上分析可以看到，仅用转喻映射或"参照点—可及—激活"的描述不足以说明转喻如何生成丰富的涌现意义。在转喻运作中，由喻体激活的始源域以及由心理可及激活的目标域之间发生了基于转喻关系的映射，并最终进入整合空间；同时，由话语语境激活的多个认知域也参与意义的构建，社会认知要素通过不同的心理空间有选择地将部分概念要素整合到整合空间；在整合空间中，进入整合空间的所有要素通过压缩最后形成新的意义，即转喻的涌现意义。

6.5　小结

本章主要讨论了转喻构建的社会认知过程。

转喻构建的社会认知过程是一个动态构建的过程。首先，共享知识为转喻构建提供社会认知基础。根据百科知识语义观，意义是语境化的，由言内知识和言外知识共同促成，百科知识网为转喻运作提供认知基础。转喻构建依赖我们对外部世界的共享知识、信仰和态度等，它是群体成员之间交流与沟通的基础，具有优先识解的地位。由于社会共享知识的认知群体不同以及社会群体内部成员社会认识差异性，基于百科共享知识的转喻认知基础具有动态性。

其次，转喻关系的构建受社会认知调节，即转喻喻体的选择和转喻目标概念的确定受社会认知的调节。人们在认识社会世界时，转喻喻体的选择遵循认知原则和交际原则，但由于作为认知对象的社会世界的复杂性，其社会意义比自然属性更为重要。共享知识中有关对社会世界的知识、评价、态度以及我们对社会关系的知觉是喻体选择的主要动因。转喻目标概念的选择与目标概念的知识中心度有关。百科知识的规约性越高其中心度越高，成为转喻目标的可能性越高，对语境的依赖性越弱；反之，知识规约性越低，语境依赖性越高。在社会认知中，由于共享知识具有群体共享性、社会性和行为说明性，在群体中往往具有高规约性，其知识中心度较高，成为转喻目标概念的可能性越大。其背后的原因在于人们在社会认知中更关注事物的社会意义而非纯粹的自然属性，一些本不具备中心性的知识，如某个概念的具体知识或外在知识，通过社会表征而规约化了。

最后，转喻意义的构建涉及社会认知要素的整合。根据百科知识语义观，喻体只是为转喻意义的生成提供"提示"的作用，意义生成是多个认知域共同参与的结果。转喻意义具有新创性，概念整合可以对涌现意义的产生进行描述，即在转喻意义构建中，由喻体激活的始源域以及由心理可及激活的目标域之间发生了基于转喻关系的映射并最终进入整合空间；同时，由话语语境激活的多个认知域也参与意义的构建，它们通过不同的心理空间有选择地将部分社会认知要素整合到整合空间；进入整合空间的所有要素通过压缩，最后形成新的意义，即涌现意义。

第7章

结论

第7章 结 论

转喻研究经历了从修辞学、结构语言学到认知语言学的漫长研究演进过程。转喻的认知研究开创了转喻研究的新范式。四十多年的转喻认知研究已经充分证明了转喻的概念本质,转喻是人类认知事物最本质和最重要的认知方式的观点已经得到普遍认可。以往转喻认知研究主要关注"脑内"的转喻,即转喻在概念层面的运作方式,忽略"脑外"的转喻,即转喻与外部世界的互动。随着认知语言学的"社会"转向,转喻认知研究也开始走出大脑,关注转喻与社会世界的互动,是对概念转喻理论的有益补充和完善。在此背景下展开,本研究关注转喻与社会世界的互动,将概念转喻理论和社会认知理论结合起来,主要关注转喻的使用及其功能,探讨转喻作为概念化工具是如何帮助我们认识他人和如何与他人维护关系的,以及社会认知如何影响转喻的建构过程。

在本章中,我们将首先总结研究发现,逐一回答第1章中提出的研究问题。然后总结本书在理论和实践方面得到的启示,并指出研究存在的不足之处。最后指出未来研究的努力方向。

7.1 研究发现与启示

本书主要围绕以下问题展开讨论:
①社会认知的转喻实现方式与特征有哪些?
②转喻有哪些社会认知功能?转喻使用有什么社会认知理据?
③转喻的社会认知过程是怎样建构的?

通过研究,主要研究发现概括为如下三点。

第一,通过考察语言使用发现,转喻是人们认识个体、群体和社会关系的重要认知工具。通过在类属程度不同的ICM中运作,社会认知的转喻实现方式多种多样。在非类属ICM中,从接触强度最强和有界性最清晰的"身体部分转喻人"这个原型类型，到"属性转喻人"这种边缘类型，我们都能找到人们在认识个体和群体时所运用的各种转喻类型。在基于原型的转喻模型中，位于范畴中心的转喻更具体，而位于范畴边缘的转喻更抽象。随着接触强度和有界性的减弱，指称转喻的生成与社会认知的关系不断增强。在低层情景转喻中，人们总是通过他人的行为来认识他人和群体，通过具体情景中的部分情景来转喻整个情景。这些情景往往与人们的职业、性格或情绪有关。这种认识是一种间接的认识，而非明确的指称。在类属 ICM 中，语法转喻在为语法各个层面提供理据的同时往往带来语义的变化，有些语义变化与社会认知紧密相关，体现个体之间或群体之间的关系。言外转喻为间接言语行为提供理据，同时受社会和文化的因素影响和制约，是人们达成成功交际和维护良好人际关系的有效手段。

通过考察总结社会认知的转喻实现方式，我们发现转喻具有以下特征：层级特征、意义特征和语境特征。转喻在概念化社会世界时具有概念层级性，即转喻可以在从非类属 ICM 到类属 ICM 上运作。这充分体现了转喻的概念本质，也是转喻实现方式多样化的原因。在语义方面，在与社会的互动中转喻受其所在群体共享的社会表征、人际和群际关系等因素影响，转喻意义并非转喻始源概念意义与目标意义的简单映射，其意义要丰富得多，往往具有评价意义。转喻具有语境依赖性。语境包括文内语境和文外语境，其中文外语境（包括即时语境和社会认知）对转认知的影响更为重要，当转喻概念化的对象为人和社会性对象时，社会认知具有重要的制约和引导作用。

第二，转喻不仅是我们认识社会世界的概念工具，同时也是我们构建与社会世界之间关系的重要工具，在社会认知中具有认知功能、评价功能、人际功能和身份建构功能。转喻的认知功能表现在两个方面：一方面，转喻作为最基本的认知方式，是我们认识他人的重要概念化工具；另一方面，转喻是我们理解意义的概念工具，尤其是在社会语境中，因为社会意义很复杂，转喻可以帮助我们理解最简洁的语言形式所承载的复杂意义。社会认知始终伴随评价，转喻的评价功能主要表现在转喻可以允许人们使用他们对社会世界的共享知识，通过转喻在语言表达上的突显性、间接性和简洁性来表达观点和态度。转喻的人际功能主要表现在维护人际关系和群际关系上。转喻可以允许我们通过间接言语行为、委婉表达，以及创建话语团体共享的语类来维护人际关系和群际关系。身份建构是个体重要的社会认知活动，它与社会认同密切关联。人们总是通过将个人归入群体或将群体心理化来实现自我认同，转喻是实现个人身份建构的一种有效机制。

概念转喻秉持认知语言学的具身认知观，即认知是基于我们的身体与世界互动所获得的经验。以往我们讨论转喻的具身理据时更多是基于我们对物的自然感知经验，忽略了人对社会世界的认识经验。我们对社会世界的认识经验同样是转喻认知的重要依据，即概念转喻的具身基础是身体的、文化的和社会的统一。

正如我们对物的自然感知经验可以为转喻提供理据，我们对人的感知经验同样为转喻提供理据。但对人的感知区别于对物的感知，对"人"的知觉是一种社会知觉，人们不仅通过知觉对象的客观物质属性来建立认识，还通过知觉对象的各种社会特征来建立认识，而知觉对象也能通过自己的行为活动影响他人及周围的环境。通过观察他人的身体特征、面部表情、行为方式等形成印象是一种更为高效地判断和评价他人的方式。相比而言，对物体的知觉比较客观地反映了物体的基本属性，而社会知觉则更多反映了物体的社会意义。我们在认识社会世界时，事物的社会意义往往比其自然属性更为重要。行为归因是一种社会认知活动，是人们深层认知的开始，即人们根据感知获得的信息是进一步对他人的社会行为进行推论和判断的开始，不同的归因会对行为产生不同的影响，归因中包含的评价成分具有动机的作用，促使人们产生进一步的行动。在转喻使用中，我们对说话对象行为的归因是我们选择转喻始源概念的重要依据。社会范畴化是人们认知自我和他人的基础，通过将个体归类至其属性团体中，我们就可以简化现实，让现实更容易被理解。在社会范畴化中，人们总表现出对自己所属群体的偏爱，或对其他群体的贬抑。这种社会认知方式可以指导转喻的使用以达到区别自群体和他群体的目的。态度是行为的决定因素，会影响行为。共享态度是心理团体组成的基础，社会团体对于特定态度有特殊的规范，某一个时刻特定社会认同的突显将影响规范性态度与行为的表达。因此，态度也是影响转喻使用的重要原因。

第三，转喻构建的社会认知过程是一个动态构建的过程，受社会认知制约和调节。首先，共享知识为转喻构建提供社会认知基础。根据百科知识语义观，意义是语境化的，由言内知识和言外知识共同促成，百科知识网为转喻运作提供认知基础。在社会认知中，转喻构建依赖于我们对外部世界的共享知识、信仰和态度等，它是群体成员之间交流与沟通的基础，具有优先识解的地位。由于社会共享知识的认知群体不同以及社会群体内部成员社会认识差异性，基于百科共享知识的转喻认知基础具有动态性。

转喻关系的构建受社会认知调节，即转喻喻体的选择和转喻目标概念的确定受社会认知的调节。人们在认识社会世界时，转喻喻体的选择遵从认知原则和交际原则，但由于作为认知对象的社会世界的复杂性，其社会意义比自然属性更为重要，共享知识中有关社会世界的知识、评价、态度以及我们对社会关系的知觉是喻体选择的主要动因。转喻目标概念的选择与目标概念的知识中心度有关。百科知识的规约性越高其中心度越高，成为转喻目标的可能性越高，对语境的依赖性越弱；反之，知识规约性越低，语境依赖性越高。在社会认知中，由于共享知识具有高规约性，并且具有群体共享性、社会性和行为说明性，在群体中呈现较高的知识中心度，因此成为转喻目标概念的可能性较大。其背后的原因在于人们在社会认知中更关注事物的社会意义而非纯粹的自然属性，一些本不具备中心性的知识，如某个概念的具体知识或外在知识，通过社会表征而规约化，也具有了知识中心度。

转喻意义的构建涉及社会认知要素的整合。根据百科知识语义观，喻体只是为转喻意义的生成提供"提示"的作用，意义生成是多个认知域共同参与的结果。转喻意义具有新创性，概念整合可以对涌现意义的产生进行描述，即在转喻意义构建中，由喻体激活的始源域以及由心理可及激活的目标域之间发生了基于转喻关系的映射并最终进入整合空间；同时，由话语语境激活的多个认知域也参与意义的构建，它们通过不同的心理空间有选择地将部分社会认知要素整合到整合空间；在整合空间中，进入整合空间的所有要素通过压缩最后形成新的意义，即涌现意义。这种涌现意义的整合机制为转喻的评价意义提供描写。

综上所述，转喻是人们认识他人以及构建关系的重要认知工具。通过转喻，人们可以用有限的信息，通过最简洁的方式迅速地建立对他人的认识或与他人建构关系。这种认知过程是通过转喻与社会世界积极互动实现的。

本研究在理论和实践方面以下启示：

第一，拓展了转喻研究的视野和范围。以往转喻的认知研究更多关注"脑内"的转喻，忽略转喻与外部世界的互动，特别是和社会世界的互动。认知语言学研究正是认识到以往研究的局限性，提出了认知语言学的"社会"转向。但是目前转喻在这方面的研究还比较有限。本研究将认知语言学的概念转喻理论和社会心理学有关社会认知研究的理论相结合，从转喻如何概念化个人、群体和关系，人们对社会的认识如何引导和制约转喻概念运作的视角入手，探索转喻与社会世界互动的特征，一定程度上拓展了转喻研究的视野和范围，是对转喻研究"社会"转向的响应和实践。

第二，对概念转喻理论建设有一定的完善和补充作用。四十多年的转喻认知研究忽略转喻的使用和功能研究。本研究关注转喻的使用，即转喻社会世界的互动，探讨了社会认知的转喻使用方式与特征，分析了转喻的社会认知功能，从社会认知的视角分析了转喻使用的理据，以期为概念转喻理论建设提供一定的有益补充。

第三，在促进对转喻的全面认识，提高转喻使用能力方面有一定的积极作用。转喻不仅是一般的认知能力，也是一种社会认知能力。提高转喻能力有助于人们认识和理解社会世界，也有助于人们在社会世界中构建身份和构建与他人的关系。此外，本书研究成果对翻译和外语教学等也有一定的启示作用，因为翻译实践和外语教学当中的翻译教学、写作教学以及阅读教学等都涉及人们的转喻能力。

7.2 研究不足与展望

本书尝试从社会认知视角分析转喻在语言中的实现方式即特征、转喻的社会认知功能和社会认知理据，以及转喻构建的社会认知过程。该研究还处于起步阶段，尚存在以下不足：

第一，语料不够充足。本书语料主要来自内省语料，虽然有部分语料来自语料库，但数量有限。从认知语言学基于使用的观点，来自真实使用的语言最有利于我们观察和揭示语言的真实特征。语料数量的限制造成对转喻类型的梳理、分析和总结不够全面。

第二，研究方法有待改进。本研究主要采用内省的研究方法。目前隐喻和转喻的实证研究并不多见。鲁伊斯·德·门多萨和奥托·坎波（Ruiz de Mendoza & Otal Campo 2002：22）认为，很少有人基于大型计算机语料库来进行转喻研究的原因可能在于转喻没有特定的语言形式，一个表达式是否是转喻用法依赖于语境，多限于指称转喻研究。如今越来越多语言研究采用了语料库研究法，吉布斯（Gibbs 2007）认为认知语言学家应该关心实证研究。正是因为未能掌握和利用语料库研究法，本研究的考察和分析很难做到更穷尽的和更系统的研究。

第三，分析不够深入系统。由于是初次尝试结合社会认知的理论来分析转喻，在分析过程中对理论的理解不够深入透彻，讨论比较宏观，有待进一步深入细化。

"社会"转向的转喻研究才刚刚起步，还有很多值得挖掘和探讨的地方，根据本研究存在的不足，后续研究可从以下三个方面展开：

第一，借助更多语言实例，深入探究转喻在社会中真实使用的类型、特征和机制，进一步补充和完善转喻研究。

第二，借助语料库或其他实证研究的方法，为转喻研究提供更为坚实的基础。

第三，加大研究深度，可以聚焦具体的语言类型进行深入的观察和分析，将社会认知理论的相关理论与语言的认知研究很好地结合，构建适合语言社会认知研究的理论框架。

参考文献

参考文献

ALLEN L, 1983. The Language of Ethnic Conflict: Social Organization and Lexical Culture[M]. New York: Columbia University Press.

ALLPORT G W, 1935. Attitudes[M]//MURCHISON C. *A Handbook of Social Psychology*. Worcester, MA: Clark University Press: 798—844.

ALLPORT G W, 1954. The Nature of Prejudice[M]. Reading, MA: Addison-Wesley.

AL-SHARAFI A, 2004. Textual Metonymy: A Semiotic Approach[M]. Basingstoke: Palgrave Macmillan.

ARATA L, 2005. The Definition of Metonymy in Greece. *Style*, 39(1): 55—72.

AUGOUSTINOS M, WALKER I, DONAGHUE N, 2006. Social Cognition: An Integrated Introduction[M]. 2nd ed. London: Sage Publications.

BARCELONA A, 2000. Metaphor and Metonymy at the Crossroads: A Cognitive Perspective[M]. Berlin: Mouton de Gruyter.

BARCELONA A, 2002. Clarifying and applying the notions of metaphor and metonymy within cognitive linguistics: An update[M]//DIRVEN R, PÖRINGS R, *Metaphor and Metonymy in Comparision and Contrast*. Berlin/New York: Mouton de Gruyter: 207—277.

BARCELONA A, 2004. Metonymy behind grammar: The motivation of the seemingly "irregular" grammatical behavior of English paragon names[M]//RADDEN G, PANTHER K-U, *Studies in Linguistic Motivation*. Berlin/New York: Mouton De Gruyter: 357—374.

BAECELONA A, 2011. Reviewing the properties and prototype structure of metonymy[M]//BENCZES R, BARCELONA A, RUIZ DE MENDOZA IBÁÑEZ F J, *Defining Metonymy in Cognitive Linguistics: Towards a Consensus View*. Amsterdam/Philadelphia: John Benjamins: 7—58.

BARCELONA A, 2018. Introduction [M]//BLANCO-CARRIÓN O, BARCELONA A, PANNAIN R. *Conceptual Metonymy*. Amsterdam/Philadelphia: John Benjamins:1—23.

BARNDEN J A, 2010. Metaphor and metonymy: Making their connections more slippery. *Cognitive Linguistics*, 21(1): 1—34.

BARNDEN J A, 2018. Some contrast effects in metonymy [M]//BLANCO-CARRIÓN O, BARCELONA A, PANNAIN R. *Conceptual Metonymy*. Amsterdam/Philadelphia: John Benjamins: 97—119.

BAR-TAL D, 1989. Delegitimization: The extreme case of stereotyping and prejudice[M]//BAR-TAL D, GRAUMANN C, KRUGLANSKI A W, STROEBE W. *Stereotyping and Prejudice: Changing Conceptions*. New York: Springer Verlag: 169—188.

BENCZES R, 2006. Creative Compounding in English: The Semantics of Metaphorical and Metonymical Noun-noun Combinations [M]. Amsterdam/Philadelphia: John Benjamins.

BIERWIACZONEK B, 2018. How metonymy motivates constructions: The case of monoclausal *if-only P* constructions in English[M]//BLANCO-CARRIÓN O, BARCELONA A, PANNAIN R. *Conceptual Metonymy*. Amsterdam /Philadelphia: John Benjamins: 185—204.

BLANCO-CARRIÓN O, BARCELONA A, PANNAIN R, 2018. Conceptual Metonymy[M]. Amsterdam/Philadelphia: John Benjamins.

BLANK A, 1999. Co-presence and succession [M]//PANTHER K-U, RADDEN G. *Metonymy in Language and Thought*. Amsterdam/Philadelphia: John Benjamins: 169—191.

BLESS H, FIEDLER K, STRACK F, 2004. Social Cognition: How Individuals Construct Social Reality[M]. Hove: Psychology Press.

BRDAR M, 2007. Topic-continuity, metonymy and locative adverbials: A cognitive-functional account. *Suvremena Lingvistika*, 63(1): 13—29.

BRDAR M, BRDAR-SZABÓ R, 2009. The non-metonymic use of place names in English, German, Hungarian and Croatian[M]//PANTHER

K-U, THORNBURG L, BARCELONA A. *Metonymy and Metaphor in Grammar*. Amsterdam/Philadelphia: John Benjamins Publishing Company: 229−257.

BRDAR-SZABÓ R, BEDAR M, 2003. Referential metonymy across languages: What can cognitive linguistics and contrastive linguistics learn from each other? *International Journal of English Studies*, 3(2): 85−105.

BRDAR-SZABÓ R, BRDAR M, 2011. What do metonymic chains reveal about the nature of metonymy?[M]//BENCZES R, BARCELONA A, RUIZ DE MENDOZA IBÁÑEZ F J. *Defining Metonymy in Cognitive Linguistics: Towards a Consensus View*. Amsterdam/Philadelphia: John Benjamins: 217−248.

BRDAR-SZABÓ R, BRDAR M, 2012. The problem of data in the cognitive linguistic research on metonymy: A cross-linguistic perspective. *Language Sciences*, (34): 728−745.

CHILTON P, 2009. Metaphor in mental representations of space, time and society: The cognitive linguistic approach [M]//PISHWA H. *Language and Social Cognition: Expression of the Social Mind*. Berlin/New York: Mouton de Gruyter: 455−472.

CLARK A, 2011. Supersizing the Mind: Embodiment, Action and Cognitive Extension[M]. New York: Oxford University Press.

COULSON S, OAKLEY T, 2000. Blending basics. *Cognitive Linguistics*, 11(3−4): 175−196.

COULSON S, OAKLEY T, 2003. Metonymy and conceptual blending [M]//PANTHER K-U, THORNBURG L. *Metonymy and Pragmatic Inferencing*. Amsterdam/Philadelphia: John Benjamins Publishing Company: 51−80.

CROFT W, 1993. The role of domains in the interpretation of metaphors and metonymies. *Cognitive Linguistics*, 4(4): 335−371.

CROFT W, 2009. Toward a social cognitive linguistics[M]//EVANS V,

POURCEL S. *New Directions in Cognitive Linguistics.* Amsterdam/Philadelphia: John Benjamin: 395−420.

CROFT W, CRUSE D A, 2004. Cognitive Linguistics[M]. Cambridge: Cambridge University Press.

CRUSE D A, 1991. Lexical Semantics[M]. Cambridge: Cambridge University Press.

DIRVEN R, 2003. Metonymy and metaphor: Conceptualisation strategies[M]// DIRVEN R, PÖRINGS R. *Metaphor and Metonymy in Comparison and Contrast.* Berlin/New York: Mouton de Gruyter: 75−111.

DIRVEN R, PÖRINGS R. 2003. Metaphor and Metonymy in Comparison and Contrast[M]. Berlin/New York: Mouton de Gruyter.

DIVJAK D, LEVSHINA N, KLAVAN J, 2016. Cognitive Linguistics: Looking back, looking forward. *Cognitive Linguistics*, 27(4): 447−463.

DOISE W, 1978. Groups and Individuals: Explanations in Social Psychology[M]. Cambridge: Cambridge University Press.

ELLEMERS N, SPEARS R, DOOSJE B. 2002. Self and social identity. *Annual Review of Psychology*, (53): 161−186.

EVANS V, GREEN M, 2006. *Cognitive Linguistics: An Introduction.* Edinburgh: Edinburgh University Press.

EVANS V, POURCEL S, 2009. *New Directions in Cognitive Linguistics.* Amsterdam/Philadelphia: John Benjamins.

FAUCONNIER G, 1985/1994. Mental Spaces[M]. Cambridge: Cambridge University Press.

FAUCONNIER G, TURNER M, 1998. Conceptual integration networks. *Cognitive Science*, 22(2): 133−187.

FAUCONNIER G, TURNER M, 2002. The Way We Think: Conceptual Blending and the Mind's Hidden Complexities[M]. New York: Basic Books.

FESTINGER L, 1954. A theory of social comparison processes. *Human Relations*, (7): 117−140.

FEYAERTS K, 1999. Metonymic hierarchies: The conceptualization of stupidity in German idiomatic expressions [M]//PANTHER K-U, RADDEN G. *Metonymy in Language and Thought*. Amsterdam/Philadelphia: John Benjamins:309−332.

FILLMORE C J, ATKINS B T, 1992. Toward a frame-based lexicon: the semantics of RISK and its neighbors[M]//LEGRER A, KITTAY E F. *Frames, Fields and Contrasts*. Hillsdale, NJ: Lawrence Erlbaum: 75−102.

FISCHER K, 2000. From Cognitive Semantics to Lexical Pragmatics: The Functional Polysemy of Discourse Particles [M]. Berlin: De Gruyter Mouton.

FISKE S T, TAYLOR S E, 1984. Social Cognition[M]. Reading, MA: Addison-Wesley.

FISKE S T, TAYLOR S E, 1991. *Social* Cognition[M]. 2nd ed. New York: McGraw-Hill.

FOGAS J P, VINCZE O, LÁSZLÓ A J, 2014. Social Cognition and Communication[M]. New York/London: Psychology Press.

FRISSON S, 2009. Semantic underspecification in language processing. *Language and Linguistics Compass*, 3 (1): 111−127.

GAERTNER S L, DOVIDIO J F, 2000. Reducing Intergroup Bias: The Common Ingroup Identity Model [M]. Philadelphia: Psychology Press.

GEERAERTS D, 2002. The interaction of metaphor and metonymy in composite expressions[M]//DIRVEN R, PÖRINGS R. *Metaphor and Metonymy in Comparison and Contrast*. Berlin/New York: Mouton De Gruyter: 435−465.

GEERAERTS D, 2006. Methodology in cognitive linguistics [M]// KRISTIANSEN G, ACHARD M, DIRVEN R, RUIZ DE MENDOZA

IBÁÑEZ F J. *Cognitive Linguistics: Current Applications and Future Perspectives*. Berlin/New York: Mouton de Gruyter: 21—49.

GEERAERTS D, KRISTIANSEN G, PEIRSMAN Y, 2010. Advances in Cognitive Sociolinguistics[M]. Berlin/New York: Mouton De Gruyter.

GEERAERTS D, PEIRSMAN Y, 2011. Zones, facets and prototype-based metonymy[M]//BENCZES R, BARCELONA A, RUIZ DE MENDOZA IBÁÑEZ F J. *Defining Metonymy in Cognitive Linguistics: Towards a Consensus View*. Amsterdam/Philadelphia: John Benjamins: 89—102.

GEERAERTS D, KRISTIANSEN G, 2014. Cognitive linguistics and language variation[M]//TAYLOR J, LITTLEMORE J. *The Bloomsbury Companion to Cognitive Linguistics*. London/New York: Bloomsbury Publishing Plc: 202—217.

GIBBS R W, 1994. The Poetics of Mind: Figurative Thought, Language and Understanding[M]. Cambridge: Cambridge University Press.

GIBBS R W, 1999. Speaking and thinking with metonymy[M]//PANTHER K-U, RADDEN G. *Metonymy in Language and Thought*. Amsterdam: John Benjamins: pp. 61—76.

GIBBS R W, 2006. Embodiment and Cognitive Science[M]. New York: Cambridge University Press.

GIBBS R W, 2007. Experiential tests of figurative meaning construction [M]//RADDEN G, KÖPCKE K M, BERG T, SIEMUND P. *Aspects of Meaning Construction*. Amsterdam: John Benjamins: 19—32.

GOOSSENS L, 1990. Metaphtonymy: the interaction of metaphor and metonymy in expressions for linguistic action. Cognitive Linguistics, 1 (3): 323—340.

GRADY J, OAKLEY T, COULSON S, 1999. Blending and metaphor [M]//GIBBS R W, STEEN G. Metaphor in Cognitive Linguistics. Amsterdam: John Benjamins: 101—124.

HARDER P, 2010. Meaning in Mind and Society: A Functional

Contribution to the Social Turn in Cognitive Linguistics[M]. Berlin/New York: Walter de Gruyter.

HASER V, 2005. Metaphor, Metonymy and Experientialist Philosophy: Challenging Cognitive Semantics[M]. Berlin/New York: Mouton de Gruyter.

HEIDER, F, 1958. The Psychology of Interpersonal Relations[M]. New York: Wiley.

HERNÁNDEZ-GOMARIZ I, 2018. Analysis of metonymic triggers, metonymic chaining, and patterns of interaction with metaphor and with other metonymies as part of the metonymy database in the Córdoba project[M]//BLANCO-CARRIÓN O, BARCELONA A, PANNAIN R. *Conceptual Metonymy*. Amsterdam/Philadelphia: John Benjamins: 75−96.

HOGG M A, 2000. Social processes and human behavior: Social psychology[M]//Pawlik K, Rosenzweig M R. *International handbook of Psychology*. London: Sage: 305−327.

HOLTGRAVES T, 2014. The Oxford Handbook of Language and Social Psychology[M]. New York: Oxford University Press.

HOLTGRAVES T, KASHIMA Y, 2008. Language, meaning, and social cognition. *Personality and Social Psychology Review*, 12(1): 73−94.

JAKOBSON R, 1956. Two aspects of language and two types of aphasic disturbances [M]// REPRODUCED IN WAUGH L, MONVILL-BURSTON M. 1990 *On Language: Roman Jakobson*. Cambridge/MA: Harvard University Press: 115−133.

JOHNSON M, 1987. The Body in the Mind[M]. Chicago: University of Chicago Press.

KATZ D, 1960. The functional approach to the study of attitudes. *Public Opinion Quarterly*, 24(2), 163−204.

KOCH P, 1999. Frame and contiguity: On the cognitive bases of metonymy and certain types of word formation[M]//PANTHER K-U, RADDEN G. *Metonymy in Language and Thought*. Amsterdam: John Benjamins: 139−167.

KÖVECSES Z, 2003. Metaphor and Emotion: Language, Culture and Body in Human Feeling[M]. Cambridge/New York: Cambridge University Press.

KÖVECSES Z, 2005. Metaphor in Culture: Universality and Variation[M]. New York: Cambridge University Press.

KÖVECSES, Z, 2006. Language, Mind and Culture: A Practical Introduction[M]. Oxford: Oxford University Press.

KÖVECSES Z, RADDEN G, 1998. Metonymy: Developing a cognitive linguistic view. *Cognitive Linguistics*, 9(1): 37−77.

KRISTIANSEN G, DIRVEN R, 2008. Cognitive Sociolinguistics: Language Variation, Cultural Models, Social Systems[M]. Berlin/New York: Mouton de Gruyter.

KUNDA Z, 1999. Social Cognition: Making Sense of People[M]. Cambridge/Mass: The MIT Press.

LAKOFF G, 1987. Women, Fire, and Dangerous Things: What Categories Reveal About the Mind[M]. Chicago: University of Chicago Press.

LAKOFF G, JOHNSON M, 1980. Metaphors We Live By[M]. Chicago: The University of Chicago Press.

LAKOFF G, TURNER M, 1989. More than Cool Reason: A Field Guide to Poetic Metaphor[M]. Chicago: University of Chicago Press.

LAKOFF G, JOHNSON M, 1999. Philosophy in the Flesh[M]. New York: Basic Books.

LANGACKER R W, 1984. Active zones[M]//BRUGMAN C, MACAULAY M. *Proceedings of the Tenth Annual Meeting of the Berkeley Linguistic Society*. Berkeley: Linguistics Society: 172−188.

LANGACKER R W, 1987. Foundations of Cognitive Grammar (Vol. I): Theoretical Prerequisites[M]. California: Stanford University Press.

LANGACKER R W, 1993. Reference-point construction. *Cognitive Linguistics*. 4(1): 1—38.

LANGACKER R W, 1999. Grammar and Conceptualization[M]. Berlin/New York: Mouton de Gruyter.

LIPPMAN W, 1922. Public Opinion[M]. New York: Harcourt, Brace.

LITTLEMORE J, 2009. Applying Cognitive Linguistics to Second Language Learning and Teaching[M]. Basingstoke: Palgrave Macmillan.

LITTLEMORE J, 2015. Metonymy: Hidden Shortcuts in Language, Thought and Communication[M]. Cambridge: Cambridge Press.

MAASS A, SUITNER C, ARCURI L, 2013. The role of metaphors in intergroup relations[M]//LANDAU M J, ROBINSON M D, MEIER B P. *The Power of Metaphor: Examining its Influence on Social Life*. Washington, DC: American Psychological Association:153—178.

MCGATY C, 2002. Stereotype formation as category formation[M]//MCGATY C, YZERBYT V Y, SPEARS R. *Stereotypes as Explanations: The Formation of Meaningful Beliefs about Social Groups*. New York: Cambridge University Press: 16—57.

MEAD G H, 1934. Mind, Self, and Society[M]. Chicago: University of Chicago Press.

MOSCOVICI S, 1984. The phenomenon of social representations[M]//FARR R M, MOSCOVICI S. *Social Representations*. Cambridge/Paris: Cambridge University Press/Maison des Sciences de l'Homme: 3—69.

MOSCOVICI S, 1988. Notes towards a description of social representations. *European Journal of Social Psychology*, (18)3: 211—250.

MOSCOVICI, S, 2000. Social Representations: Explorations in Social Psychology[M]. Cambridge: Polity Press.

MOSCOVICI S, 2001. Why a theory of social representation?[M]//DEAUX K, PHILOGENE G. *Representations of the Social: Bridging Theoretical Traditions*. Oxford: Blackwell: 8—36.

MOSKOWITZ G B, 2005. Social Cognition: Understanding Self and Others[M]. New York: The Guilford Press.

NIEMEIER S, 2008. To be in control: kind-hearted and cool-head: The head-heart dichotomy in English[M]//SHARIFIAN F, DIRVEN R, YU N, NIEMEIER S. *Culture, Body and Language: Conceptualizations of Internal Body Organs across Cultures and Languages*. Berlin: Walter de Gruyter: 349-372.

NUNBERG G, 1978. The Pragmatics of Reference. Bloomington[M]. Indiana: Indiana University Linguistics Club.

NUNBERG G, 1995. Transfers of meaning. *Journal of Semantics*, 12 (2): 109-132.

PANNAIN R, 2018. The mouth of the speaker: Italian metonymies of linguistic action [M]//BLANCO-CARRIÓN O, BARCELONA A, PANNAIN R. *Conceptual Metonymy*. Amsterdam/Philadelphia: John Benjamins: 237-260.

PANTHER K-U, RADDEN G, 1999. Metonymy in Language and Thought[M]. Amsterdam/Philadelphia: John Benjamins.

PANTHER K-U, THORNBURG L, 1999. The potentiality for actuality metonymy in English and Hungarian [M]//PANTHER K-U, RADDEN G. *Metonymy in Language and Thought*. Amsterdam: John Benjamins: 333-357.

PANTHER K-U, THORNBURG L, 2003. The roles of metaphor and metonymy in English-er nominals[M]//DIRVEN R, PÖRINGS R. *Metaphor and Metonymy in Comparison and Contrast*. Berlin and New York: Mouton de Gruyter: 279-322.

PANTHER K-U, THORNBURG L, 2003. Metonymy and Pragmatic Inferencing[M]. Amsterdam/Philadelphia: John Benjamins.

PANTHER K-U, THORNBURG L, 2007. Metonymy [M]// GEERAERTS D, CUYCKENS H. *The Oxford Handbook of Cognitive Linguistics*. Oxford: Oxford University Press: 236-263.

PANTHER K-U, THORNBURG L, 2018. What kind of reasoning mode is metonymy? [M]//BLANCO-CARRIÓN O, BARCELONA A, PANNAIN R. *Conceptual Metonymy*. Amsterdam/Philadelphia: John Benjamins: 97—120.

PAPAFRAGOU A, 1996. Figurative language and the semantics-pragmatics distinction. *Language and Literature*, 5(3): 179—193.

PARADIS C, 2004. Where does metonymy stop? Senses, facets and active zones. *Metaphor and Symbol*, 19(4): 245—264.

PEIRSMAN Y, GEERAERTS D, 2006. Metonymy as a prototypical category. *Cognitive Linguistics*, 17(3): 269—316.

PETTY R E, CACIOPPO J T, 1996. *Attitudes and Persuasion: Classic and Contemporary Approaches* [M]. Boulder, CO: West-view Press.

PISHWA H, 2009. *Language and Social Cognition* [M]. Berlin/New York: Mouton de Gruyter.

PORTERS-MUÑOZ C, 2018. Are smartphone face and Googleheads a real or a fake phenomenon? The current role of metonymy in semantic exocentricity [M]// BLANCO-CARRIÓN O, BARCELONA A, PANNAIN R. *Conceptual Metonymy*. Amsterdam/Philadelphia: John Benjamins: 261—286.

RADDEN G, 2005. The ubiquity of metonymy [M]//OTAL CAMPO J-L, FERRANDO I, BELLES FORTUNO B. *Cognitive and Discourse Approaches to Metaphor and Metonymy*. Castellón de la Plana: Universitat Jaume I: 11—28.

RADDEN G, 2018. Molly married money: Reflections on conceptual metonymy [M]//BLANCO-CARRIÓN O, BARCELONA A, PANNAIN R. *Conceptual Metonymy*. Amsterdam/Philadelphia: John Benjamins: 161—182.

RADDEN G, KÖVECSES Z, 1999. Towards a theory of metonymy [M]//PANTHER K-U, RADDEN G. *Metonymy in Language and Thought*. Amsterdam/ Philadelphia: John Benjamins: 17—60.

RADDENG, KÖPCKE K-M, BERG T, SIEMUND P, 2007. The construction of meaning in language[M]//RADDEN G, KÖPCKE K-M, BERG T, SIEMUND P. *Aspects of Meaning Construction*. Amsterdam: John Benjamins: 1−15.

RECANATI F, 1995. The alleged priority of literal interpretation. *Cognitive Science*, (19): 207−232.

RIEMER N, 2001. Remetonymizing metaphor: Hypercategories in semantic extension. *Cognitive Linguistics*, 12(4): 379−402.

ROSCH E, 1978. Principles of categorization[M]//ROSCH E, LLOYD B B. *Cognition and Categorization*. Hills-dale, NJ: Erlbaum: 27−48.

RUIZ DE MENDOZA IBÁÑEZ F J, 2000. The role of mappings and domains in understanding metonymy [M]//BARCELONA A. *Metaphor and Metonymy at the Crossroads: A Cognitive Perspective*. Berlin: Mounton de Gruyter: 109−132.

RUIZ DE MENDOZA IBÁÑEZ F J, DÍEZ VELASCO O I, 2001. High-level metonymy and linguistic structure. *Atlantis*, 19 (1): 297−314.

RUIZ DE MENDOZA IBÁÑEZ F J, DÍEZ VELASCO O I, 2002. Patterns of conceptual interaction[M]//DIRVEN R, PÖRINGS R. *Metaphor and Metonymy in Comparison and Contrast*. Berlin/New York: Mouton de Gruyter: 489−532.

RUIZ DE MENDOZA IBÁÑEZ F J, OTAL CAMPO J L, 2002. Metonymy, Grammar, and Communication[M]. Granada: Comares.

RUIZ DE MENDOZA IBÁÑEZ F J, PEÑA CERVEL S, 2002. Cognitive operations and projection spaces. *Jezikoslovlje*, 3(1−2): 131−158.

RUIZ DE MENDOZA IBÁÑEZ F J, PÉREZ HERNÁNDEZ L, 2003. Cognitive operations and pragmatic implication[M]//PANTHER K-U, THORNBURG L. *Metonymy and Pragmatic Inferencing*. Amsterdam: John Benjamins: 23−50.

SCHMID H-J, 2011. Conceptual blending, relevance and novel N+N-compounds[M]//HANDL S, SCHMID H-J. *Windows to the Mind:*

Metaphor, Metonymy and Conceptual Blending. Berlin/New York: Mouton De Gruyter: 219—245.

SEMIN G R, 2000. Agenda 2000—Communication: Language as an implementational device for cognition. European Journal of Social Psychology, (30): 595-612.

SETO K, 1999. Distinguishing metonymy from synecdoche [M]// PANTHER K-U, RADDEN G. *Metonymy in Language and Thought*. Amsterdam/Philadelphia: John Benjamins Publishing Company: 91—120.

SHERMAN S J, JUDD C M, PARK B, 1989. Social cognition. *Annual Review of Psychology*, (40): 281—326.

SWEETSER E, 1999. Compositionality and blending: semantic composition in a cognitivelyrealistic framework [M]//REDEKER G, JANSSEN T. *Cognitive Linguistics: Foundations, Scope and Methodology*. Berlin/New York: Mouton de Gruyter: 129—162.

TAJFEL H, 1981. Human Groups and Social Categories: Studies in Social Psychology[M]. Cambridge: Cambridge University Press.

TALMY L, 2007. Forward [M]//GONZALEZ-MARQUEZ M, MITTEBERG I, COULSON S, SPIVEY M J. Methods in Cognitive Linguistics. Amsterdam: John Benjamins: I—XV.

TAYLOR J, 1995. Linguistic Categorization: Prototypes in Linguistic Theory[M]. 2nd ed. Oxford: Clarendon Press.

THORNBURG L, PANTHER K-U, 1997. Speech act metonymies[M]// LIEBERT W, REDEKER G, WAUGH L. *Discourse and Perspective in Cognitive Linguistics*. Amsterdam: John Benjamins: 205—219.

TOMASELLO M, 1999. The Cultural Origins of Human Cognition[M]. Cambridge: Harvard University Press.

TURNER J C, OAKES P J, 1989. Self-categorization theory and social influence [M]//Paulus P B. *Psychology of Group Influence* (2nd ed.). Hillsdale, NJ: Erlbaum: 233—275.

ULLMAN S, 1962. Semantics: An Introduction to the Science of Meaning [M]. Oxford: Basil Blackwell.

VAN DIJK T A, 1984. Prejudice in Discourse: An Analysis of Ethnic Prejudice in Cognition and Conversation [M]. Amsterdam/Philadelphia: John Benjamins.

VOCI A, 2006. The link between identification and ingroup favouritism: Effects of threat to social identity and trust-related emotions. *British Journal of Social Psychology*, (45): 265-284.

WARREN B, 1999. Aspects of referential metonymy [M]//PANTHER K-U, RADDEN G. *Metonymy in Language and Thought*. Amsterdam: John Benjamins: 121−135.

WYER R S Jr, SRULL T K, 1984. Handbook of Social Cognition [M]. Hillsdale/NJ: Erlbaum.

ZHANG W W, 2016. Variation in Metonymy [M]. Berlin/Boston: Mouton de Gruyter.

ZHANG W W, SPEELMAN D, GEERAERTS D, 2011. Variation in the (non) metonymic capital names in Mainland Chinese and Taiwan Chinese. *Metaphor and the Social World*, (1): 90−112.

安德烈耶娃，1984. 社会心理学 [M]. 李钊，龚亚铎，潘大渭，译. 天津：南开大学出版社.

蔡晖，2006. 转喻思维产生动因的多元思考 [J]. 外语学刊，133 (6): 41−45.

陈家旭，魏在江 2004. 从心理空间理论看语用预设的理据性 [J]. 外语学刊，120 (5): 8−12+42.

陈望道，1979. 修辞学发凡 [M]. 上海：上海教育出版社.

陈香兰，2009. 间接言语行为的转喻多域操作 [J]. 外国语，148 (3): 40−43.

陈香兰，2013. 语言与高层转喻 [M]. 北京：北京大学出版社.

陈香兰，申屠菁，2008. 转喻矩阵域观 [J]. 外国语. 31 (2): 49−54.

陈新仁，2008. 转喻指称的认知语用阐释 [J]. 外语学刊. 141 (2):

84—89.

程琪龙,2010. 转喻种种 [J]. 外语教学. 31 (3):5—10+16.

程琪龙,2011. 转喻的认知机制和过程 [J]. 外语教学. 32 (3):1—4.

邓亮,姜灿中,2018. 言语行为转喻及有关问题 [J]. 浙江外国语学院学报.(2):54—61+67.

董成如,2004. 转喻的认知解释 [J]. 解放军外国语学院学报. 27 (2):6—9.

樊玲,周流溪,2015. 认知语用推理框架中的转喻 [J]. 外语学刊. 183 (2):18—22.

范振强,2014. 具身认知视域下的转喻动态建构机制 [M]. 北京:中国书籍出版社.

方俊明,1992. 认知心理学与人格教育 [M]. 西安:陕西师范大学出版社.

高航,张凤,2000. 同语的认知解释 [J]. 解放军外国语学院学报. 23 (5):21—37.

高觉敷,1991. 西方社会心理学发展史 [M]. 北京:人民教育出版社.

管健,2009. 社会表征理论的起源与发展——对莫斯科维奇《社会表征:社会心理学探索》的解读 [J]. 社会学研究.(4):228—241.

管健,乐国安,2007. 社会表征理论及其发展 [J]. 南京师大学报(社会科学版).(1):94—100.

何兆熊,2000. 新编语言学概要 [M]. 上海:上海外语教育出版社.

胡曙中,2004. 现代英语修辞学 [M]. 上海:上海外语教育出版社.

黄伯荣,廖序东,2002. 现代汉语(下)[M]. 北京:高等教育出版社.

黄曙光,2014. 喻认知运作机制中的概念突显 [J]. 当代外语研究.(9):33—38+80.

江晓红,2009. 认知语用研究:词汇转喻的理解 [J]. 北京:中国社会科学出版社.

江晓红,2011. 转喻词语理解的认知语用机理探究:关联理论和认知语言学的整合分析模式 [J]. 现代外语. 34 (1):34—41.

江晓红,2020. 英汉指称转喻意义建构的认知语用研究 [M]. 广州:暨南大学出版社。

江晓红，何自然，2010. 转喻词语识别的语境制约 [J]. 外语教学与研究. 42（6）：411－417.

姜灿中，匡芳涛，2019. 构式使用的社会认知动因 [M]. 现代外语. 42（3）：328－338.

蒋严，2002. 论语用推理的逻辑属性——形式语用学初探 [J]. 外国语. 139（3）：18－29.

李庆荣，2002. 现代实用汉语修辞 [M]. 北京：北京大学出版社.

李文浩，齐沪扬，2012. 突显、激活与转喻实现 [J]. 外语教学. 33（4）：23－26.

李勇忠，2004. 语言转喻的认知阐释 [M]. 上海：东华大学出版社。

李勇忠，2005. 转喻的概念本质及其语用学意义 [J]. 外语与外语教学. 197（8）：1－4.

刘瑾，2018. 意义的百科知识观——兼谈认知语义学的原则和主张 [J]. 外国语文. 34（6）：86－91.

刘瑾，段红，2019. 社会认知视角下情感话语识解的概念整合分析 [J]. 现代外语. 42（3）：316－327.

刘亚猛，2004. 追求象征的力量：关于西方修辞思想的思考 [M]. 北京：三联书店.

卢军羽，2015. 图形－背景关系的可逆性与转喻的认知机制 [J]. 当代外语研究. （11）：24－29.

陆俭明，2009. 转喻、隐喻散议 [J]. 外国语. 32（1）：44－50.

陆小鹿，2015. 语言选择和身份认同 [J]. 外国语文. 31（6）：70－74.

马辰庭，2016. 转喻的百科知识表征 [J]. 现代外语. 39（3）：369－380.

莫里斯·梅洛－庞蒂，2005. 知觉现象学. 姜志辉，译. 北京：商务印书馆.

穆雷，2011. 翻译硕士专业学位论文模式探讨 [J]. 外语教学理论与实践. （1）：79－84.

牛保义，2018. 认知语言学研究的现状与发展趋势 [J]. 现代外语. 41（6）：852－863.

彭凯平，钟年，2010..心理学与中国发展［M］.北京：中国轻工业出版社。

任鹰，2000."吃食堂"与语法转喻［J］.中国社会科学院研究生学报.（3）：59－67.

沈家煊，1999.转指和转喻［J］.当代语言学.1（1）：3－15.

时蓉华，1998.社会心理学［J］.杭州：浙江教育出版社.

史锡尧，杨庆蕙，1980.现代汉语修辞［M］.北京：北京出版社.

束定芳，2000.隐喻学研究［M］.上海：上海外语教育出版社.

束定芳，2004.隐喻和换喻的差别与联系［J］.外国语.151（3）：26－34.

束定芳，2011.隐喻与转喻研究［M］.上海：上海外语教育出版社.

束定芳，2013.认知语言学研究方法、研究现状、目标与内容［J］.西华大学学报（哲学社会科学版）.32（3）：58－62.

苏晓军，2009.认知语言学的社会转向［J］.外国语.32（5）：47－51.

谭学纯，朱玲，2008.广义修辞学［M］.合肥：安徽教育出版社.

王馥芳，2019.话语建构的社会认知语言学研究［J］.现代外语.42（3）：306－315.

王红孝，2017.主体性，多维性，约等于——心智哲学视域下转喻本质［J］.中国外语.14（1）：51－58.

王沛，贺雯，2015.社会认知心理学［M］.北京：北京师范大学出版社.

王寅，2007.认知语言学［M］.上海：上海外语教育出版社.

王占华，2000."吃食堂"的认知考察［J］.语言教学与研究.（2）：58－64.

魏在江，2016.概念转喻的体验哲学观［J］.现代外语.39（3）：358－368.

文旭，2001.认知语言学诠释与思考［J］.外国语.132（2）：30－37.

文旭，2002.认知语言学的研究目标、原则和方法［J］.外语教学与研究.34（2）：90－97.

文旭，2003.同义反复话语的特征及其认知语用解释［J］.外国语言文学.77（3）：29－33.

文旭，2011. 认知语言学事业 [J]. 外语与外语教学. 257（5）：1-5.

文旭，2014. 语言的认知基础 [M]. 北京：科学出版社.

文旭，2019. 基于"社会认知"的社会认知语言学 [J]. 现代外语. 42（3）：293-305.

文旭，司卫国，2018. 认知语言学：反思与展望 [J]. 中国社会科学评价.（3）：23-36.

文旭，叶狂，2006. 转喻的类型及其认知理据 [J]. 解放军外国语学院学报. 29（6）：1-7.

吴莉，2013. 转喻化、层面化与区活跃：基于本体和识解的意义研究 [J]. 语学刊. 170（1）：16-20.

吴淑琼，2011. 基于汉语句法结构的语法转喻研究 [D]. 重庆：西南大学.

徐盛桓，2016. 镜像神经元与身体—情感转喻解读 [J]. 外语教学与研究. 48（1）：3-16.

杨毓隽，文旭，2022. 转喻标注的参数和标准：《概念转喻：方法、理论与描写问题》评介 [J]. 当代语言学. 24（2）：307-316.

张弓，1993. 现代汉语修辞学 [M]. 石家庄：河北教育出版社.

张辉，卢卫中，2010. 认知转喻 [M]. 上海：上海外语教育出版社.

张辉，孙明智，2005. 概念转喻的本质、分类和认知运作机制 [J]. 外语与外语教学. 192（3）：1-6.

张辉，周平，2002. 转喻与语用推理图式 [J]. 外国语. 140（4）：46-52.

张绍全，2009. 中国英语专业学生多义词习得的认知语言学研究 [D]. 重庆：西南大学.

郑全全，2008. 社会认知心理学 [M]. 杭州：浙江教育出版社.

钟毅平，2012. 社会认知心理学 [M]. 北京：教育科学出版社.

周红英，2018. 再论转喻的邻近性 [J]. 外文研究. 6（4）：1-7.

周娜娜，2016. 维特根斯坦的家族相似性与转喻的语义关联性 [J]. 西安外国语大学学报. 24（4）：12-15.

周晓虹，1991. 现代社会心理学—社会学、心理学和文化人类学的综合探索 [M]. 南京：江苏人民出版社，

周晓虹，2008. 认同理论：社会学与心理学的分析路径 [J]. 社会科学. (4)：48−55+189.

附 录

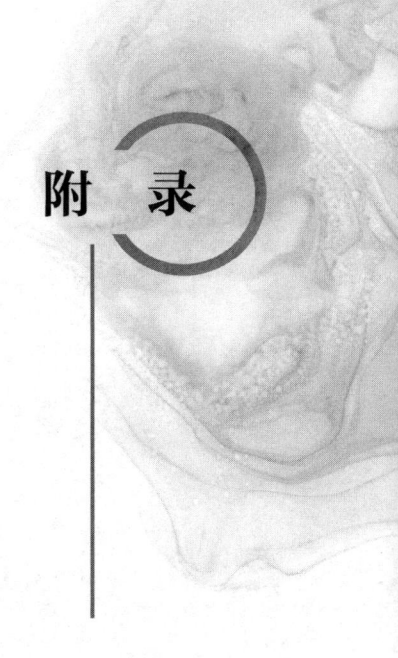

基于"社会认知"的社会认知语言学*

西南大学　文　旭

提　要：认知语言学的"社会转向"是认知语言学自身发展的必然趋势，该转向促成了"认知社会语言学"和"社会认知语言学"的诞生，前者是认知语言学与社会语言学的结合，主要关注语言的社会变异等宏观语言问题，后者是认知语言学与社会认知理论的结合，重在研究社会认知如何影响语言知识的表征、语言习得、语言使用（包括产出与加工）、语言演化等。本文基于社会认知理论，探讨了社会认知语言学的基本内涵和主要研究内容。基于"社会认知"的社会认知语言学的提出，是对认知语言学的"社会转向"的有益补充，为认知语言学的发展提供了新的视角。

关键词：认知语言学；社会认知；社会认知语言学

Sociocognitive Linguistics Based on Social Cognition
WEN Xu（Southwest University）

Abstract："Social turn" is inevitable for the development of Cognitive Linguistics, which has given rise to Cognitive Sociolinguistics and Sociocognitive Linguistics. Cognitive Sociolinguistics, the combination of

---

* 本研究为国家社会科学基金重大项目"认知语言学理论建设与汉语的认知研究"15ZDB099）的阶段性成果。原文发表于《现代外语（双月刊）》2019 年 5 月第 3 期，收入本书时略有修改。

Cognitive Linguistics and Sociolinguistics, is committed to such macro-linguistic issues as social variations, while Sociocognitive Linguistics, the combination of Cognitive Linguistics and social cognition theory, is primarily concerned with how representation of knowledge of language, language acquisition, language use (including language production and processing), language change or evolution, etc., are influenced by social cognition. Based on social cognition theory, this paper elaborated the nature and major topics of Sociocognitive Linguistics. The proposal to establish Sociocognitive Linguistics on the basis of social cognition not only benefits the "social turn" of Cognitive Linguistics, but also offers new perspectives for the development of Cognitive Linguistics.

Key words: cognitive linguistics; social cognition; sociocognitive linguistics

1. 引言

认知语言学是语言学的一种新范式，是对语言与人类认知之间的关系进行科学研究的一门学科，或者说是科学研究人类交际与思维方式之间关系的一门学问。认知语言学认为，语言结构与人类的概念知识、身体经验、话语的交际功能密切相关，并且以它们为理据。1990年，国际认知语言学协会成立之时，就明确了认知语言学研究的主要话题：自然语言范畴化的结构特征，如典型性、隐喻、转喻、心理意象、认知模型等；语言组织的功能原则，如象似性、自然性等；句法与语义的概念界面；使用中语言的体验背景和语用背景；语言与思维的关系等。然而，从其现状来看，认知语言学的研究话题早已超越了当初圈定的范围。认知语言学最核心的观点是：语言使用基于我们的身体经验，即认知的具身性。但除具身性外，认知还具有工具性和社会性。面对错综复杂的社会关系、事件与环境，人们必须采取恰当的言语行为和社会行为，这就需要社会认知（social cognition）。虽然认知语言学认识到了社会认知的作用，也出现了"社会转向"之说，但却忽视了社会认知在社会互动或社会交际中的作用。

本文的研究目的就是在认知语言学的框架下，基于社会认知理论研究的内容和方法，探索语言使用与社会交往的社会认知基础，并力图构建一门认知语言学的分支学科：社会认知语言学（sociocognitive linguistics）。

2. 认知语言学的社会转向

近 40 年来，认知语言学在解释语言的本质和功能方面取得了可喜的成就，但其研究成果主要集中在知识表征和认知过程上，如范畴与范畴化、概念与概念化等。虽然认知语言学是一门基于使用的语言学范式，但它在解释语言的本质属性和使用时却较少考虑社会因素。尽管 Chilton（2009）认为，认知语言学假设"社会意义存在于人们的心智中"，但他并没有深入分析并回答这一问题。其他一些语言学理论虽然有所关注语言的社会维度，但大多是把语言看成是交际的工具或者是信息检索的工具。例如，社会语言学虽是建立在社会学基础之上，但它主要是为语言研究提供一个宏观视角，其主要目的是获取社会群体言语行为的信息，而不是关于社会范畴和互动中社会信息加工的信息。批评话语分析很关心像态度、权力、刻板印象、偏见语言的使用等社会问题，但其分析立场还是相对狭窄。语用学虽然关注社会问题和互动问题，尤其是交互主观性中的这些社会与互动问题，但它并没有把社会信息与语境信息区别开来（Pishwa 2009）。

社会心理学家吸收了批评话语分析和语用学的研究成果，他们研究发现，某些语言结构可以揭示人们如何解释自己和他人的行为。他们对比喻语言的研究，以及语言学中的语言相对论、礼貌理论、会话分析等话题的研究表明，研究语言的社会认知方面是互利互通的："语言的研究能为我们理解社会行为做出伟大的贡献"（Holtgraves 2002：190），而理解语言使用需要理解其社会维度。可以说正是在这样的背景下，认知语言学的认知视角研究表现出明显的内在局限性，也正是这一局限性才导致了认知语言学研究的"社会转向"。认知语言学的主要基础是认知心理学，认知心理学中的许多概念如"典型"、"图式"以及"图形-背景"组织在认知语言学中都具有重要的影响，无处不在。但这些概念都是"人脑中"（inside the head）的东西。

Croft（2009：395）认为，认知语言学过于关注"人脑中"的东西，而忽视了人脑之外的社会世界。认知语言学若要取得成功，就必须"走出人脑"（outside the head），融合社会互动视角，研究语言的本质。要做到这一点，认知语言学就必须吸收像语用学、社会语言学、批评话语分析、社会心理学、语言人类学、文化语言学的理论和研究成果，而不只是认知心理学、格式塔心理学等学科的理论和成果，不但要考虑语言的认知维度，还要考虑语言的社会维度。可以说，以认知为导向的语言学家以及以社会或功能为导向的语言学家，在研究语言时都很少把两个维度结合起来。从还原意义复杂性和丰富性的研究初衷出发，认知语言学开始把意义的社会维度（即意义生成和构建的各种社会过程）纳入认知语言学的意义研究之中，由此催生了认知语言学研究的"社会转向"。

认知语言学的"社会转向"发端于 Tomasello（1999，2008）的研究，他强调人类语言起源的关键前提应该是"共同注意和行动"。人类之间的交往是三分的，除自身与外部世界外，还有彼此之间的理解。就语言概念而言，语义的属性也应该是"共同属性"，因为只有人们相互理解而不是纯粹的个人认知处理，词语才能为一个言语社团获得共享意义。这意味着，个人心智中的认知是不足以解释人类心理理解的。因此，要研究社会域中的认知，经典认知语言学的方法必须包括这一基本的社会维度。

认知语言学的"社会转向"强调认知不是一个自治的领域，它包括对社会中各种认知过程的研究。Harder（2010：3）把"社会转向"理解为语言和意义研究的一种新操作："需要把语言和概念化置于'社会中的意义'这一更大的语境之中"。也就是说，若要完全理解语言和意义，必须考虑社会中的语言和意义，即必须把对社会语境中的各种功能关系的研究吸收进来，包括"来自所有相关因素的反馈，交互主观性理解以及社会运作方式的各种非心理因素。例如，为了理解 security 的意义，我们必须把整个范围的反馈都考虑进去，从个人受到威胁的经历到国际关系，都应该是框架的一部分"（Harder 2010：2）。认知语言学的"社会转向"是认知语言学发展的新趋势。但因对社会维度的侧重有所不同，这一转向又有两种不同的研究取向：认知社会语言学（cognitive sociolinguistics）和社会认知语言学。

认知社会语言学是认知语言学与社会语言学的结合，是向社会语言学领域拓展的结果（Hollmann 2017）。认知社会语言学诞生的标志性事件是 2007 年在波兰召开的第十届国际认知语言学大会，会议主题就是认知社会语言学。同年，Geeraert 发表了《认知社会语言学和认知语言学的社会学》一文，探讨认知社会语言学的基本方法论。随后，《认知社会语言学：语言变体、文化模式和社会系统》（Kristiansen & Dirven 2008）和《认知社会语言学进展》（Geeraerts et al. 2010）两书的出版，意味着认知社会语言学研究开始受到更多关注。

虽然从广义上来说，那些"致力于阐明、考察、比较社会和认知维度的研究都很自然地能被纳入认知社会语言学这一宽泛术语之中"（Kristiansen & Dirven 2008：8），但从狭义上来说，认知社会语言学的理论出发点是把语言当作一种社会现象，并在认知语言学的解释框架内，用实证方法研究社会语言学现象，如社会认知、地域变体、社会变体和社会互动，尤其关注与使用者相关的变体、由情境决定的可变性以及社会互动的概念动因等。例如，Hans-Georg Wolf 与 Frank Polzenhagen 合作出版的《世界英语：认知社会语言学方法》（2009）就专门从认知社会语言学视角探讨英语的世界变体问题。2013 年，Kristiansen 和 Geerearts 为 *Journal of Pragmatics* 组织了一期特刊，名为"认知社会语言学中的使用语境"，研究语言的各种变异问题，包括方言问题。2014 年，Pütz 等人编著出版了《认知社会语言学：认知和语言使用中的社会与文化变异》一书，仍然主要关注的是语言的变异问题，如语用变异。Callies 和 Onysko 于 2017 年为 *Cognitive Linguistic Studies* 组织了一期特刊，专门研究"全世界英语的隐喻变异"，其研究也是认知社会语言学的视角。另外，"认知社会语言学试图把认知范式拓展到语言符号化（symbolization）所关涉的地域和社会模式研究之中，既可以将它们当作独立论题进行研究，也可以把它们与概念结构进行平行研究"（Kristiansen & Dirven 2008：4）。

从这些研究中不难发现，认知社会语言学的主要目的，是寻求认知语言学与以语境为导向的语言研究（如社会语言学和语用学）之间在方法与理论框架方面的趋同，以克服经典认知语言学研究中的不足。不过，本文所要研究的不是认知社会语言学，而是基于社会认知的"社会认知语言学"。下面我们将首先阐述社会认知，然后在社会认知理论的基础上，探索社会认知语言学的一些基本问题。

3. 社会认知

社会认知是心理学的前沿领域，关涉我们如何理解自我和他人。在论述社会认知之前，我们有必要先从什么是认知谈起。当代众多学科似乎言必称认知。但认知是什么，却有不同的理解和解释。美国学者休斯敦（John P. Houston）等人在《心理学纲要》中，对认知的各种定义作了概括，以求把握认知的内涵。他归纳出了五种定义：认知即信息加工，认知即心理上的符号运算，认知即问题解决，认知即思维，认知是一组相关的心理活动。通常，认知心理学是从三个方面来理解和研究"认知"的：认知机制，认知结构和认知过程。认知语言学的认知更强调身体的作用，即认知的具身性。因此，认知语言学的认知是具身认知（embodied cognition），认为人类心智与概念组织是人类身体与周围环境互动的产物，也就是说概念的特征及其组构方式是受我们身体经验的特征限制的。据此，认知语言学家认为，语言反映概念结构，因此也就反映人类的身体经验。语言不但是认知的产物，还是一种认知工具，也是认知的组成部分。人类认知除了具有具身性，还具有工具性和社会性。人类发明的最伟大的工具估计应该是语言文字，而人类认知的一个重要组成部分就是工具认知（tool cognition）。此外，面对错综复杂的社会环境和社会关系，人们必须采取恰当或正确的社会行为以及话语，这就需要复杂的社会认知活动作为基础。

那么，什么是社会认知？Fiske 和 Taylor（1984：6）认为，"社会认知是一种对别人和自己的思考"。20 世纪 80 年代前，社会认知的理论和方法属于"冷认知"（cold cognition），因为人们只关注社会认知概念的表征以及由此得出的推论。20 世纪 90 年代以来，人们开始关注动机和情感对判断的影响，这就是"暖认知"（warm cognition）或"热认知"（hot cognition）研究。"暖认知"以及"具身认知"的研究给社会认知的研究带来了突破性的成果。也有学者从社会认知的性质和特征来定义，如

(Hamilton 1994：2-5)：第一，社会认知主要集中研究所考察社会现象的认知基础：一是有关认知结构的概念，如信念、态度、成见、内隐人格理论等；二是涉及认知加工，如态度变化、印象形成、社会服从、归因、决策等。第二，社会认知理解社会现象的一种手段是信息加工模式。人们总是利用自己所处的社会环境来编码信息，通过评价、推理、归因等来解释和加工信息，最后表征这些信息。第三，社会认知具有跨心理学各领域的共性。第四，社会认知是一种方法，而不是内容，它是理解内容或解释内容的一种方法或途径。

我们很认同 Baron 和 Byrne (1997) 所给的定义：社会认知就是我们解释、分析和记忆有关社会世界中信息的方式。该定义强调了三个认知过程：首先，我们所接收到的关于他人和自我的信息，都是经过了解释的，也就是说，这些信息的意义通常是由社会环境、先前的经验、文化价值等来决定的。我们了解一个人，通常是依赖已有的刻板印象、他所隶属的社会群体等因素。所有这些都会输入我们的解释。其次，社会信息是被分析过的，也就是说，我们最初所获得的解释有可能被调节、改变、修正甚至拒绝。再次，社会信息是储存在记忆中的，可以被回忆或提取。当然，从记忆中提取信息可能需要付出较大的努力，但有时我们不一定总是愿意付出这种努力，因为人类总是喜欢偷懒、想省力，是认知的吝啬者。

最后需要指出的是，这里的"社会世界"既指他人，也指我们自己。因此，解释、分析和记忆有关社会世界的信息，既包括对他人的信息，也包括对自己的信息。其实，我国古代的知人策略就包括认识他人，也包括认识自己。例如，老子的"知人者智，自知者明"就包括这两方面。至此，我们可以简单地归纳社会认知：社会认知的基本任务就是描写人们认知社会世界的过程，人们如何思考自己、洞悉他人。社会认知研究的主要内容包括 (Brewer & Hewstone 2004：Ⅺ)：

个体层面：社会认知在个体层面可以说就是一个心理"过滤器"，每个人通过这个过滤器去主观地表征和记忆客观事件和经验。认知既可以调节外部事件对个人行为和决策的影响，也可以在缺乏当前环境输入的情况下，去指导个人的行为。因此，要理解和解释社会行为，首先就需要理解个人是如何处理和组织有关社会事件、自我和他人的信息的。自我认知、自我图式、自尊等一些重要的内容都是在个体层面进行研究的。

群体及人际层面：社会认知不仅仅局限于对个体行为的理解，也可以拓展到人际关系、群体过程和群际行为。首先，个体认知到人际关系和社会群体会影响他们在具体关系，或者特殊社会群体或全体成员面前的行为。更为重要的是，在人际互动和群体动态中，对世界的认知以及观念是共享的。社会互动可以提供间接知识或间接经验，这些都可以将个体对世界的认知理解拓展超越自身的经验。此外，被他人共享的信息和观念等知识，也可以提供一种元认知，从而有助于社会协作，并指导我们对自我和他人行为的期望。实际上，认知本身在很多方面是由社会决定的，也是为社会功能服务的（Fiske 1992）。群体及人际层面研究的主题包括：人际吸引、人际信任、刻板印象、偏见、污名化、社会认同、群体冲突、社会决策、归因及社会推理等。根据 Pennington（2000：5-7），社会认知有三个主要原则：第一，省力原则。人类在认知付出时总是想省力，也就是说人类其实是一个认知吝啬者。第二，自发性与蓄意性原则。人类的思维具有自发性和蓄意性。人类作为认知吝啬者，会使用一些策略使判断和决策简单化，而其中的一种策略就是使用社会图式。当相似的社会情景反复出现时，或者在不同的社会情景之间存在感知相似时，一个人的反映就可能会是自发的或自动的。当一个人在做出判断或决定之前，有意识地付出了心理努力，或者是通过了深思熟虑，这就是蓄意思维。第三，自尊原则。自尊在社会认知中具有重要的作用。我们的自我评价对社会认知非常重要，因为我们如何思考自己，在很大程度上会受他人的看法和行为的影响。高度自尊的人认为自己能干、有价值，对别人有信心。自卑的人则相反，导致的结果就是缺乏动机。

总之，社会认知是社会心理学中的一种理论或方法，主要强调我们如何表征社会知识，以及如何在心理上加工社会信息。社会认知不但是社会心理学的研究内容，其研究也吸收了认知心理学等相关学科的研究成果。社会认知的研究为认知语言学的社会转向提供了很好的思路。

4. 社会认知语言学的基本内涵

认知语言学认为，语言是表达社会交际功能的、规约化的象征结构

（构式）系统。认知语言学一直致力于探索该系统与概念系统和身体体验，即语言、认知和世界三者之间的关系（文旭 2014）。但其立足点是作为认知主体的人，过渡强调"人脑中"的东西。认知社会语言学尝试"走出人脑"，把作为认知主体的人置于社会之中，考察社会作为认知语境对人的身体体验、概念系统和语言及其关系的影响。但其前提仍然是人是认知的主体。无论是认知语言学还是认知社会语言学，都忽视了人作为认知客体的一面，也未对人的社会认知过程引起足够重视。社会认知关注人认知社会世界的过程，强调人的自我认知和对他人的认知，即人是认知主体同时也是认知客体。因此，社会认知理论与认知语言学的结合是认知语言学理论发展和突破的必然要求，也是对认知社会语言学的重要补充。

早在认知语言学的"社会转向"之前，Clark（1992）就已呼吁从社会认知视角考察语言。Croft（2009）受其启发，率先将认知语言学与社会认知理论相结合，考察了识解的本质及其与语法的关系，发出"迈向社会认知语言学"的倡议，并强调这是认知语言学发展的一个新方向。他认为，语言是社会认知的核心特征，作为一种规约化的协作工具，它既能解决交际中的协作问题，也能解决共同行动中的协作问题。他强调社会认知在识解、意义和语法中的重要作用，并从共同行动、协作和规约三种社会认知能力的角度重新审视了认知语言学的基本原则，并在此基础上提出了社会认知语言学的四个基本原则（Croft 2009：412）：第一，心智中的语法结构和过程是一般社会认知能力和个体认知能力的示例。第二，语法是由形式、意义和社区（在该社区中意义是规约的）所组成的符号三角构成的。第三，意义既是百科的也是共享的。第四，意义关涉为交际目的服务的识解。

Croft（2009）提出的社会认知语言学把行使社会认知功能的说话人置于注意力中心，着重研究概念理解和社会现实之间的关系。具体而言，它主要致力于通过揭示意义生成和构建过程中所关涉的各种社会互动过程来研究"社会领域里的概念化"（Harder 2010：408）。从认知语言学到社会认知语言学的发展，Croft 期望为语言与社会交际的互动关系构建一个统一的模型，既重视语言（能力）作为个体认知能力的一部分，也强调其作为社会认知能力的一部分；既关注人的认知过程，也凸显社会认知与认知的交互作用。但是，Croft的思路本质上仍是基于认知语言学的基本原则，只不过融入了语言的一些社会维度，如共同行动、协作和规约等社会认知能力和社会交际，并未把认知语言学的研究真正建立在社会认知的基础之上。因此，很难构建起社会认知语言学的宏伟大厦。我们认为，真正要"迈向社会认知语言学"，必须把认知语言学与社会认知理论有机结合，必须把个体认知、社会认知（包括对自我和他人的认知）和社会认知过程与语言的认知研究有机结合。因此，有必要赋予社会认知语言学新的内涵。

语言、人、社会、客观世界构成一个复杂的生态系统。语言是人构成社会的协作工具，它是人认知客观世界、社会甚至人自身的重要途径，反过来人的认知结果，即概念系统最终映射到语言中。因此，语言的研究不能脱离其他任何子系统。社会认知语言学正是基于这样的思考。社会认知语言学以社会认知理论为基础，运用认知心理学、社会心理学、认知语言学、语言人类学、批评话语分析、语用学等学科的思想、概念和方法来分析语言问题，如语言知识的表征、语言习得、语言使用、语言演化等。社会认知语言学是认知语言学的一个分支学科，它的基本假设和基本原则与认知语言学一脉相承。认知语言学认为，语言能力是一般认知能力的一部分，语言不是一个自足的系统（文旭 2014）。社会认知语言学继承了这一假设，但对一般认知能力的解释有所不同：它不仅包括个体的认知能力，还包括社会认知能力；不仅是人对客观世界的认知，还是其对社会（世界），包括自我和他人的认知，即把认知置于社会之中。认知语言学主张，语言是形式和意义配对的符号系统。Croft（2009）认为，这种符号系统是社会规约的产物，提出语言是由形式、意义和社区（在该社区中意义是规约的）所组成的符号三角构成的系统。他将社会因素（社区）纳入语言中，非常具有启发意义，但这种认识还不够透彻。根据社会认知理论，社区只是社会世界的一部分，而形式与意义的规约化更确切地说是发生在社会世界之中的。因此，社会认知语言学主张语言是由形式、意义和社会世界组成的符号三角构成的。

认知语言学强调，意义是百科的。Croft（2009）在此基础上提出，意义不仅是百科的，也是共享的。我们认可Croft的观点，但需要特别指出的是，这里的"意义"不仅是认知语言学通常所说的百科意义，还包括社会认知功能。认知语言学秉承"意义等同于概念化"。Croft（2009）强调，概念化存在于社会之中，总是为特定的交际目的服务。根据社会认知的基本观点，我们认为"意义本质上是社会概念化"。所谓的"社会概念化"既指社会中的概念化，也指对社会世界的概念化，而社会世界的概念化包括对客观世界的概念化和对自我和他人的概念化。Croft 所说的"服务于交际目的的概念化"本质上是社会世界概念化的一部分。

综上所述，基于社会认知理论，在认知语言学和 Croft 的社会认知语言学的假设和原则基础之上，我们可以提出社会认知语言学的语言观和意义观的假设和原则。

语言观的假设和原则：第一，语言能力是一般认知能力（包括个体认知能力和社会认知能力）的一部分。第二，语言是由形式、意义（包括社会认知功能）和社会世界组成的符号三角构成的。意义观的假设和原则：第一，意义是既是百科的（包括社会认知功能）也是共享的。第二，意义是社会概念化。我们所提出的社会认知语言学这一学科，明显不同于认知社会语言学。前者是社会认知理论与认知语言学的结合，致力于从社会认知的视角为认知语言学关注的问题（如概念结构、语义、语法问题）提供新的解释，为认知语言学理论发展寻找新的突破口；而后者是社会语言学与认知语言学的结合，致力于从认知语言学的视角为社会语言学关注的问题（如语言变异、变体研究）提供一个更加合理、能产的分析框架。

5. 社会认知语言学的主要内容

社会认知语言学要着重回答两个问题：一是社会认知功能在语言中的表征；二是语言习得、使用、演化等的社会认知机制。因此，社会认知语言学至少包括四个方面的研究内容：社会认知功能的概念化、语言习得、语言使用、语言演化。其中社会认知功能的概念化对应第一个问题，而后三方面的内容对应第二个问题。

5.1 社会认知功能的概念化

经典认知语言学把意义等同于概念化，而社会认知语言学则把意义等同为"社会语境中的概念化",即试图把"概念化置于其社会语境之中"(Harder 2010：5)。换句话说,概念化主体的认知是根植于社会世界中的,其概念化自发地包含了社会信息,因此概念结构中也就自然包含社会认知概念。例如,我们对特定概念化对象的认知不可能脱离我们的身份、性别、情绪、宗教信仰、意识形态等,因此在该概念化对象的概念结构中天然地包含了相关的社会认知概念。以"女性"的概念化为例,她常常与脆弱、多愁善感、爱哭等概念联系在一起,但这种概念化是基于"男性"的性别立场建立的,其确立甚至发展成为一种刻板印象,成为"女性"的概念结构的一部分。

概念结构到语言的映射在很多情况下也包含了社会认知概念。Holtgraves 和 Kashima（2008）认为,社会认知在很大程度上需要通过语言的使用来构建。也就是说,语言是社会认知功能的载体。语言的各个层面都可以编码社会认知功能。例如,历史上象征上流社会身份和地位的"女王英语"与普通英语的一个重要区别就是语音语调,据此语音（包括音段特征和超音段特征）是社会身份的一个重要载体。同样,作者身份识别研究表明,行业术语的使用和特定词汇的选择也反映了语言使用者的身份。而情感词的使用还可以揭露语言使用的情感。Pennebaker et al.（2003）发现,小品词甚至能够反映语言使用者的认知风格。因此,Fiedler 和 Mata（2014）认为,词汇是社会认知功能表征的基本层面。不仅在语音和词汇层面,句法结构甚至语篇都可以表达社会认知功能。Fiedler 和 Freytag（2009）认为,句子主语和宾语的选择反映了说话者对归因的编码。批评话语分析的研究表明,语篇中反映了语言使用者的社会偏见、意识形态等。

总的来说,社会认知功能的概念化研究需要回答以下问题：第一,社会认知功能是如何概念化的？第二,社会认知概念是如何映射到语言中的？第三,语言是如何表达社会认知功能的？

5.2 社会认知语言学的语言习得研究

语言的习得是一种社会活动,对其研究不能脱离社会,更不能脱离社会认知。综观以往的语言习得研究,包括认知语言学的研究,无外乎两个方面：一是通过有关的语言理论解释和解决语言教学与学习的问题；二是通过语言习得的研究论证有关语言的理论假设。但无论是哪一方面，基本都与社会和社会认知无关。那么，社会与社会认知在语言习得过程中扮演着什么样的角色呢？这就是社会认知语言学的语言习得研究所要回答的问题。社会认知对语言习得的重要作用是不言而喻的。心理学家、社会心理学家及教育学家考察语言习得过程关注最多的社会认知因素是动因。Dörnyei（2005）等甚至构建了二语习得的动因理论。Gardner 和 MacIntyre（1991）进行了一个英语/法语的词汇学习实验。他们把被试分为两组，通过以是否奖励作为变量，考察二组的学习情况。他们发现，奖励作为学习的动因对词汇的学习效果有显著影响。此外，有的学者还考察了另一个社会认知动因：焦虑对语言学习的影响。

总体而言，社会认知语言学的语言习得研究内容主要包括：第一，影响语言习得的社会认知因素有哪些。第二，社会认知如何影响语言的习得。第三，通过社会认知语言学的语言习得研究如何促进语言的习得。

5.3 社会认知语言学的语言使用研究

认知语言学理论主张"基于使用的模型"，认为语言知识源于使用。但对语言知识的使用过程（包括产出和加工）却未引起足够重视。Holtgraves（2002）认为，语言使用的研究必须关照社会认知因素。因此，社会认知语言学的一个重要使命就是探讨语言使用的社会认知动因。

以社会认知的"态度"因素为例，Semin 和 Fiedler（1988，1992）等为代表的认知心理学者对群体间语言偏见和期望语言偏见（Linguistic Expectancy Bias）的研究表明，态度在很大程度上决定了语言的使用。他们通过实证研究发现，语言使用者在描述内群体成员的积极行为和外群体成员的消极行为时，更倾向于使用形容词；而在描述内群体成语的消极行为和外群体成员的积极行为时，更倾向于使用描述性行为动词。Semin 和 Fiedler（1988）把动词分为描述性行为动词、阐释性动词、静态动词，并指出从描述性行为动词、阐释性动词、静态动词到形容词，词义抽象性逐渐增强。他们认为，这种使用现象受社会认知中态度（具体为刻板印象）的驱使，因为当期望与其刻板印象一致时，语言使用者倾向于使用抽象的语言，而如果不一致时则倾向于使用具体的语言。除态度外，社会认知的其他因素，如自我认知、情感、归因、偏见等是否影响语言的使用？换句话说，哪些社会认知因素会影响语言的使用？又是如何影响语言使用的？如何以社会认知为理据促进积极、高效的语言使用（如话语构建）呢？这些正是社会认知语言学的语言使用研究要回答的问题。

5.4 社会认知语言学的语言演化研究

Bergs（2017）认为，语言总是处于演化之中的。如何描写和解释语言的演化，就成了包括认知语言学在内的许多语言学理论的共同使命。语言的演化研究已经取得了丰硕的理论成果，如语法化、去语法化、词汇化、语用化、构式化等，发现了一些语言变异和变化的语言和认知的动因，但同时也存在不少问题。那么，社会认知语言学能够为解决演化研究遇到的问题提供什么新的思路和发现呢？这是社会认知语言学需要思考的问题。

社会认知语言学认为，语言是由形式、意义（包括社会认知工能）和社会世界组成的符号三角构成的。因此，社会认知语言学视角下的语言演化研究不仅要关注形式和意义（包括社会认知工能）的变化，还要重视社会世界的变化以及社会认知对形式与意义规约的影响。换言之，与侧重形式/意义变化及其个体认知动因的传统语言演化研究不同，社会认知语言学的语言演化研究是在语言所处的复杂系统中考察其演化。这种思路比传统研究更具优势。以 Fischer（2006）为例，Fischer 以交际对象为变量考察了德语小品词的使用情况，发现语篇小品词 ne 的形式和语义会随交际对象的变化而发生变化：当人为交际对象时，ne 出现在话论结尾，与陈述句共现，赋以升调，具有交际互动功能；而当计算机系统为交际对象时，ne 仍然出现在话论结尾，与陈述句共现，但发音的响度变小，其使用也不是为了寻求计算机系统的回应，而可能是说话者的自我确认，即 ne 在人机对话中不再表达交际功能。这种语言变异，很难用以往的语言演化理论来解释，但社会认知语言学却能为之提供很好的解释。当然，Fischer 考察的演化还属于共时层面的，但 Traugott 和 Trousdale（2013）指出，语言的演化通常始于共时层面的具体使用。简言之，社会认知语言学的语言演化研究具体要思考以下问题：第一，语言的形式、意义（包括社会认知功能）是如何演化的？第二，语言演化的机制是什么？第三，语言演化背后的社会认知动因是什么？

6. 结语

语言是人的行为尤其是人际行为和社会关系的本质所在，是社会认知的工具，而社会认知则在很大程度上需要通过语言使用来构建。因此，语言的各个方面，如语言知识的表征、语言习得、语言使用（包括产出和加工）、语言演化等，都会受社会认知的影响。本文提出构建基于"社会认知"的社会认知语言学，探讨了它的基本内涵和主要研究内容。基于"社会认知"的社会认知语言学就是以社会认知理论为基础，运用认知心理学、社会心理学、认知语言学、批评话语分析、语用学等学科的思想、概念和方法来分析语言问题，如语言知识的表征、语言习得、语言使用、语言演化等。因此，它至少包括社会认知功能的概念化、语言习得、语言使用、语言演化四个方面的研究内容。基于"社会认知"的社会认知语言学是认知语言学"社会转向"的一种新趋势，其研究必将对认知语言学的理论发展产生重要的影响。

参考文献

Baron, R. A. & D. Byrne. 1997. *Social Psychology*. Boston: Allyn and Bacon.

Bergs, A. 2017. Diachronic approaches. In B. Dancygier (ed.). *The Cambridge Handbook of Cognitive Linguistics*. Cambridge: Cambridge University Press, 361−375.

Brewer, M. B. & M. Hewstone. 2004. *Social Cognition*. Oxford: Blackwell.

Chilton, P. 2009. Metaphor in mental representations of space, time and society: The cognitive linguistic approach. In H. Pishwa (ed.). *Language and Social Cognition: Expression of the Social Mind*. Berlin/New York: Mouton de Gruyter, 455−472.

Clark, H. H. 1992. *Arenas of Language Use*. Chicago/Stanford: University of Chicago Press.

Croft, W. 2009. Toward a social cognitive linguistics. In V. Evans & S. Pourcel (eds.). *New Directions in Cognitive Linguistics*. Amsterdam/Philadelphia: John Benjamins Publishing Company, 395−420.

Fiedler, K. & A. Mata. 2014. The art of exerting verbal influence through powerful lexical stimuli. In J. P. Fogas, O. Vincze & A. J. László (eds.). *Social Cognition and Communication*. New York/London: Psychology Press, 43—61.

Fiedler, K. & P. Freytag. 2009. Attribution theories wired into linguistic categories. In H. Pishwa (ed.). *Language and Social Cognition: Expression of the Social Mind*. Berlin/New York: Mouton de Gruyter, 349—369.

Fischer, K. 2006. *What Computer Talk Is and Isn't*. Saarbrücken: AQ.

Fiske, S. T. 1992. Thinking is for doing: Portraits of social cognition from Daguerreotype to laser photo. *Journal of Personality and Social Psychology* 63: 877—889.

Fiske, S. T. & S. E. Taylor. 1984. *Social Cognition*. London: Sage.

Gardner, R. C. & R. D. MacIntyre. 1991. An instrumental motivation in language study: Who says it isn't effective? *Studies in Second Language Acquisition* 13: 57—72.

Geeraerts, D., G. Kristiansen & Y. Peirsman. 2014. *Advances in Cognitive Sociolinguistics*. Berlin/New York: Mouton de Gruyter.

Harder, P. 2010. *Meaning in Mind and Society: A Functional Contribution to the Social Turn in Cognitive Linguistics*. Berlin/New York: Walter de Gruyter.

Hollmann, W. B. 2017. Cognitive sociolinguistics. In B. Dancygier (ed.). *The Cambridge Handbook of Cognitive Linguistics*. Cambridge: Cambridge University Press, 533—548.

Holtgraves, T. 2002. *Language as Social Action: Social Psychology and Language Use*. London: Lawrence Erlbaum Associates.

Kristiansen, G. & R. Dirven (eds.). 2008. *Cognitive Sociolinguistics: Language Variation, Cultural Models, Social Systems*. Berlin/New York: Mouton de Gruyter.

Pennebaker, J. W., M. R. Mehl & K. Nielderholffer. 2003. Psychological aspects of natural language use: Our words, ourselves. *Annual Review of Psychology* 54: 547—577.

Pennington, D. C. 2000. *Social Cognition*. London: Routledge.

Pishwa, H. 2009. *Language and Social Cognition*. Berlin: Mouton de Gruyter.

Pütz, M., J. A. Robinson & M. Reif. 2014. *Cognitive Sociolinguistics*. Amsterdam: John Benjamins.

Semin, G. R. & K. Fiedler. 1988. The cognitive functions of linguistic categories in describing persons: Social cognition and language. *Journal of Personality and Social*

Psychology 54: 558—568.

Semin, G. R. & K. Fiedler. 1992. The inferential properties of interpersonal verbs. In G. Semin & K. Fiedler (eds.). *Language, Interaction and Social Cognition*. Newbury Park, CA: SAGE Publication, 58—78.

Tomasello, M. 1999. *The Cultural Origins of Human Cognition*. Cambridge: Harvard University Press.

Tomasello, M. 2008. *Origins of Human Communication*. Cambridge: The MIT Press.

Wen, Xu（文旭）. 2014. *Cognitive Foundations of Language*. Beijing: Science Publication. ［2014,《语言的认知基础》. 北京: 科学出版社.］

Wolf, H.-G. & F. Polzenhagen. 2009. *World Englishes: A Cognitive Sociolinguistic Approach*. Berlin/New York: Mouton de Gruyter.

转喻标注的参数和标准：
《概念转喻：方法、理论与描写问题》评介[*]

Olga Blanco-Carrión、Antonio Barcelona、Rossella Pannain 编

杨毓隽　文旭

1. 引言

　　自 Lakoff 和 Johnson（1980）提出概念转喻理论以来，转喻研究者主要在认知语言学范式下通过分析转喻在语言各层次的理据性论证转喻的概念本质及其普遍性。概念转喻研究之初主要是依靠内省语料来构建其理论假设。但随着认知语言学朝基于使用的语言和趋同证据（converging evidence）的研究取向发展，近年来，认知语言学研究出现"定量转向"（Janda 2013）。由于语料库可以提供大量的真实语料，使研究者摆脱对语言的直觉依赖，更加系统和客观地对转喻现象进行描绘，在方法上大量利用语料库技术可以为概念转喻理论提供实证依据。真实的语言使用可以进一步识别转喻的特征，完善和修正概念转喻理论（Littlemore 2015）。但是在操作层面上，从语料库中高效、准确地识别转喻语料一直是基于语料库转喻研究的难点，因此对转喻的自动识别也成为转喻研究的热点问题。目前，关于在语料库中自动识别转喻语料的研究思路主要是，通过人工识别和标注建立一定规模的转喻语料库，再通过机器学习的方法来实现自动识别任务（张炜炜 2019），因此，对转喻语料的识别与标注是实现这一目标的基础。在这一研究背景下，John Benjamins 出版社于 2018 年出版的

---

[*] 本文为贵州省 2020 年度哲学社会科学规划课题（20GZYB20）阶段性成果，感谢匿名审稿人提出的宝贵意见。原文发表于《当代语言学》2022 年第 2 期，收入本书时略有修改。

《概念转喻：方法、理论与描写问题》（Conceptual Metonymy：Methodological，Theoreti-cal，and Descriptive Issues）应运而生。该书由 Olga Blanco-Carrión、Antonio Barce-lona 和 Rossella Pannain 主编，第一部分对 Barcelona 及其研究团队开发的转喻数据库中标注转喻的参数与描写标准进行了详细阐释，具有重要的参考价值。

本书的第一部分包括三位编者撰写的三篇文章。三位编者通过梳理以往的转喻研究成果，使用英语转喻实例阐释了转喻标注中每个参数的内涵和具体的描写标准。根据转喻特征将录入模型分为 11 个不同的字段（field）对转喻实例进行标注：①转喻类型（字段 1）；②转喻层级（字段 2、10）；③转喻原型性（字段 3）；④转喻源与转喻目标分类域（字段 4）；⑤转喻的规约性（字段 5）；⑥转喻语言实例的语言类型（字段 6）；⑦转喻在语言层面的主要方面（语法层次、意义、构式形式、语法过程以及功能等）（字段 7）；⑧产生转喻操作的触发物（字段 8）；⑨几个转喻在同一语境中如何影响转喻表征产生的认知过程（字段 9）；⑩转喻与隐喻或其他转喻的互动模式（字段 11）。其中"转喻层级、转喻规约性、转喻触发物"标注标准是对原有研究的概括和完善，本文将主要介绍和评述这三个方面。

2. "转喻层级"的标注

转喻在概念上具有层级性，但以往对转喻概念层级的分析并没有一个明确的标准。Barcelona 在第 1 章对转喻层级标注的参数与标准进行了阐释。根据概括程度，录入模型为转喻在类属层（generic level）、高层、基本层和低层四个主要层级上的特征提供分析。他首先以 You are a fine armful now, Mary, with those twenty pounds you've gained 为例，分析了-ful 作为"容器被填充的程度代容器被填充内容的数量"转喻（DEGREE TO WHICH A CONTAINER IS FILLED FOR QUANTITY OF CONTAINER'S CONTENT）的层级。Barcelona 认为，以往对转喻层级的分析往往将"类的"（kind-of）层次结构与"部分的"（part-of）层次结构混淆在一起。他根据以往对-ful 转喻层级的分析发现（见表 1），在"填充"框架下，从类属层、最高层到高层对应的转喻源和转喻目标是通过"分类"的关系联系起来的,即转喻源"部分-事件-填充容器",转喻目标"部分-另一共现事件-填充物数量增加"是"分类"关系;而从高层到基本层对应的转喻源和转喻目标则是通过"部分-整体"关系联系起来的,即转喻源"填充容器-容器被填充的程度"中"容器被填充的程度"是填充事件框架或ICM的一部分,而不是填充事件的种类;同样地,转喻目标"填充物数量增加—容器中填充物的数量"中"容器中填充物的数量"是"填充物数量增加"的结果。而从基本层到低层,转喻层级分析又再次使用了分类学标准,即"手臂被腰填满的程度"是"容器被填满的程度"的实例,"容器填充物的数量"是"一个人腰部的大小"的实例(手臂被隐喻性地看作容器,而一个人的腰也可以被隐喻性地看作填充内容)。

Barcelona认为转喻层级的标注标准应该采用一致的"分类学"标准,即在层次结构中处于下位层次的转喻源和转喻目标应该与其对应的上位层次是一种"类"的关系。他对此转喻层级的标注进行了修改,主要解决转喻源与转喻目标所处层级的类型(见表2)。在表2中,各层次的转喻源与转喻目标的类型一致,即"实体角色的标量程度",从类属层到最底层各层级之间是"分类"关系。

高层将"与一个实体角色有关的标量程度"与"跟一个实体角色相关的不同标量程度"联系起来,这两个实体角色在同一脚本或框架中共同出现(如"填充"框架),基本层反映了"容器实体的填充程度"可以激活"容器内容物的数量程度",即作为具有容器角色的实体的标量属性"填充程度"可以激活具有内容角色的实体的标量属性"数量程度"。在这两种情况下,该属性都与实体执行的角色关联,也就是说,有许多种可以执行容器角色和内容角色的实体,而低层则是执行容器角色和内容角色实体的实例,如手臂被隐喻性地看作容器,而一个人的腰被隐喻性地看作填充内容。

表 1 "容器填充程度代容器填充物数量"的转喻层级（初始版本）

字段 2. 层级（类属/高/基本/低层，具有不同程度的特异性）：

类属层

部分代部分

最高层

事件代另一共现事件

高层

填充容器代填充物数量增加

基本层

容器被填充的程度代容器中填充物的数量

低层

手臂被腰填满的程度代一个人腰部的大小

表 2 "容器填充程度代容器填充物数量"的转喻层级（当前版本）

字段 2. 层级（类属/高/基本/低层，具有不同程度的特异性）：

类属层

部分代部分

高层

一个角色实体的标量程度代另一个共现角色实体的标量程度

基本层

容器实体的填充程度代容器中内容实体的数量

低层中的高层

容纳一个实体的身体部位的填充程度代内容实体的数量

低层

容纳另一个人身体部位的身体部位的填充程度代那个人身体部位的数量（大小）

最低层

容纳另一个人腰部的手臂被填充的程度代那个人腰部的数量（大小）

虽然这种对转喻上下层级基于"分类学"的一致描写为转喻层级的分析提供了统一标准，有利于数据库建设和机器学习，但在分类学标准下，相似转喻的层级也不完全一样。例如：

(1) That pile of books is getting too high. (P. 39)
(2) The water level in the dam is too high. We need to release some of it. (P. 40)

(1-2) 都涉及"高度代数量"转喻（HEIGHT FOR QUANTITY），但与"容器被填充的程度代容器被填充内容的数量"转喻不同的是：后者涉及"填充"框架下不同角色实体（容器与内容）的不同标量程度（填充程度与数量程度），而前者则涉及"堆积"和"填充"框架下的同一角色实体（书或水）的不同标量程度（高度和数量程度）。因此这两种转喻的层级分析相似却不同：在类属层的"部分代部分"下，高层是"一个角色实体的标量程度代同一角色实体的另一共现标量程度"，基本层是"一个角色实体的高度代这个实体角色的数量"，较低层级的转喻源和转喻目标则取决于具体的物体堆积或填充事件的类型。Barcelona 强调，转喻层级分析要特别注意考虑子层级的数量以及如何为子层级确定合适的类型。

(3) I drank a cup of coffee. (P. 42)
(4) 每天早晚给小儿吃一勺，不但能治小儿久咳、支气管炎、哮喘，而且对小儿的便秘也有非常好的效果。（北京语言大学 BCC 现代汉语语料库）
(5) 晚上一定好好跟你喝一杯。（北京语言大学 BCC 现代汉语语料库）
(6) Pass me a bowl. (P. 101)

(3-6) 都涉及"容器代内容"转喻，虽然该转喻也是在"填充"框架下运行，但它与上述的层级分析并不相同。首先转喻源与转喻目标的类型不同，"容器代内容"的转喻源与转喻目标的类型是"实体角色"，即"容器角色"和"内容角色"，而非"实体角色的标量程度"，即"容器角色的标量程度"与"内容角色的标量程度"；此外，转喻源是具有容器角色的一类实体（如杯子、勺子、碗等），每个容器实体都具有一组与角色相关的属性，这些属性共同决定了容器实体的最大容量，而其原型范畴成员的容量具有相对固定的默认值，同时这些属性特征会得到保留，与内容实体标量特征密切相关，即容器实体的最大容量与容器中内容实体的最大数量相关，因此，"容器代内容"的层次结构和上述层级分析不同。

在（3-5）中，在类属层"部分代部分"之下，最高层为"角色实体类型代另一共现角色实体类型"；高层为"具有标量属性的角色实体类型代另一具有标量属性的共现角色实体类型"；基本层为"具有标量属性的容器实体代具有标量属性的填充内容实体"；较低层级的转喻源和转喻目标则取决于具体的填充事件。需要注意的是，这3个句子的意义不尽相同。(3)中，涉及"具有标量属性（容量）的杯子转喻标量属性（数量）的内容实体"，其中咖啡杯原型范畴的属性特征决定了咖啡杯的默认容量大小，这也决定了咖啡杯中咖啡的默认数量，(3)可理解为"我喝了（一咖啡杯容量那么多的）咖啡"。由于此处不涉及具体语境，一般情况下该句中"咖啡"是突显的，而"喝了多少咖啡"作为一种默认推理的量存在于背景或基底中。(4)与此相似却又不同，根据具体语境，此处的"勺子"不仅转喻内容"药"，同时还强调了内容"药"的多少。因此，在语境的作用下容器"勺子"原型范畴的属性特征决定的默认容量决定了转喻目标的数量，是一种显性的特征，即(4)可理解为"每天早晚给小儿吃一勺容量那么多的药"。(5)与上述两句不同的是，虽然也是"容器转喻内容"，即"杯子转喻酒"，但"喝多少"并没有受转喻源"杯子"的属性限制，根据常规我们通常知道"不只喝一杯的酒"。此外，(4)中的转喻目标"药"是通过语境推理得出，(5)中的转喻目标"酒"即使没有具体语境也可以推理得到，因此可以看出，同样的概念转喻在具体语言使用中语义会有所不同，这跟转喻使用的规约程度或语境有着密切的关系，而这在转喻层级标注中不能解决，作者将此放在输入模型的字段7和8中去解决，这也是下面两节要介绍的内容。

本书第四章中，John Barden (P.101) 认为，(6)的转喻目标不仅是容器中的内容chips，还包含容器bowl，即转喻目标是"薯片＋碗"，因为我们往往是将薯片和盛薯片的碗一起递给别人。因此该转喻在类属层上就不同，是"部分代整体"。本书中 Panther、Thornburg 以及 Radden 也都对这个问题进行了讨论。Radden（第六章）认为，转喻目标是一个包含推理目标和转喻源的复杂目标。而 Panther 和 Thornburg（第五章）的观点更为激进，他们认为，由于转喻目标具有复杂意义，包含了转喻源意义，所有转喻都是"概念部分代概念整体"，因此排除了"整体代部分"转喻和"部分代部分"转喻。例如，（3—5）中的"容器代内容"转喻都可以理解为"容器代装在此容器中的内容"。Barcelona 认为，随着对转喻特征的不断探索，此层级标注模型还有待继续完善。

3. "转喻规约性"的标注

Barcelona（2002，2003）从"理解转喻需要付出认知努力的程度"的角度提出了"规约转喻"和"非规约转喻"的概念，即"需要付出的认知努力越少，其规约程度就越高"。例如，

(7) I bought a Picasso. (P. 56)
(8) I bought a Mary. (P. 56)

（7—8）中 Picasso 和 Mary 的理解是通过"作者代作品"转喻（AUTHOR FOR WORK）引发的推理获得的。两者不同之处在于：Picasso 的社会认可程度高，几乎不用付出认知努力即可获得转喻意义，是一个规约转喻；而 Mary 的社会认可程度较低（可能只在一个有限的范围内被人们所熟知），对它的理解往往需要借助语境的帮助付出更多的认知努力才能完成，是一个非规约转喻。一个语言结构的非规约意义实际上是话语意义的一个重要组成部分，主要是在转喻部分引导下通过语用推理得到。

由于规约性对语言意义的理解和语言形式的构成具有重要作用，Blanco-Carrión（第2章）首先在字段5中提出了转喻规约性标注的参数。在字段5中，Blanco-Carrión 以社会认可程度以及理解它所需的认知努力等因素将转喻的规约性分为两类：（i）概念规约性（conceptual conventionality），即概念转喻只引导以推理或语用为目的的推理；

（ⅱ）概念-语言规约性（conceptual and linguistic conventionality），即概念转喻激发规约的语义或语言构式，或语言构式的形态句法范畴化（P.29，表1），例如：

(9) He sneezed the tissue off the table. (P.61)
(10) America will prevail. (P.58)
(11) 我每天上下班都是车去车来。（自拟）

(7-8) 中的 Picasso 和 Mary 体现了转喻的概念规约性，即 Picasso 和 Mary 的确切含义是由 AUTHOR FOR WORK 转喻引导的推理而得。不同的是，Picasso 的转喻目标义是词汇项 Picasso 的非原型规约意义，而 Mary 的转喻目标义不是词汇项 Mary 的规约意义。(9-10) 则体现了转喻的概念-语言规约性，即转喻引发语言结构的规约意义。(9) 中的这个结构来源于典型致使结构（Goldberg 1995），其典型规约意义为，X 通过做致使动作 W 使 Y 相对于空间参照点 Z 移动。但是，sneeze 作为一个不及物动词却被用作典型使动结构中的动词，具有该结构的典型规约意义，其中转喻是其发展的部分原因。借助"打喷嚏"框架的相关部分，空气的排出可能导致放置在附近的物体的运动，以及随后位置的变化，这与使动事件发生整合，通过"方式代行为"（MEANS FOR ACTION）转喻激发了构式的典型规约意义。(10) 中，根据《牛津英语词典》，"美洲或美国"是词汇项 America 的典型规约意义，"美国人"是其非典型规约意义，通过"地点代居民"转喻（LOCATION FOR LOCATED），转喻源激活了非典型规约意义。由此可以看出，转喻的概念-语言规约性可以激发语言结构的规约意义，但在典型性上可能存在差别。(11) 通过"范畴代成员"转喻（INSTRUMENT FOR MEMBER）激发了"驾驶"框架的典型规约意义，即"我每天开车/坐车上下班"，其中名词"车"还发生了从名词到动词的形态句法范畴化。

此外，转喻概念-语言规约性还能引发规约的语言构式或语言构式的形态句法范畴化。

(12) If you have ever driven west on Interstate 70 from Denver to the Continental Divide, you have seen Mount Bethel. (P.57)

Blanco-Carrión 认为,(12)既涉及转喻的概念规约性又涉及概念-语言规约性。其中,在语境的帮助下,通过"事件代前提"(EVENT FOR PRECONDITION)引导的推理产生了"Bethel 山位于 70 号州际公路附近"的含义(基于我们对视觉框架的经验知识,物体可见性的一个基本条件是,物体应该相对接近观察者的位置),词含义并不是该结构的规约意义,因此这是一个概念规约性的例子。另一方面,"形式突显部分代整个形式"这个转喻激发了一个原型规约形式,即"修饰语代'修饰语+中心词'结构",部分地激发了该名词形式的省略,interstate 用于表达"州际公路"的概念,并引导 interstate 作为名词而非形容词的形态句法范畴化。

通过以上分析可以看出,同样一个概念转喻可以引发规约程度不同的意义和形式,其在典型性上可能存在差别。由此,作者在子字段 7.2 和 7.3 对以上情况提出了详细的分析标准(见表3)。

表3　子字段 7.2 和 7.3 分析 [P.30,表1(局部)]

字段 7. 转喻被证明的语言域/层面
7.2　意义
　　(a) 构式意义(理据功能):
　　　　(ⅰ) 语法结构的典型规约意义
　　　　(ⅱ) 语法结构的非典型常规意义
　　　　(ⅲ) 语法结构的隐含(推断)的非规约意义
　　　＋　是否引导形态句法的范围化(是/否)
　　　　　是否涉及转喻压制(是/否)
　　(b) 话语和语篇意义(一般语用推理)
7.3 构式形式
　　(ⅰ) 语法结构的典型规约形式
　　(ⅱ) 语法结构的非典型规约形式
　　＋　是否引导形态句法的范畴化(是/否)

字段 7 对转喻在语言层面的语法层次、意义、构式形式、语法化过程以及功能等主要方面提供分析。其中，子字段 7.2 探讨了概念转喻与意义之间的联系，主要检验（a）转喻是否激发了构式意义或（b）转喻是否仅仅引导或促进了话语和语篇意义。在（a）中进一步分析，如果转喻激发了构式意义，其构式意义是典型规约意义，非典型规约意义，还是隐含（推断）的非规约含义？同时，该字段还为转喻在激发构式意义的同时是否引导形态句法的范畴化以及是否涉及转喻压制提供了分析。子字段 7.3 分析转喻是否会激发构式形式，进一步区分构式形式是典型规约还是非典型规约，并标注转喻是否引导形态句法范畴化。转喻的规约性与典型性与社会、文化、历史和个体差异程度有密切关系，对语义与语言结构规约性和典型性的分析，特别是对非规约意义和话语意义的分析，对研究转喻的使用很有帮助。

4. "转喻触发物"的标注

研究发现，一个语言表达是否存在转喻与语境有着密切的关系。例如，"红领巾挥了挥手，转身跑进了教室"，以往研究认为正是谓词（"挥手"和"转身跑"）的选择限制原则触发了转喻义（"红领巾"转喻"戴红领巾的人"），这种触发转喻操作的因素被称为"转喻触发物"。但是，这种基于句法-语义规则的识别方法在实际运用中可能会遗漏很多不含此类线索的转喻表达。例如，There are several Shakespeares in the library 中并没有具体的语言规则来触发转喻义，在具体语境下 Shakespeare 可能是指"叫 Shakespeare 的人"，也可能是转指"莎士比亚创作的剧作"，因此触发转喻操作的语境也被认为是一种"转喻触发物"，但对这类触发物的识别要难得多。此外，随着认知语言学的"再语境化"趋势（Geeraerts 2010）和"社会"转向（Divjak, et al. 2016），转喻研究日渐注重其与所在语境的互动，但对"语境"的定义比较模糊，有的研究者从语用学的角度来分析转喻使用的交际语境，也有的从社会语言学的角度来分析转喻使用的社会文化语境，还有的是从社会心理学的角度来分析转喻使用的社会认知语境。因此，语境对触发转喻操作具有重要作用，对转喻触发物进行详细的分析、解释和分类具有重要的意义，但建立一套固定的参数对语境触发物进行标注却是一件复杂的工作。

　　Hernández-Gomariz（第3章）将转喻触发物定义为促进或阻碍转喻操作的因素，并将其分为两类：即上下文触发物（co-textual triggers）（存在于转喻表达语言结构中的因素）和语境触发物（contextual triggers）（包括框架和理想化认知模型在内的概念结构和影响话语产生与理解的语境因素）。作者通过分析发现，在大多数情况下两种触发物共同作用于转喻的激活，但语境因素比上下文因素更重要。作者尝试确定了6个描写参数：（ⅰ）语法结构知识；（ⅱ）框架/理想化认知模型；（ⅲ）认知-文化语境；（ⅳ）交际语境（话语的参与者、时间和地点等）；（ⅴ）说话者/写作者的交际目的和修辞目的以及语类等；（ⅵ）其他语境/语用因素，用于包含所有将来可能发现的其他因素。以 The bottle is sour 为例（见表4），它是"容器代内容"转喻的一个例子，即说话者使用容器 bottle 来指代其内容物（瓶内所装液体），说明内容物的性质 sour。在此转喻运作中，上下文和语境触发因素都存在，其中上下文因素（述谓结构 is sour）部分地触发转喻，因为如果用表示瓶子属性的谓词替换这个谓词（例如 The bottle is heavy），句子转喻义会丧失。因此，可以说谓词 is sour 触发了转喻，从而使读者意识到主语短语不是指容器本身，而是指容器内所装内容。同时，语境因素也一起触发概念转喻：①根据"饮料" ICM/框架，只有容器中的液体才可以品尝，而容纳可饮用液体的容器通常不可食用；②话语主题为转喻提供语境/语用的参考。

　　在转喻触发物的标注中，语境触发物的识别与标注复杂且困难。以 start a book 为例，Hernández-Gomari 认为有两类语境因素触发了这一特定转喻：①有关"书籍"ICM/框架的知识，即书通常是被书写或被阅读的，而主语的选择会影响对宾语的理解。如果主语是一名学生，那么最可能的理解是"开始读一本书"；而如果主语是一名作者，最可能的理解是"开始写一本书"。②特定的文化知识，即人们知道 Steinbeck 是一个作家，而 East Eden 是一本由他写的小说。有了这种基于文化的信息，人们可以在这种特定的语境下将 start a book 理解为"写一本书"。以 go to the bathroom 为例，它是"目的地代目的"转喻的实例，它的产生来自"to go+目的地"构式，它将目的地与特定目的联系起来。对 go to the bathroom 和类似结构（如 go to bed）等委婉用法的理解是基于这样的语境因素：当我们使用 go to the bathroom 时，我们通常不是指与特定房间相关的用法（如刮胡子或刷牙），而是指与"浴室"ICM/框架有关的忌讳部分，这可能来自我们使用这一结构时有关的语境知识，它包括与特定房间相关的所有动作和我们对说话人特定社会交际目的的了解。

表 4　The bottle is sour 的字段 8 分析［P.78，表 1（局部）］

8. 转喻触发物：导致或阻碍转喻操作的因素
　ⅰ. 上下文触发物
　ⅱ. 语境触发物：语法知识、框架/ICM、认知文化语境、情景语境、交际语境（参与者、发言时间和地点等）、说话人/作者的交际目的和修辞目的、体裁、其他语境/语用因素
分析：
　ⅰ. 上下文触发物：句法谓词是 sour。
　ⅱ. 语境触发物：
　　　(a)"饮料"ICM/框架。该框架规定只有容器内的内容可品尝，装此类液体的容器通常不能被品尝。
　　　(b) 其他语境/语用因素：话语话题。

5. 结语

　　本文仅对 Barcelona 及其研究团队开发的转喻数据库中"转喻层级的标注""转喻规约性及其与意义和形式的关系的标注""转喻触发物的标注"的参数与标准进行了介绍，其主要观点在于：①概念层级性是转喻的重要特征。对转喻概念层级的分析有利于我们深入认识转喻。以往对转喻层级的分析缺乏统一的标准，Barcelona 及其研究团队认为，转喻层级的标注应避免"分类学"和"部分－整体"标准的混淆，而应该采用一致的"分类学"标准。②转喻具有原型性和规约性。它们与社会、文化、历史和个体差异程度等有密切关系，对转喻使用产生重要影响。以往转喻研究注重其概念本质，忽视其使用。Barcelona 及其研究团队提出转喻规约性的标注参数和标准，并在其基础上提出了对意义和形式的详细分析，特别是对语言结构非规约意义和话语意义的标注，对研究转喻使用具有非常重要的积极作用。③语境与转喻理解关系密切。以往对语境的定义比较模糊，Barcelona 及其研究团队明确了语境标注的参数和标准，提出对语境

的标注十分重要，特别是将认知－文化语境、交际语境以及其他语用因素纳入其中。其中后面两点体现了转喻研究的社会转向，即转喻与社会的互动。此外，本书的多篇文章都涉及转喻的评价意义，而态度表达与评价不仅仅是一种语言行为，还是一种社会行为，涉及复杂的社会认知因素。Forgas（2001：66）认为，在处理社会信息的复杂事件中，对社会世界的认知、情感和动机等方面与我们对他人的感知和反应方式密不可分。同时也应考虑在数据库中如何对这些因素进行标注。

引用文献

Barcelona, Antonio. 2002. Clarifying and applying the notions of metaphor and metonymy within cognitive linguistics: An update. In René Dirven and Ralf Pörings, eds., *Metaphor and Metonymy in Comparison and Contrast*. Berlin / New York: Mouton de Gruyter. Pp. 207−277.

Barcelona, Antonio. 2003. Metonymy in cognitive linguistics: An analysis and a few modest proposals. In Hubert Cuyckens, Thomas Berg, René Dirven, and Klaus-Uwe Panther, eds., *Motivation in Language: Studies in Honor of Günter Radden*. Amsterdam / Philadelphia: John Benjamins. Pp. 223−255.

Divjak, Dagmar, Natalia Levshina, and Jane Klavan. 2016. Cognitive Linguistics: Looking back, looking forward. *Cognitive Linguistics* 27, 447−463.

Forgas, Joseph P. 2001. Affect and the "social mind": Affective influences on strategic interpersonal behaviors. In Joseph P. Forgas, William D. Kipling, and Ladd Wheeler, eds., *The Social Mind: Cognitive and Motivational Aspects of Interpersonal Behavior*. Cambridge: Cambridge University Press. Pp. 46−71.

Geeraerts, Dirk. 2010. Recontextualizing grammar: Underlying trends in thirty years of cognitive linguistics. In Elzbieta Tabakowska, Michal Choinski, and Lukasz Wiraszka, eds., *Cognitive Linguistics in Action: From Theory to Application and Back*. Berlin / New York: De Gruyter Mouton. Pp. 71−102.

Goldberg, Adele. 1995. *Constructions: A Construction Grammar Approach to Argument Structure*. Chicago, IL: The University of Chicago Press.

Janda, Laura A. 2013. Quantitative methods in Cognitive Linguistics: An introduction. In Laura A. Janda, ed., *Cognitive Linguistics: The Quantitative Turn, The Essential Reader*. Berlin: Mouton de Gruyter. Pp. 1−32.

Lakoff, George and Mark Johnson. 1980. *Metaphors We Live By*. Chicago, IL: University of Chicago Press.

Littlemore, Jeannette. 2015. *Metonymy: Hidden Shortcuts in Language, Thought and Communication*. Cambridge: Cambridge University Press.

Zhang, Weiwei (张炜炜). 2019. Hot issues and methodology in conceptual metaphor and metonymy research. *Foreign Language Education* 4: 20−27.